T0303517

MI HISTORIA

K

MI HISTORIA: MEMORIAS DEL FUNDADOR DE THE WHO

GRACIAS OS SEAN DADAS, MR. KIBBLEWHITE

ROGER DALTREY

Edición y traducción de Manuel de la Fuente

LIBROS DEL KULTRUM

Publicado por:
LIBROS DEL KULTRUM
Sinónimo de Lucro, S.L.

Título original:
Roger Daltrey, My Story.
Thanks a lot Mr. Kibblewhite

Publicado por Blink Publishing,
Bonnier Books, Reino Unido, en 2018

© 2018 by RHD LLP

© de la introducción y notas 2019,
Manuel de la Fuente
© de la traducción 2019,
Manuel de la Fuente
© de la imagen de la cubierta 1977,
John Downing / Getty Images
© de esta edición 2019,
Sinónimo de Lucro, S.L.

Derechos exclusivos de edición:
Sinónimo de Lucro, S.L.

ISBN: 978-84-949383-5-1
Depósito legal: B 13125-2019

Primera edición:
mayo de 2019

En la cubierta: *English rock singer*
Roger Daltrey while standing
near rubble in Battersea, London.
John Downing / Getty Images

En la portadilla: *Isle of Wight*,
septiembre de 1969.
Amalie R. Rothschild

Corrección pictográfica en el dorso
de la cubierta y de la contracubierta:
Jaume Morató Griera

Diseño de interiores y composición:
PFP Disseny
Diseño de la cubierta:
PFP Disseny
Corrección de pruebas:
Lozano Faisano, S.L.
Impresión y encuadernación:
EGEDSA

Esta colección se compagina con
las tipografías ITC Caslon No. 224,
diseñada por William Caslon (1725)
y Edward Benguiat (1982), y
Akzidenz Grotesk, diseñada por la
fundidora de tipos H. Berthold
(1896).

ÍNDICE

INTRODUCCIÓN

«Una revolución de tres minutos». Así definió el crítico musical Dave Marsh la canción de los Who «My Generation», que daba título también al primer álbum del grupo, publicado en 1965.* Tema que bien podría tildarse de manifiesto político sobre la ruptura generacional de quienes abrazan la causa en los años sesenta, canalizando tan estridente empeño a través de su principal instrumento expresivo, la música rock. En la canción, escrita por Pete Townshend, Roger Daltrey cantaba «I hope I die before I get old»** por la misma época en que la frase del activista Jack Weinberg «no confíes en los mayores de 30 años» se convertía en lema de distintos colectivos culturales, como el jipismo. Ahí los Who recogían ese descontento de los jóvenes hacia la generación de sus padres, pero distanciándose de una eventual apropiación dogmática de la canción, por parte de esos colectivos, a través de dos vías: por un lado, la escritura de Townshend, que acto seguido matizaba el mensaje a los padres («I'm not trying to cause a big sensation / I'm just talking about my generation»);*** en segundo lugar, por la interpretación de Daltrey, con la introducción de un tartamudeo que le sepa-

---

* El artículo de Marsh aparece citado en *We All Want to Change the World. Rock and Politics from Elvis to Eminem*, de Tom Waldman (Lanham, Taylor Trade, 2003, pág. 145).
** «Ojalá me muera antes de hacerme mayor».
*** «No intento ser una gran sensación / solo hablo de mi generación».

raba del fraseo decidido de Bob Dylan en «The Times They
Are A-Changin'», un tema del año anterior también dirigido
a los padres de la generación de los jóvenes de los años 60
y que había constituido otro hito de tres minutos de duración.

Que Dylan entendiera el relevo generacional como un
cambio en las relaciones de poder y, por el contrario, los
Who vinieran a decir que mejor dejar en paz a los jóvenes
refleja la variedad de lecturas que, ya en aquella década,
realizaba la cultura rock sobre el contexto social y político
que la alumbró. De hecho, al ser el rock un fenómeno po-
liédrico, convendría recurrir al plural y hablar de culturas
y contextos para considerar, más allá de los rasgos comunes
(juventud, rebeldía, sonidos urbanos), las particularidades
de las diferencias de origen, tanto en lo referente a la geografía (Estados Unidos y Gran Bretaña, siguiendo con el
ejemplo de Dylan y los Who) como a las relaciones con
movimientos culturales (el folk y los *mods*, respectivamente). Asimismo, la atención que merece no solo la escritura
de las canciones sino también su propia declamación ayuda a comprender el papel de los intérpretes, un asunto que,
en cuestiones de autoría, no plantea problemas en la figura
del «singer-songwriter» (el caso de Dylan, cantautor por
antonomasia), pero que resulta más complejo en grupos en
los que el intérprete de los versos no es quien los ha compuesto; como en el caso que nos ocupa: The Who.

Es en este doble eje (el contexto socio-cultural de la
Gran Bretaña de la postguerra y el oficio de «frontman» de
canciones ajenas) donde se inserta este libro de memorias
de Roger Daltrey, cantante de los Who, uno de los grupos
de referencia del rock, con una trayectoria que supera ya
los cincuenta años de existencia. Desde su infancia en un
país que intenta recuperarse del conflicto bélico, y sus primeros pasos en grupos de versiones de las primeras canciones de rock, hasta los grandes conciertos en la Superbowl
o en las olimpiadas de Londres, la historia de Daltrey y los

Who ofrece un recorrido por la segunda mitad del siglo xx así como la crónica del tránsito al xxi desde la mirada del líder de un grupo de jóvenes británicos que, partiendo del cuestionamiento de determinados formatos culturales y estéticos, acaban convirtiéndose en estrellas internacionales de la industria del espectáculo.

Daltrey nos habla de la creación de una nueva cultura ligada a la emergencia de la juventud como colectivo de producción y consumo, un fenómeno inédito que redefinió las relaciones sociales y políticas. Como subrayara Tony Judt, tras la Segunda Guerra Mundial el ambiente cultural occidental «estaba evolucionando a un ritmo mucho más rápido que en el pasado (...) La música popular, el cine y la televisión estaban llenos de gente joven y cada vez se dirigían más a este tipo de público y de mercado. En 1965 había programas de radio y televisión, revistas, tiendas, productos e industrias enteras cuya existencia se debía exclusivamente a los jóvenes y que por tanto dependían de esta clientela».* Y también había músicas y culturas urbanas, como los mods, que encontraron en los Who su vehículo propagandístico. Como en esta autobiografía prolifera una mirada burlona, Daltrey confiesa que la adscripción *mod* fue más bien coyuntural, el trampolín que les lanzó a la fama, al igual que la destrucción de instrumentos en el escenario (sello distintivo del grupo) no surgió por un planteamiento artístico deliberado (la postura que defiende Pete Townshend en sus memorias) sino que fue fruto de la mera casualidad.

La autobiografía que el lector tiene en sus manos dialoga constantemente con las declaraciones y escritos de Townshend, compañero del cantante en mil batallas, y aquí entraría en juego el segundo eje al que nos referíamos, el

---

* En *Postguerra. Una historia de Europa desde 1945*, traducción de Jesús Cuéllar y Victoria E. Gordo del Rey, Madrid, Taurus, 2008, págs. 575-576.

conflicto de la autoría. El reparto de funciones en los Who difiere del modelo Lennon-McCartney para descargar la escritura de canciones en Townshend y la interpretación en Daltrey. En contadas ocasiones se han modificado estos roles. Esto ha derivado en diferencias económicas, ya que desde el principio Townshend ha disfrutado de mayores ganancias por las regalías, como se reconoce varias veces en las siguientes páginas. Sin embargo, ello también ha comportado una diferencia de estatus social, según se ve en *The Kids Are Alright*, el documental oficial sobre el grupo dirigido en 1979 por Jeff Stein, donde la exigua presencia de Daltrey contrasta con los numerosos testimonios del compositor y guitarrista.

Los grupos que, como los Who, surgieron en los años 60 experimentaron este cambio de paradigma que situaba en primer plano al compositor de las canciones, en contraposición al rock de la década anterior, personificado por la figura de Elvis Presley. En el caso británico, contribuyó el éxito del *skiffle*, la música con la que se iniciaron muchos jóvenes construyéndose incluso sus propios instrumentos, como explica Daltrey en los capítulos iniciales y corrobora Simon Frith: «Fue el *skiffle* el que proporcionó a los jóvenes músicos británicos la oportunidad de desarrollar sus propias ideas (...) fuera de la industria; el *skiffle* les proporcionó la confianza de los usos y costumbres de la tradición folclórica para tocar sin conocimientos, con instrumentos pobremente amplificados y con ritmos primitivos. La cosa más destacable para el negocio con respecto a los Beatles, cuando llegaron, fue su (y de su mánager) separación de Tin Pan Alley: ¡escribían sus propias canciones!»[*]

Con todo, si Townshend es el cerebro de la obra de los Who, Daltrey lo es de la creación, carrera y estructura del grupo. El cantante parece dispuesto a reivindicar en estas

[*] *Sociología del rock*, traducción de Mariano Antolín Rato, Barcelona, Júcar, 1980, págs. 127-128.

memorias lo que ya había señalado el mismo Townshend en las suyas cuando recuerda un momento crítico del grupo, la búsqueda del relevo de Keith Moon tras su fallecimiento: «Roger era el líder incuestionable. Yo controlaba buena parte de lo que se hacía porque era quien componía las canciones, y al hacerlo influía por fuerza y con fuerza en la orientación musical; pero el líder era Roger, siempre lo había sido».* Daltrey lo expresa con sorna en el capítulo quinto de este libro cuando afirma que sin él no habría existido el grupo y que «el mundo estaría hoy lleno de discos de Townshend en solitario».

En las siguientes páginas descubrimos, así pues, que la autoría musical va más allá de la escritura de las canciones (aunque Daltrey reconoce, evidentemente, su importancia capital) y que la interpretación, el diseño de la trayectoria del grupo, las discusiones en el estudio de grabación, las decisiones empresariales (el cambio de mánager, por ejemplo) o la elección del orden de las canciones en los conciertos son asuntos en absoluto menores, por mucho que la configuración de la industria audiovisual actual no valore en la misma medida estas labores.

Aparte del fresco social, Daltrey ofrece una visión desenfadada (que oscila entre lo lúdico y el desencanto) de la vida de un grupo de rock y su evolución. Por estas páginas desfilan Jimi Hendrix, Eric Clapton, Jimmy Page, los Beatles, los Rolling Stones y los Kinks, entre otros, es decir, los protagonistas de una escena cultural fascinante. Y, claro está, Keith Moon, con sus «bromas, explosiones y devastación general», el batería que nunca distinguió los límites del escenario y que destrozaba por igual los tambores en el concierto y las habitaciones de los hoteles por donde pasaba. El recuerdo de Moon se queda lejano, y el lector no sabe muy bien si fue Townshend quien llamó a Daltrey para

---

* La autobiografía de Townshend, *Who I Am. Memorias*, traducción de Miquel Izquierdo, Barcelona, Malpaso, 2014, pág. 382.

anunciarle la muerte del batería, como asegura el cantante en este libro, o si sucedió al revés, según sostiene el guitarrista en sus memorias.* Por no olvidar a John Entwistle, fallecido en 2002, en vísperas de una gira por Estados Unidos. En ambos casos, dice Daltrey, la lección más importante sería asumir que, en el trabajo y en la vida, hay que seguir adelante, «the show must go on».

Este libro de memorias de Roger Daltrey es, en definitiva, una crónica excepcional de las interioridades de uno de los mejores grupos de rock de la historia, narrada de un modo ágil y con un saludable tono irónico que extiende el autor a la mirada sobre sí mismo (cuando se refiere a su carrera como actor, por ejemplo). Su lectura nos sitúa, además, en un presente que ha cambiado por completo, con una industria que no paga ya vuelos en jets privados a los músicos de rock que surgen en la actualidad. Todos esos privilegios los vivieron quienes fueron jóvenes en décadas anteriores, de manera que estas memorias permanecen como el testimonio de un momento en que se definió una industria musical que hoy se encuentra colapsada; la consignación de la existencia de un tiempo en que se antojó posible cambiar la sociedad con revoluciones de tres minutos de duración. Los Who encabezaron varias revoluciones de este estilo, y en canciones más largas, gracias a aquel director de colegio que expulsó a un joven gamberro que solo pensaba en dedicarse a cantar. A él le debemos la música del grupo y estas divertidas memorias.**

Manuel de la Fuente

* En la página 340, Townshend, *op. cit.*, recuerda que se enteró de la muerte de Moon por una llamada de Daltrey.
** Quiero agradecer, en la labor de traducción, la ayuda de Barry Pennock e Ignacio Ramos, amigos y colegas docentes de la Facultad de Filología, Traducción y Comunicación de la Universidad de Valencia.

A Heather

1
LA CAMISA DE FRANELA

Una sofocante noche de marzo de 2007, Pete y yo salimos al escenario del Ford Amphitheatre en Tampa (Florida). Por novena vez aquel mes, y firmando la septuagésimo novena actuación de los nueve meses anteriores, la banda abrió con «I Can't Explain». Me puse a balancear el micro hacia el público, dispuesto a hacer lo de siempre. Dispuesto a acometer el primer verso... «Got a feeling inside». Pero el micro pesaba un quintal. Salió disparado como si fuera un ancla. No sé si volvió hacia mí. Todo se me oscureció.

Lo próximo que recuerdo es yacer en el backstage. Percibía luces deslizándose y voces de preocupación que iban y venían. Pete estaba allí intentando saber qué había pasado. Y a lo lejos se oía el barullo de 20.000 fans decepcionados.

Jamás había fallado en 50 años de carrera. Siempre había cumplido a la hora de actuar. En centenares de bolos. Millares. En pubs, clubs, centros culturales, salones parroquiales, auditorios, estadios, en el Pyramid Stage, en el Hollywood Bowl, en la Super Bowl, en Woodstock. Se encendían las luces y allí estaba yo. Al frente del escenario. Listo para empezar. Excepto aquella noche. Por primera vez desde que a los doce años agarré un micrófono para cantar temas de Elvis, no pude actuar. Según me iban metiendo dentro de una ambulancia, me sentía el ser más indefenso del mundo. Oía las sirenas y, también cosa rara en mí, me hallé desvalido.

A lo largo de los días posteriores, los médicos me examinaron muchas veces de arriba abajo y detectaron falta de sodio. Visto ahora, parece hasta lógico, pero nunca me había percatado. Siempre que salíamos de gira, al segundo o tercer mes, me ponía malo. Muy, muy malo. Y ahora, tras muchos años, descubría que la explicación era sencilla. Era el sodio, o más bien su carencia. Tanto esfuerzo y sudor me habían dejado exhausto. Éramos atletas, aunque no entrenábamos como tales. Dos, tres horas, noche tras noche como si nada. Sin calentamientos, sin estiramientos, sin suplementos vitamínicos. Simplemente, un camerino con alcohol. Porque éramos un grupo de rock, no un equipo de fútbol.

Todavía me enteré de más cosas aquella semana. Unos días después, uno de los numerosos médicos que me atendió apareció con una radiografía del tórax.

«A ver, señor Daltrey, ¿de cuándo es su lesión de espalda?», me preguntó.

Le contesté de forma muy educada que tenía la espalda bien.

Y de forma muy educada me dijo que en absoluto. La radiografía mostraba una lesión de espalda fruto de lo poco que me la había cuidado.

Lo normal sería recordar el momento en que me lesioné, pero el caso es que me he llevado bastantes golpes. Hay un componente de suerte común a los músicos de rock and roll, aunque no se puede obviar que también hay mucha dedicación detrás. Si te caes, te levantas y sigues adelante. Era así al principio y eso no ha cambiado nada.

Se me ocurren tres ocasiones en que pude haberme lesionado. Por ejemplo, en 1974 cuando estábamos rodando «I'm Free» de la película *Tommy*. Al minuto y quince segundos, se ve a un militar tirándome para dar una voltereta. No era un movimiento difícil, pero caí mal. No sé si me crujió algo, pero sí que me dolió una barbaridad. Y el resto del día nos lo pasamos filmando el paso a la canción, cuando mi personaje, Tommy Walker, cae atravesando el cristal. Hicimos primero la parte exterior y luego fuimos al estudio para reproducir el momento en la pantalla azul. Toda la tarde con aquello. Yo cayéndome a una altura de metro o metro y medio sobre una esterilla. ¡Y corten!

«Otra vez, Roger». Ese era uno de los latiguillos favoritos de Ken Russell. Le encantaba llevar al extremo a los actores.

«¿Seguro que no está ya, Ken?», le contestaba con mi espalda quizá ya maltrecha.

«Otra vez, Roger».

«Claro, Ken».

O igual la lesión se produjo el 5 marzo de 2000, de camino al espectáculo Ultimate Rock Symphony en el Entertainment Centre de Sydney. Paul Rodgers, de Bad Company, había avisado de que estaba enfermo, con lo que yo asumiría también sus temas. Me enviaron una furgoneta para llegar con tiempo, me subí y me puse a calentar la voz en el trayecto al recinto. Sigo un método consistente en sostenerme la lengua con una toalla en una mano y, con la otra en la barbilla, ejercito unas escalas peculiares. Tiene todo un aspecto y sonido dementes, como si me hubiera poseído el demonio. Por lo menos intento ser un demonio mínimamente melodioso, pero ojalá hubiera estado haciendo otra cosa cuando sufrí aquel accidente de coche.

La mujer que se incorporaba a la autopista estaba lo suyo. Invadió de repente nuestro carril. A mi conductor le dio tiempo a frenar un poco y chocamos contra ella de lado. Podría haber sido peor. Seguía con la lengua envuelta en la toalla y seguíamos con vida. No sentí ningún crujido, pero sí un dolor tremendo. Cuando llegamos al sitio, llamaron a un osteópata que me lo volvió a poner todo en su sitio antes de salir al escenario. Supongo que me recuperé a base de adrenalina, aunque arrastré dolores recurrentes a lo largo de los tres años siguientes.

Con todo, creo que lo más probable es que la lesión provenga de cuando estuve en un campamento de verano a la edad de nueve o diez años. Sería más o menos en 1953. Se trataba de un campamento para bandas de música y yo era el cantante de la Boys' Brigade.* Iba por la playa subido a hombros del sargento cantando a pleno pulmón edificantes himnos norteamericanos ante la mirada atónita de los turistas. Cantaba yo como los ángeles.

El único chico problemático se llamaba Reggie Chaplin. También marchaba con la Boys' Brigade. Era el más grande y no lo digo de coña: me sacaba, por lo menos, una cabeza de altura y me doblaba en envergadura. Vivía en Wendell Road, en el barrio de Shepherd's Bush, a tan solo cinco minutos de mi casa en Percy Road, pero a todo un mundo de distancia. Había familias con las que más valía no tener problemas, y eso es algo que se mantiene en la actualidad. Así es Londres. Y, en Shepherd's Bush, tenías que andarte con ojo con la familia Chaplin de Wendell Road. Eran gente difícil de una calle difícil y, por desgracia, Reggie, el grandote, la tomó conmigo.

Bueno, pues estábamos en el campamento y, como era el más pequeño, me agarraron y empezaron a mantearme. Con esas cosas se divertían los chavales antes de que se inventara el iPad.

Reggie era el cabecilla de la banda y, mientras me encontraba yo volando a medio metro del suelo, gritó: «Quitadla». Todavía me acuerdo del muy capullo diciendo aquello. «Quitadla».

Claro, todos quitaron la manta, para mi completa impotencia. Me di contra el suelo y perdí el conocimiento. Seguro que sonó un buen golpe, pero yo estaba en el otro mundo. Por un lado, aquello supuso el fin del campamento. Tuve que pasarme todo el día en el hospital de las narices y la semana entera en una tienda de campaña de la Boys' Brigade retorciéndome de un dolor que ahora relaciono con una lesión de espalda. Por otra parte, problema resuelto, adiós a

---

* Organización juvenil cristiana fundada en el siglo XIX y que cuenta con una destacada implantación en el Reino Unido.

los conflictos con Reggie. Al verme inconsciente tumbado en el suelo, llegó a pensar que me había matado.

Al despertar, la primera cara que vi fue la de Reggie llorando. El chico más malote de Shepherd's Bush a moco tendido por el pánico y el sentimiento de culpa. Se sentía fatal y, después de aquello, se convirtió en mi protector y pasé a sentirme seguro. Estaba con la gente dura de la zona dura. La gente me trataba de forma diferente, era intocable. Eso duró hasta llegar al instituto, momento en el que todo se fue a tomar por culo. Alto ahí, me estoy adelantando a los acontecimientos. Volvamos atrás en el tiempo, antes de las presuntas lesiones de espalda, antes de las primeras escaramuzas con los buenos y malos colegiales. Empecemos por el principio.

Mi madre aguantó hasta la madrugada del 1 de marzo de 1944 para alumbrar a este humilde servidor. Unas horas antes y habría nacido el día del año bisiesto, cosa que no habría querido por nada del mundo. Solo un cumpleaños cada cuatro años, menuda maldición, ¿no? Aunque ahora solo contaría dieciocho años y medio.

Tuve suerte de nacer. Grace Irene Daltrey (pero podéis llamarla Irene, como todo el mundo) padecía una enfermedad en el riñón que le habían detectado en 1938. Le quitaron uno de los riñones, pero su salud empeoró mucho y acabó contrayendo la polio. Se pasó dos meses en un hospital de Fulham metida en uno de los primeros pulmones de acero de Gran Bretaña, con la vida pendiente de un hilo durante mucho tiempo. Salió de milagro, aunque tuvo que estar unos cuantos años en silla de ruedas.

Y lo peor, en lo que a mí atañe, es que los médicos le dijeron que no podría tener hijos. De haberse cumplido el pronóstico, este libro habría sido bien breve, pero mi padre se empeñó en buscar remedio. Al estallar la guerra, lo destinaron a Francia con la Artillería Real, pero aquello no lo detuvo. Le daban regularmente permisos por asuntos familiares para visitar a mi madre. Nueve meses después de aprovechar a fondo uno de aquellos permisos, y para sorpresa de propios y extraños, aparecí yo: Roger Harry Daltrey.

No era una época fácil para traer críos al mundo. Se da por sentado que la campaña de bombardeos alemanes sobre Inglaterra concluyó en 1941. *Fake news!* En marzo de 1944 se vivió el tercero y peor mes de la Operación Steinbock, una mini campaña de cinco meses de duración que, para quienes la vivieron, poco tuvo de mini. La Luftwaffe lanzó bombas por todo Londres y después, para colmo de la salvajada, lanzaron las bombas volantes (las V-1). La primera cayó cuando yo tenía dos meses de vida. Un mes después, los alemanes lanzaban más de cien al día.

Uno de los objetivos era la fábrica de armas de Acton Green, a dos kilómetros de Percy Road, pero la V-1 nunca atinaba en el blanco. Eddie Chapman, el agente doble, les preparaba a los alemanes informes sobre la eficacia de los bombardeos, mintiendo para que los alemanes no corrigieran la trayectoria. Menos mal, sí, pero aquello supuso que las calles de Shepherd's Bush se vieran todavía más afectadas. Cada vez que bajábamos a refugiarnos al metro, te ibas con la duda de si al salir habría un cráter en el espacio donde estaba tu casa.

Mi madre (y yo con ella, supongo) se pasó muchas noches refugiada en la estación de metro de Hammersmith. Una semana antes de nacer yo, en una de aquellas noches especialmente complicadas, creyó que iba a ponerse de parto allí en el andén número cuatro. Ahora que han pasado tantos años, me cuesta imaginarla arreglándoselas por sí sola mientras mi padre estaba en el frente. Tampoco debió de ser fácil cuando nos evacuaron durante 13 meses a un caserío en Stranraer, al sudoeste de Escocia, para escapar del incremento de los ataques. La señora Jameson, nuestra anfitriona, ya compartía su casita de campo de cuatro habitaciones con otra familia de agricultores, pero aun así nos hizo espacio para acogernos a mí, a mi tía Jessie y a sus dos hijas. Nos quedamos los cinco en una habitación. Con más de siete décadas de retraso, quiero expresarle mi tardío agradecimiento a la Sra. Jameson y su familia.

Era un tremendo trastorno para una madre primeriza, pero Irene jamás se quejó. Con el paso de los años, nunca oí ni a mi madre ni a mi padre referirse de forma negativa a sus experiencias en la guerra. Solo hablaban de los buenos tiempos. Seis años de muerte y desolación a una escala inaudita, pero para ellos todo era perfecto.

No obstante, tampoco creo que los críos de aquel periodo viviéramos sin enterarnos de nada. Los niños son muy perceptivos, son conscientes de que no todo es siempre felicidad y ven el fondo de esas historias alegres. Cuando era pequeño, sabía que mi padre lo había pasado mal. Perdió a su hermano en Birmania. Dijeron que de disentería, pero estaba preso en un campo de prisioneros japonés, de modo que a saber de lo que murió. Mi padre nunca hablaba de ello, aunque dejaba entrever algunas señales.

Un día íbamos en coche a Lancing, en Sussex, para ver a mi hermana pequeña Gillian. Le habían encontrado un soplo en el corazón y la habían enviado a un sanatorio. Mi padre se había hecho con un taxi grande (ni idea de cómo lo consiguió, pero era la única manera que teníamos de ir a visitarla los domingos durante el año que estuvo ingresada). Aquel día en concreto se conmemoraba la participación del país en las guerras mundiales. Justo antes de las 11 de la mañana, aparcó el taxi junto al arcén y nos pusimos en la calzada de pie para guardar, como cada año, un minuto de silencio. Vi que le caía una lágrima por la mejilla.*

---

* El segundo domingo de noviembre se celebra en Gran Bretaña el «Remembrance Sunday», en recuerdo del 11 de noviembre de 1918, el armisticio de la Primera Guerra Mundial. Los actos de conmemoración se inician a las 11 de mañana con un silencio por los soldados y civiles británicos que participaron en las dos guerras.

Me causó un fuerte impacto ver a mi padre así. Era un hombre apacible, pero como vaciado por dentro. Ese fue el efecto que le provocó la guerra. Recuerdo que tenía la misma mirada el día antes de fallecer. Fue nueve meses después de la muerte de mi hermana pequeña Carol de cáncer de pecho. Tenía solo 32 años. Aquel día entendí que mi padre había estado llorando por dentro, no solo desde la muerte de su hija sino desde el retorno de la guerra.

Eso le pasó a mucha gente. La guerra les arrebató algo importante.

El padre de Pete, Cliff, se parecía bastante al mío aunque era mucho más hablador. Estoy convencido de que haber tocado el saxo en la banda de la RAF le ayudó a afrontar el trauma. Mi padre lo único que quería era estar tranquilo y nunca se movió de ahí. Se quedó toda la vida trastornado.

El primer recuerdo que guardo de mi padre es verle volviendo de la guerra. Lo habían herido el Día D y se le ofreció un puesto en Intendencia, con lo que no se licenció hasta 1945. Yo entonces tendría unos 20 meses de vida, por lo que deduzco que ese primer recuerdo es una amalgama de diversos fragmentos. Eso sí, recuerdo a la familia al completo reunida por primera vez en la sala de estar con todas las sillas cerca de las cuatro paredes. Recuerdo las botas con cinchas, el petate y el casco de estaño, y también mi sorpresa al ver que ese hombre, ese completo desconocido, nada más llegar se puso a dormir con mi madre en la misma cama.

Todo aquello parece ya muy lejano, aquella vida, aquella infancia, el hecho de crecer en la postguerra. Es casi imposible imaginarlo sin haberlo vivido. No resulta casual que todos los nacidos aquel año tuvieran retrasos en el crecimiento: los dos primeros años de mi vida fueron los más duros en las restricciones de alimentos. En 1945, los norteamericanos decidieron poner fin a su programa de ayuda de suministros a los aliados, que había permitido a Gran Bretaña adquirir a Estados Unidos comida a crédito. Así que, nada más finalizar el conflicto, nos vimos compartiendo víveres con los alemanes.

De todos modos, nunca oí ningún lamento al respecto. Los alemanes eran los enemigos mientras duró la guerra, y al acabar lo compartíamos todo sin objeción alguna. A fin de cuentas, estaban peor que nosotros. Me vino ese pensamiento en 1966, la primera vez que fui a Alemania con los Who. Me quedé impresionado. ¿Cómo es que acabamos a malas con aquella gente? Se parecen mucho a nosotros. Son estupendos. Y nos pasamos seis años de guerra sin cuartel. Es de locos.

El racionamiento duró casi toda mi infancia y el hambre fue encogiendo al ritmo del estómago. Desayunábamos gachas y merendábamos sándwiches con azúcar. El «pan nacional» llevaba «calcio añadido» (estaba cortado con caliza), un truco para que creyéramos que comíamos pan blanco. Teníamos que esperar una semana entera para obtener un huevo en polvo.

De manera excepcional teníamos pollo asado cada seis meses. Entonces eso era un acontecimiento, pero hoy sería imposible encontrar aquellos pollos en los supermercados: estaban escuálidos, sarnosos, recubiertos de hilitos extraños, con más huesos y nervios que carne. En 1998, interpreté en el Madison Square Garden el papel de Ebenezer Scrooge en *Cuento de navidad*, y Bob Cratchit, el empleado pobre y esclavizado, llevaba un pollo el doble de grande de los que teníamos entonces. Y teníamos que fingir compasión por él.

No se tiraba nada, todo se usaba para algo: trapos, papeles, latas, trozos de cuerda o botellas vacías. No había juguetes a nuestra disposición. No se podía ir a las tiendas a buscar un carrito de bebé, ni siquiera ropas y zapatos para los niños. Todo era de segunda mano, y de tercera, cuarta y sexta mano. Llevábamos los mismos zapatos hasta que

les salían agujeros y entonces mi padre nos enseñaba a re-
mendarlos. ¿Cuánta gente hoy en día sabe remendar sus
zapatos?

En aquel tiempo era algo normal aunque hoy nos parezca extraño. La vida actual está a tres generaciones dra-
máticas y a miles de kilómetros de distancia y todavía me
resulta increíble ver cómo hemos progresado. Y es que lo
curioso es que no recuerdo pasarlo especialmente mal porque, en el fondo, claro que aquello te acababa afectando,
pero, en general, excepto por lo Reggie y el manteo, tuve
una infancia feliz.

Cuanto más lo pienso, más admiro a la generación de
mis padres. No aspiraban a grandes lujos, solo querían vivir en paz y pasárselo bien de vez en cuando.

Un baile con unas cervezas era visto como la fiesta del
siglo. Podría parecer muy simple, pero se lo pasaban bien
con muy poco, justo lo contrario de todo lo que nos ocurre
hoy, dado que lo tenemos todo y al instante. Me resulta muy
difícil saber hacia dónde nos lleva esto. Supongo que cuando eres joven y no has vivido otra cosa, pues te dejas arras-
trar. Tal vez alguien me lo pueda explicar algún día.

Antes de que enfermara mi hermana, los domingos eran
para pasarlos con la familia. El clan Daltrey al completo empezábamos el día yendo a la iglesia de Ravenscourt Park
Road. Yo cantaba en el coro. Como os decía, era un ángel.
Después de la catequesis dominical, nos íbamos todos juntos a Hanwell, con el taxi de mi padre encabezando la cara-
vana. Era un Austin de carga baja con carrocería de Strachan
of Acton. La capota de los asientos traseros era plegable,
como los lujosos Rolls-Royce. Allí estaba al frente nuestro
chófer y mi madre sentada a su lado, detrás de una puerta
improvisada, en un asiento que había puesto donde se metía el equipaje. Todos nosotros nos sentábamos atrás, haciendo el saludo real a todo el mundo. Era fantástico.

Había un sitio llamado Bunny Park, justo bajo el viaduc-
to de Wharncliffe en Hanwell, y allí jugábamos al cricket los

domingos por la tarde mientras pasaban las locomotoras de vapor de Great Western. Estábamos allí las horas de las largas jornadas de verano, jugando con todos los primos, tías y tíos.

Quizá solo recuerde los buenos tiempos. Quizá me esté quedando solo con lo bueno, igual que se hacía entonces. Seguro que había discusiones, pero no las recuerdo. Decían que yo era tremendo, y es que no paraba de hacer travesuras. Siempre estaba tramando cosas y haciendo de las mías. Lo que sí recuerdo es que tenía que pelear por lo que quería. En aquellos tiempos, nadie te regalaba nada. Me parece bien. No creo que hubiera tenido esta vida de no haber aprendido muy pronto aquella lección.

Vivíamos de alquiler en Percy Road, 16. Mi tía Jessie y mi tío Ed estaban en el piso de abajo con mis tres primos, Enid y Brenda (que eran mayores que yo) y Margaret, la pequeña. Mi madre, yo y el hombre extraño que llevaba botas militares, y que por lo visto era mi padre, vivíamos arriba. Teníamos dos habitaciones, salón y cocina, que se quedaba un poco estrecha cuando aparecían mis hermanas. Tras la cocina y bajando unos escalones, estaba el baño compartido. Yo era el único chico que tenía que compartir aseo con dos hermanas y tres primas. Cinco chicas contra un chico. Aprendí a sentarme con las piernas cruzadas.

Mis tíos eran laboristas a ultranza. Cuando me hice mayor, nos llevaban los fines de semana a clubs sociales del partido: centros comunitarios llenos de humo y con cerveza. Nunca hablé con mi padre de política. Supongo que también era laborista, pero no los soportaba, aunque nunca supe el motivo. Solo comentaba que no decían más que tonterías.

Mis primas, por cierto, eran muy inteligentes. Hablaban sin parar de lo que habían aprendido ese día en el colegio y las escuchaba fascinado. Como casi todos los críos, estaba siempre queriendo aprender cosas nuevas. El sistema aún no me había quitado esa ilusión. A Enid le gustaba la moda desde muy pequeña. Le gustaban lo que llamaba los beatniks. A mí me parecían gente mayor con sus suéters anchos de punto y sus barbas desaliñadas. Las chicas vestían como Doris Day. Escuchaban jazz clásico que, por otro lado, era más animado que la banda de Billy Cotton que sonaba cada domingo a mediodía en la radio.

Enid y Brenda nunca suspendieron ningún examen y fueron a la universidad. No sé de dónde sacaron la inteligencia, es un enigma. La otra hermana de mi madre, Lorna, se casó con un tipo llamado Ernie, que trabajaba de electricista. Tenían dos hijos y uno de ellos entró en Oxford a los 14 años de edad. Ambos llegaron a ser destacados físicos nucleares. ¿A que jamás pensaríais que tengo familiares que son físicos nucleares? Todos mis primos llegaron arriba gracias al sistema educativo. Pertenecían a la clase trabajadora que prosperó (la generación que reconstruyó el país tras la guerra). Eran la prueba de que el sistema funcionaba, aunque conmigo fracasara. Yo luchaba constantemente contra el conformismo, era más rebelde que mis primos y no soportaba que me dieran órdenes.

Bueno, tampoco fue tal como refiero. Me gustaba marchar con la Boys' Brigade, cantando encaramado a los hombros del sargento y desfilando por la playa. Me gustaba también seguir el dictado de la escuela primaria. Es más, me encantaba. Me llevaba bien con los profesores y era el primero de la clase. Y deseaba que llegara el momento del día en que iba andando al colegio, al Victoria Junior Boys' School. ¿Cuántos críos dirían tal cosa?

Tenía que ir vestido con pantalones cortos, suéter y chaleco. El suéter era la única nota discordante de un conjunto que estaba muy bien porque era de lana, pero no de esa lana bonita, suave y cómoda sino, dado que estábamos a principios de los años 50, una lana gruesa, áspera y horrible. Lana de cordero, o de caballo. La lana de acero habría picado menos. Tuve que llevar aquel espanto de suéter durante años, no lo soportaba. Sin embargo, al cumplir los ocho años, mi madre me compró una camisa de franela gris y se me abrió un mundo nuevo.

Me dijo que solo podía llevarla dos días seguidos para lavarla después, lo que suponía volver a ponerme aquel asqueroso suéter picante, áspero y horrible. Así que me levantaba a las seis de la mañana, lavaba la camisa, la secaba y la planchaba para llevarla todos los días. Era un esclavo de la moda. O de la comodidad.

El Sr. Blake fue mi tutor durante los tres últimos años de primaria y lo apreciaba tanto como a mi camisa de franela. Me daba clases de historia y geografía, y de todo lo que le preguntara. Nos llevaba de excursión y nos enseñaba un montón de cosas interesantes: aprendíamos de forma natural, que es como mejor se aprende. Y me decía que tenía potencial. «Es un chico lleno de inquietudes, tanto pragmáticas como intelectuales, musicales y deportivas», anotó en mi informe de fin de curso en 1955. Igual podría haber llegado también a físico nuclear.

Aprobé el examen de rigor y «gané» una plaza en el instituto de Acton. Mi padre consiguió además un ascenso en Armitage Shanks, la empresa de «cerámica sanitaria», de forma que la familia también prosperó. Nos mudamos a tres kilómetros, a los lujos de una casa adosada en una zona llena de árboles en Bedford Park, concretamente en Fielding Road, 135. Teníamos nuestro propio baño y nuestros jardines, tanto delantero como trasero. Era el sueño al que aspiraban las familias de clase trabajadora. A mí todo eso me daba igual, no quería vivir allí, no quería irme a otro sitio y dejar a mis amigos. Tres kilómetros eran como un millón. Me sentía como si nos mudáramos a Marte.

2
FUERA DE CLASE

A la primera semana en el nuevo colegio, me di cuenta de que no encajaba allí. Mis compañeros procedían de lugares como Greenford o Ruislip, sitios con árboles, césped y amplias aceras. Tenían acento burgués, o «pijo», como diríamos mis colegas y yo. No es que fuera solo un acento diferente, es que era otro idioma. No entendía nada cuando se ponían a hablar.

Tampoco ayudaba mi aspecto escuálido y extravagante. No exagero. Digamos que llevaba unas pintas... inusuales, por culpa del accidente, pero no el que os he contado sino otro. Sucedió cuatro veranos antes de llegar a la secundaria. Estábamos de vacaciones en el chalet de mi tía en Bournemouth. Justo al lado había una obra en construcción, algo común en aquella época debido a la cantidad de casas en escombros por los bombardeos. La gente se había quedado sin hogar, de manera que se instalaba cuando se terminaba su casa sin esperar a que estuvieran hechas las demás de la misma calle. Lo normal era estar rodeado de espacios en obras y jugar en ellas. Así que andaba yo por ahí haciendo el tonto, probablemente jugando a indios y vaqueros. Tropecé con un alambre y caí de bruces contra el suelo.

Mi madre me llevó al hospital, me examinaron y no me vieron nada. La verdad es que no sé qué tengo con los hospitales que siempre que me pasa algo, me miran y me dicen que estoy bien. Así que me fui a casa con el alta médica, pero veinticuatro horas más tarde tenía la boca completamente inflamada. Al día siguiente y al otro, si tenía que salir de casa, no quería bajarme del taxi de mi padre porque con la cara que llevaba, a mi lado el hombre elefante parecía Frank Sinatra. Los vecinos me miraban fijamente y yo me quedaba sentado con gesto de pena.

Y además no se me pasó. La hinchazón iba en aumento y cuando mi madre me llevó de nuevo a la consulta, me palpitaba la boca. En la sala de espera, ocurrió algo curioso: de repente, se puso a oler fatal. Los presentes empezamos a mirarnos entre nosotros de modo acusador. ¿Quién había tenido el poco gusto de tirarse allí un pedo?

«Yo no he sido», imploraba con la mirada frente al escrutinio general. Pero entonces me di cuenta. Mi camisa, mi querida camisa de franela, estaba húmeda. Se me había reventado la infección de la boca. En esta ocasión me hicieron una radiografía y comprobaron que tenía la mandíbula rota en tres partes. Os cuento esto por dos motivos.

Para empezar, porque es importante de cara a entender que, cuando entré por la puerta del instituto de Acton, llamaba mucho la atención. La segunda razón es que, cuando me curé, perdí la sensibilidad en la mandíbula y no sentía dolor cuando me pegaban en la cara. Esto tiene su relevancia. Si hubiera ido por ahí con mandíbula de cristal, mi vida habría tomado otro rumbo.

En un colegio con un elevado porcentaje de hijos de papá que querían someter a los de primero, lo que menos querías era llamar la atención. Rápidamente, y como era de prever, empezaron a meterse conmigo. Me pusieron el mote de Troglodita, que a día de hoy me sigue molestando.

Los chicos mayores se lo pasaban en grande colgándome de la valla que rodeaba el patio. Me obligaban a agarrarla con las manos y después me subían de las piernas hasta dejarme en posición horizontal. Cuando se me cansaban los brazos, tortazo. Les encantaba, era su pasatiempo favorito. Y yo nunca me he sentido tan mal.

Al poco tiempo empecé a faltar al colegio y me iba por ahí a caminar solo. Deambulaba por la orilla del río en Dukes Meadows, arriba y abajo, arriba y abajo, hambriento y solo, terriblemente solo.

Aquella zona era muy bonita porque era verde y silvestre y se respiraba aire fresco, pero no paraba de pensar que si la vida era de aquel modo no quería vivirla. No quería estar en este mundo, casi se me pasaba hasta el suicidio por la cabeza.

Creo que aquella sensación se acrecentó por la rapidez con que había dejado atrás mi feliz infancia.

Aquella época de mi vida queda muy lejos. Muy lejana, de hecho. Han pasado 60 años. No obstante, todavía recuerdo un día concreto como si fuera ayer. Era viernes, el final de una larga semana. Estábamos en el recreo y yo andaba solo, pero fingía que me hallaba ocupado con alguna cosa. Levanté la vista y recuerdo sentirme hastiado, sin futuro. Salí de clase y me fui a casa, completamente desolado y vacío. No había nadie en casa. Encontré los somníferos de mi madre y me senté a contemplar el frasco. Acto seguido, me tomé cuatro o cinco pastillas. Mis padres nunca se explicaron que estuviera 48 horas durmiendo. Supongo que lo atribuyeron al proceso de crecimiento.

Para más inri, no había comunicación alguna con los profesores. Allí no tenía a nadie como el Sr. Blake. Solo me caía bien el Sr. Hamilton, el profesor de manualidades. Luego estaba el profesor de matemáticas, que me tenía manía porque no me gustaban las mates. Es que no me entraban. Deberían separar a los que son buenos en mates y a los que no se les dan bien, enseñárselas de una forma más relajada. Todavía se imparte como se enseñaban antes, es absurdo. Está claro que resulta útil saber sumar y restar, pero vamos, yo esas cosas las sabía. Si no, a santo de qué iba a enterarme del dinero que nos estaban tangando a principios de los años 70 cuando los Who empezamos a generar ingresos de verdad. Pero... ¿Álgebra?

¿Trigonometría? ¿Senos, cosenos y todo eso? Venga, por favor. Cada cual es bueno en lo suyo.

Luego estaba el Sr. Watson, el tutor del curso, que despreciaba a Elvis. Una persona que despreciaba a Elvis. Increíble, pero cierto. Me tocó el mismo profesor de lengua durante tres años, un tipo que hacía siempre lo mismo: empezaba las clases vomitándonos el libro de texto, se encendía la pipa, ponía los pies encima de la mesa y se leía de arriba abajo los periódicos de carreras de caballos. Nunca nos enseñó nada. También teníamos a la profesora de música, la Sra. Bowen, que solo nos mostraba páginas llenas de puntitos totalmente incomprensibles. Así se hace una coral de Bach. Aquí una corchea. Aquí una negra. Aquí esto, aquí lo otro. Era insoportable. No veía la música por ningún sitio. Me dijo que jamás se me daría bien.

Solo aspiraba a quedarme a solas para tocar la guitarra. Sería en verano de 1956 cuando me dio por probar con la guitarra y desde el instante en que rasgué el primer acorde, se apoderó de mí una suerte de obsesión. Ese era el problema del colegio. Me centraba en las cosas que me gustaban, me metía de lleno en las cosas que me gustaban, pero el sistema no me permitía libertad alguna. Tenías que estar sentado en clase, seguir las reglas estúpidas y hacer lo que te mandaban y cuando te lo mandaban. Aquello era superior a mí. Aguanté un año de coñazos (órdenes absurdas en clase y a los chicos metiéndose conmigo fuera) hasta que me reboté. Un día en el almuerzo, uno de los malotes empezó a putearme, agarré una silla y le aticé con fuerza. Desde entonces, me dejaron en paz. Un sillazo y vuelta a la normalidad.*

Tampoco es que me pasara al lado de los malotes. Aprendí a defenderme y a no pasar las gilipolleces, pero nunca me metía en problemas por mi cuenta. Al parecer, Pete no lo ve

---

* Juego de palabras en el texto original: «The chair had turned the tables».

igual porque así lo encaja en su narración de los acontecimientos futuros. Afirma que me pegué en el instituto con un
chaval chino de un curso inferior. Juro que no había ningún
chino en todo el colegio.

Ahora soy un tipo tremendamente pacífico y creo que
también bastante sensato, pero en aquellos años era bastante irascible. La mecha de mi paciencia, que me llevaba a meterme en broncas, era más corta que la polla de un colibrí.
Nunca rehuía la pelea. En cuanto tenía la sensación de que
me iban a atacar, soltaba el primer puñetazo. Los que se daban cuenta a tiempo se echaban atrás y los que no, encontraban su merecido.

La única pelea que recuerdo haber iniciado es una que sigo
lamentando a día de hoy. Tenía 14 años, esa edad en la que
vas por ahí en plan gallito. Estaba en una de las salas comunes del colegio con un amigo medio peleándonos. Era en
plan de broma, pero empezó a picarme diciéndome que me
iba a dar y se me fue la pinza. Perdí los nervios. Casi sin darme cuenta, salté sobre un sillón y le propiné un montón de
tortazos y patadas. Un poco más y lo mato. Me sentí fatal de
inmediato.

Ya para rematar el asunto, era amigo de un grupo llamado los *teddy boys* de Acton. Eran muy violentos, de Ac-
ton-Acton, no del instituto. Vivían en Acton Lane, en las viviendas de protección oficial de Vale, al otro lado de la vía
del tren de la fábrica British Light Steel Pressings. Esa vía
desapareció hace tiempo, pero entonces, en los años 50,
era el Muro de Berlín de las bandas del oeste de Londres.
Cada vez que iba a ver a mis colegas, tenía que cruzar por
allí. Y al tío al que no maté de milagro era de esa pandilla.
Maravilloso.

Les dijo a sus colegas que le había dado de leches y me
pusieron en su lista de objetivos. Se iban a vengar, y antes de
lo que me temía. El domingo después de la pelea estaba en
Ealing Common viendo un partido de fútbol de mis amigos.

A mí el fútbol no se me daba muy bien y solo iba a verlos, soltar coñas y echarme unas risas. A mitad del primer tiempo, vinieron siete tíos vestidos con sus ropas de *teddy boys*.* El jefe era uno llamado Johnny Craft, un tonelero de la cervecera Fuller's, que iba además acompañado de los hermanos William de Acton Lane. Querían decirme unas palabras.

Ahí no puedes salir corriendo.

Si huyes, les das la espalda. Si huyes, la llevas clara.

Y por encima de todo, no es que yo fuera muy rápido corriendo. Así que formaron un círculo y el pequeño Johnny Craft (era de mi estatura, pero hacía toneles y estaba fuerte) me soltó: «Le has pegado a nuestro colega».

«Sí, ya», le dije. «Lo siento mucho, de veras». Mi respuesta no se debía a la sinceridad sino a que tenía a siete tíos frente a mí.

Impasible a mis disculpas, Johnny me dijo que ahora me tocaba a mí y empezó a pegarme. Pasé de pelear porque eso habría sido aún más peligroso que ponerme a correr.

De hecho, era lo que esperaban, ya que les habría dado motivo para golpearme todos de lo lindo. Así que Johnny, desesperado, se sacó una enorme porra de madera y me ati-

---

* Como señala el autor en el siguiente capítulo, la cultura rock incorporó, a partir de la década de 1950, la figura del «joven» como elemento nuclear de la industria del entretenimiento. El *baby boom* demográfico tras la Segunda Guerra Mundial y la desafección de los adolescentes hacia los modelos culturales de sus padres se manifestaron en la emergencia de distintas culturas juveniles. En Gran Bretaña, destacó la de los *teddy boys*, caracterizada por un código de vestimenta propio (estilo *dandy* basada en la moda de principios de siglo) y por accesorios (navajas automáticas, cadenas o puños americanos) con los que ocasionaron disturbios ocasionales. Nik Cohn los recordaba así: «Observé a los matones adolescentes locales —*teddy boys*, les llamaban— con sus cortes de pelo como el culo de un pato y sus vaqueros de tubo, bailando a la luz del día (...) ¿Qué tenían aquellos *teds* que me dejó tan abrumado? *Glamour* y también algo salvaje» (*Awopbopaloobop Alopbamboom. Una historia de la música pop*, traducción de Silvia Palacios y Manuel Arroyo, Madrid, Punto de lectura, 2004, pág. 18). Para un resumen del fenómeno, el libro *Teddy Boys. A Concise History*, de Ray Ferris y Julian Lord (Reading, Milo Books, 2012).

zó con ella. Sus colegas me reprocharon que no devolviese los golpes, por lo que, tras una súbita epifanía pavorosa de «ay, mierda», vi que no tenía otra. No me servía de nada la resistencia pasiva, de manera que le di un puñetazo en la cara.

Le reventé la nariz.

Se llenó todo de sangre. Sus colegas se enfadaron mucho más aún.

La hostia, pensé. Tendría que haberle pegado en un sitio que sangrara menos. Tendría que haberle dado una patada en los huevos. Se estrechó el cerco y de repente me veo cara a cara con Mickey Dignan que, como correspondía a los *teddy boys* de Acton, tenía una fama de navajero de cuidado. Para hacer honor a su horrible reputación, se sacó la navaja. Ahí sí que me vi con un problemón.

RIP Roger Harry Daltrey.

Rajado antes de llegar a la flor la vida.

Y todo por perder los estribos el miércoles anterior en la sala común. Me salvó uno de los mayores que estaba jugando al fútbol en otro campo. Ojalá hubiera aparecido diez minutos antes. Cuando vio lo que sucedía, se acercó y señaló que siete contra uno igual no era lo más justo. Los *teddy boys* de Vale recularon. Mickey se guardó la navaja susurrándome que me tenía fichado.

El asunto habría quedado zanjado allí si no hubiera empezado a salir con Barbara Mason. Barbara fue mi primera novia y era una chica preciosa, encantadora. Muy por encima de mis posibilidades. Le había gustado porque cantaba en un grupo. Vivía en una de las casas prefabricadas del este de Acton construidas a toda prisa por el gobierno como medida para solventar la crisis inmobiliaria, y el único camino entre su casa y la mía me obligaba a pasar por la calle donde vivía Mickey Dignan. A esa edad, y a cualquiera, uno es capaz de lo que sea para ir a casa de su novia, máxime si era un año mayor y unos cuantos centímetros más alta. Así que, para llegar a casa de Barbara sano y salvo, iba yo vestido en pleno verano con el cuello de la camisa levantado, con un sombrero de mierda y todo bien puesto.

Aprendí a estar atento como un animal perseguido. También le decía a todo el mundo que llevaba un hacha: eso no era propio los animales de presa, pero me creían. La imagen era lo más importante y supongo que aquello me dio tablas para mi labor al frente de los Who.

El 1 de marzo de 1959, el día que cumplía 15 años, me expulsaron del colegio. Supongo que estaba cantado desde hacía tiempo. Me habían pillado fumando. Me habían pillado haciendo novillos. Era problemático en clase porque lo que quería era que aquellos profesores me dejaran a mi bola. Y era el sastre oficioso del colegio, que al parecer era lo que más tocaba las narices. Cobraba un chelín por «modernizar» los uniformes escolares. Mi madre tenía máquina de coser y era bastante mañoso. Todavía hoy me arreglo los vaqueros. Mis clientes venían con sus anchos pantalones grises y se iban con pantalones de pitillo. Les ponía también escudos del colegio inclinados por diversas partes de la chaqueta. Evolucionaban desde estudiantes angelicales y formales hasta jóvenes a la moda de finales de los años 50.

La Empresa de Sastrería Personal Daltrey S.L. tenía siempre una elevada demanda, lo que sacaba de sus casillas a las autoridades. Mi labor comportaba, tal cual, remover los cimientos del sistema.

La gota que colmó el vaso fue una escopeta de balines que no utilicé. Les cuento lo que pasó, señorías. Por aquel entonces, veíamos muchas películas bélicas, éramos críos y nos gustaba ir por ahí en plan soldados, armados con esas escopetas. No es que fueran muy peligrosas porque los balines apenas tenían alcance, los disparabas y ni siquiera llegaban a la otra punta de la habitación, pero los departamentos de riesgos laborales no creo que vieran esto hoy con buenos ojos y, en lo que respecta a este caso concreto, con cierta razón. El hecho es que éramos críos y a mí no me gustaban las reglas, tampoco la que decía que no se podía llevar escopetas de balines al colegio.

Así que me llevé la escopeta a clase.

Estábamos en el vestuario, cambiándonos después de un partido de fútbol y haciendo el payaso, cuando un colega, no yo, disparó la escopeta. El balín rebotó contra la pared y le dio a otro en un ojo. Fue un accidente tonto, de auténtica chiripa, pero se armó la de Dios y, dado que el arma era mía, me llevé una buena bronca. Pues normal. Si no la hubiera llevado allí, no habría pasado nada por mucho que no fuera yo quien le dio al gatillo. Al que disparó no le dijeron ni mu, pero a mí me dieron seis azotes de los buenos en el culo con los pantalones bajados. Deberían haber denunciado a aquel profesor por abuso sexual. Llegados a aquel extremo, el director del centro, el Sr. Kibblewhite, me expulsó. «No hay manera de controlarte, Daltrey», me soltó. «Fuera de aquí». Y mientras me iba de su despacho para siempre, me despidió con una bonita expresión: «No llegarás a nada en la vida, Daltrey».

Las gracias os sean dadas, Sr. Kibblewhite, pensé.

La tarde de mi cumpleaños tenía que llegar antes a casa y darles a mis padres la buena noticia.

Se quedaron destrozados. Creo que poco nos faltó a mi padre y a mí para acabar peleándonos. No a puñetazos sino en plan lucha libre. No era para nada un hombre violento, pero ese día estaba furioso. Yo en realidad no veía el problema. No me iba a pasar nada. Si alguien se hubiera molestado en explicarme la importancia del colegio (no los profesores ni el sistema) y que había motivos de sobra para tomárselo en serio, mi percepción habría sido diferente. Sin embargo, no tuve a nadie que me orientara. Mis primeros once años de vida habían sido apacibles y luego me vi en aquel colegio. Para mí fue como un castigo. Jamás se me pasó por la cabeza que fuera algo bueno. En primaria tenía el objetivo de prepararme para hacer un buen examen de acceso a secundaria.

Y aprobé, saqué buena nota, aunque en secundaria me quedé sin objetivos. Así que cuando descubrí el rock and roll, tuve clara mi meta. Quería dedicarme a eso. Mi padre tenía otros planes. Cuando terminó de gritarme, me llevó de inmediato a la oficina de empleo. Una semana después estaba trabajando de obrero de la construcción.

De no ser por Elvis, allí me habría quedado, de peón de obra. No obstante, la primera vez que vi a Elvis, a los 12 o 13 años, tuve claro lo que quería ser. Sí, vale, Elvis era Elvis. Elvis la Pelvis. El Rey del Rock 'n' Roll. Para un chico de Shepherd's Bush, era como ver un extraterrestre. Nadie sería nunca como él aunque todos queríamos parecernos. No teníamos dinero para comprarnos gomina Brylcreem y fijarnos el pelo al estilo del Rey, pero nos valíamos de pastillas de jabón, y tan contentos. Entonces apareció Lonnie Donegan y era algo distinto. Allí lo vi por primera vez en nuestra pequeña tele en blanco y negro en marzo de 1957. No tenía nada que ver con Elvis. Llevaba esmoquin y pajarita y lo cierto es que no era un tío guay. Cantó un tema folk de Appalachia titulado «Cumberland Gap». Aunque no entendí de qué iba, me atrapó. Su música era como primitiva. Me dio escalofríos.

En aquel momento, no habría sabido describirlo, pero hace poco leí un artículo al respecto. Un grupo de científicos de la Universidad de Eastern Washington ha estudiado cómo respondemos a la música. Dos terceras partes experimentamos una reacción emocional a estímulos inesperados producidos en nuestro entorno, en especial la música. Si estás absorto en una pieza musical y estás «abierto a las sensaciones», es más probable que sientas este escalofrío. Así es como he sentido siempre la música. Me pasó cuando escuché a Lonnie y me ha seguido sucediendo cada vez que canto en público. No me limito a cantar sino también a sentir. Y en un buen concierto, el público, aparte de escuchar la música, la siente a un nivel profundo y primario.

La música ya había empezado a cambiar antes de Lonnie y su grupo de *skiffle*.* Recuerdo que, cuando tendía unos seis años, empezó a sonar más música norteamericana en los programas de la tarde. Mi tío tocaba la batería en un grupo pequeño de grupo de jazz y le encantaba Hank Williams. Ahí es cuando oí country por vez primera, pero cuando apareció Lonnie cantando aquellas canciones folk tradicionales, como «Bring a Little Water, Sylvie» o «The Midnight Special», aquello fue otra cosa porque le añadía un cierto brío. Cuando movía la cabeza hacia atrás y se ponía a gemir, vi que yo quería hacer lo mismo. Con Elvis no me pasaba eso. Me dio por imitar a Lonnie y me salía muy bien. Era como más incontrolado, más primario y me sentía completamente identificado.

Fascinado por la tradición del *skiffle*, decidí fabricarme, a los 12 años de edad, mi primera guitarra. Eso implicaba que tenía que trabajar en verano, lo que no era muy común en aquellos tiempos para los chavales de mi edad. Conseguí un curro en la lavandería. Empecé desde abajo, es decir, recogiendo la ropa que dejaban. Joder, es increíble, ni que la gente viviera en pocilgas. Tras una de las semanas más largas de mi corta vida, una semana intentando no respirar por la nariz y siempre a punto de vomitar cada vez que llegaba una carga nueva, el jefe me anunció un ascenso. Ascenso los cojones. Me trasladó a las lavadoras. Me dedicaba a desenredar las prendas recién lavadas, las sábanas empapadas que salían de las máquinas y pesaban un quintal. Tenía que seguir el ritmo de las mujeres que planchaban a destajo. Eso de estar desenredando sábanas y no quedarme atrás de aquellas mujeres fue uno de los trabajos más agotadores que jamás habré tenido. Pues sí, la guitarra me costó lo suyo,

---

* Música de origen estadounidense que eclosionó en Reino Unido en los años 50, incorporando a los ritmos del jazz y el blues la tradición del music-hall británico y resultando fundamental en el pop rock posterior. El *skiffle* se encuentra en la génesis de grupos como los Beatles y se interpretaba con instrumentos baratos o de fabricación casera, como tablas de lavar, palos de escoba o guitarras como la que se fabrica Daltrey.

pero al final del verano contaba con dinero para comprarme los elementos que necesitaba para ponerme manos a la obra.

Hice una réplica de un instrumento muy barato que me dejó uno de los compañeros de trabajo de mi padre. Era algo parecido a una guitarra española. Hice el cuerpo con una placa de contrachapado y los laterales con fragmentos finos de madera contrachapada doblada. No tenía cola para unir el cuerpo al mástil, pero me las apañé. Después me fui por las tiendas de reparación de instrumentos musicales de Hammersmith para comprar trastes, riostras, clavijas y un puente medio decente. Tras mucho esfuerzo y un montón de pruebas, completé lo que se podría considerar una guitarra. Lo cierto es que parecía y funcionaba como una de verdad. En ocasiones incluso sonaba bien y con eso me bastaba.

Me escapaba para tocar cada minuto que Dios (y mis puñeteros profesores) me dejaban, y unos pocos más si podía. Parece mentira lo aplicado que se vuelve uno fuera de la trigonometría. La «guitarra» se asemejaba a un rallador de queso pegado a un trozo de madera, con lo que me hacía sangre en los dedos, pero, tras un par de semanas, dominé los tres acordes necesarios para tocar bastante bien todo lo que sonaba en la radio. Y otras dos semanas más tarde, di mi primer concierto combinando a Lonnie con el pelo a lo Elvis. Fue en el baile del club juvenil y no me puse nervioso. Salí al escenario y actué sin más. «Heartbreak Hotel» a todo trapo.

Si me preguntaran de dónde sacaba la confianza para actuar frente al público con una guitarra de contrachapado un chavalillo flacucho con problemas a la hora de afrontar a diario su triste vida escolar, no sabría responder con exactitud. Era extraño y todavía hoy me falta una explicación coherente. El caso es que mi guitarra y yo sobrevivimos, pero a la semana se partió por la mitad, en parte debido a un fallo de diseño y un pequeño drama porque ahora estaba en un grupo. Bueno, grupo, grupo, no. Un grupo de *skiffle*. Estaba en un grupo de *skiffle* y mi guitarra me había fallado al mes y medio de intensa actividad.

Al rescate acudió mi tío John, que de casualidad era carpintero en la inmobiliaria de Bedford Park. Me había visto sudando para fabricar la primera guitarra y ahora me iba a ayudar a hacer la segunda guitarra. En esta ocasión pusimos una buena juntura entre el mástil y el cuerpo, y bien lacada. Quedó mucho mejor. La entonación distaba mucho de la perfección, pero me sobraba para tocar los tres acordes mágicos. La guitarra cumplía su papel y sobre todo no se rompió en dos al mes y medio. De hecho, me acabó durando casi tres años. Desde aquel momento, cuando no estaba en el trabajo, nunca salía de casa sin la guitarra colgada al cuello.

Fuera del colegio la vida iba bien. No hablaba mucho con mis padres, pero los ratos que no estaba ensayando con la banda, salía por ahí con mis colegas de siempre de Shepherd's Bush y mi primo mayor Graham Hughes. No era de los que acabarían de físicos nucleares. Estudiaba Bellas Artes y con el tiempo sería un reputado fotógrafo que haría muchas portadas de discos de los Who y de mi álbum en solitario. Aunque lo importante entonces es que tenía muchos discos. Me introdujo en el rock 'n' roll. Pasé de Lonnie a Little Richard y así, para cuando tenía 15 años, me vi preparado para fabricar mi primera guitarra eléctrica. Iba a ser una estrella del rock, aunque me esperaban unos cuantos obstáculos en el camino.

3
LA ETAPA *SKIFFLE*

Una semana después de huir del infernal instituto de Acton, me puse a trabajar de ayudante de electricista en una obra justo al final de la calle. Aunque no lo parezca, este cambio de empleo estaba bastante calculado, ya que me permitía aprender la técnica y de paso mangar los materiales para hacerme la guitarra eléctrica. Y estaba de lujo: trabajaba al aire libre, libre por fin de las mates, mirando a los pringados que entraban y salían del colegios mientras yo vivía a lo grande.

Bueno, estoy exagerando.

Me pagaban dos libras a la semana. Casi toda la paga iba a manos de mi enfurecida madre, pero algo me quedaba para comprar tabaco. Entonces a los chavales se los vendían de cinco en cinco. Si lo pensamos bien, es terrible. El problema era que, al ser ayudante, no hacía labores de electricista propiamente dichas. Lo único que hacía era doblar tubos para meter cables eléctricos, pero es que, joder, eso no era tarea de electricista sino de fontanero. No me servía de nada aprender a doblar tubos para hacerme la guitarra eléctrica. Además, era el mes de marzo y al aire libre hacía un frío de narices.

Al mes y medio lo dejé y volví a la oficina de empleo a pedir otro trabajo. No había problema entonces, era lo normal. El tío que me atendió miró mis notas del colegio, que no eran como para dar palmas, y me dijo: «Veo que se te dan bien las manualidades. Ve a la fábrica de chapas metálicas de South Acton. Buscan a un chico para el té».

¿Un chico para el té? No tenía ni idea de lo que sería eso. ¿Habrá que tener mucha destreza manual para servir tazas de té? Con todo, le hice caso porque le vi posibilidades a ese trabajo, ya que lo que a mí me interesaba era que, por lo menos, en esa fábrica habría metales, y herramientas, cómo no. Igual sonaba la flauta y podría ser el chico del té que hacía guitarras eléctricas a escondidas. Así que fui a Chase Products, una fábrica especializada en armarios metálicos para computadoras para presentarme como el nuevo responsable de infusiones.

Hay que aclarar que sería generoso llamar a aquello «fábrica». Era una nave no demasiado glamurosa con aquellas calderas rechonchas de antes que teníamos que prender cada mañana y mantener todo el día con coque. Estar allí era como meterse en una novela de Dickens, con la salvedad de que aquella nave estaba construida con paneles de amianto. En el centro del lugar estaba el capataz, Frank Altman, a quien, bueno, le caí en gracia. De inmediato me puso de chico del té en prácticas, consistente en venderles té y bocadillos a los soldadores y el resto de obreros, con el considerable sueldo de 4,10 libras a la semana. El trabajo comportaba cierta responsabilidad, puesto que cada cual tenía sus preferencias (uno lo quería de queso, otro de jamón, otro de bacon) y si te equivocabas, eso podía sentarle mal al soldador, lo que suponía un fastidio porque el chico del té también tenía que pulir las soldaduras. Si el soldador no estaba contento, te pasaba las junturas rugosas e irregulares (y no era fácil limarlas), pero, si estaba a buenas, te las entregaba lisas y además te daba propina. Empezaba mi turno llevando los pedidos y luego me pasaba por la tienda de Marco, donde vendían de todo y te atendían bien por mero interés. Allí no perdía nadie comba.

Tras un mes de propinas y bocadillos gratis, me propuse mejorar mi economía. Me fastidiaba comprar la comida en la tienda de Marco, así que pensé en comprar los panecillos en la panadería, el jamón en la carnicería y el queso en el ultramarinos y preparar yo mismo los bocatas en la tienda de pinturas que había por detrás. Los míos estaban más buenos que los de Marco y me llevaba todas las ganancias. Era un negocio redondo y a la gente le parecía bien porque la empresa de bocadillos de Daltrey era aún más profesional que mi servicio de sastrería personal. Me estaba convirtiendo en todo un pequeño empresario.

Por la tardes, dejaba el avituallamiento y trabajaba de auxiliar en la fábrica. Hacíamos armarios para computadoras del tamaño de un camión. Aquello no era precisamente Apple, no era ingeniería de precisión. Había que pulir un montón de cosas. Yo pulía trozos de metal y los soldadores los juntaban. Lo más importante era hacer un buen pulido para no ponerte al soldador en contra y eso, como ya he comentado, te garantizaba una vida tranquila.

En alguna ocasión he llegado a decir que aquellos días en Chase Products, en aquella nave de amianto de South Acton, fueron lo más felices de mi vida. También he dicho que entonces estaba loco por largarme de allí. Pensándolo ahora, ambas afirmaciones son ciertas. Era un trabajo deprimente y monótono, pero comportaba una rutina. Fichabas al entrar, parabas para el té, luego para comer y luego a casa. Estaba todo estructurado. Era una vida sencilla. Ingenua.

Uno de los problemas de dedicarte al rock es que nunca sabes con lo que te vas a encontrar. Aquellos años de mi adolescencia en la fábrica serían los últimos en mucho tiempo con una existencia completamente previsible. Y también había un buen ambiente de trabajo: el secreto estaba en cantar. Cantábamos a diario y sin parar. Sacábamos al jefe de sus casillas. No nos dejaba tener radio y me alegro porque así es como nos dio por cantar. Vamos, mejor el remedio que la enfermedad.

Allí estábamos juntos los jóvenes en prácticas y los mayores, muchos de ellos recién llegados, como quien dice, de las guerras de Corea y Malasia. Nosotros teníamos nuestras angustias de adolescentes y ellos, sus traumas de veteranos, y todo lo sobrellevábamos unidos cantando. Había uno de los pintores que cantaba fatal las de Sinatra, pero al que le salían muy bien las de Nat King Cole. Era muy bueno, tenía un tono perfecto y yo cantaba y aprendía a entonar. Cantábamos todas las de los Everly Brothers. Formábamos un cuarteto de cantantes de baladas bastante apañado.

En 1968, los Who tocábamos en el Hollywood Bowl y compartíamos cartel con los Everly Brothers. Tenía muchas ganas de conocerlos. Tantos años cantando sus temas y ahí estábamos ahora en el mismo sitio. Habría sido un momento grandioso y les habría hablado de nuestro cuarteto en la fábrica de South Acton. Con todo, no se produjo finalmente el encuentro.

Lo cierto es que se debió en parte a nosotros. Keith acabó con toda la batería en el foso entre el escenario y el público y Bobby Pridden, nuestro técnico de sonido, disparó varias bombas de humo de las gordas mientras íbamos por «My Generation». Envueltos en polvo, oímos las sirenas de la mitad del cuerpo de bomberos de Los Ángeles, que llegaron acompañados por casi todos los efectivos policiales de la ciudad. A Bobby lo llevaron a la cárcel y, para salir libre, tuvo que tragarse una charla tediosa sobre los peligros del fuego en espacios desérticos. A los demás nos enviaron a casa. No vi la actuación de los Everly Brothers y ni siquiera pude saludarlos en el backstage.

A principios de la década ni se nos habría pasado por la cabeza la idea de compartir cartel con los Everly Brothers. El caso es que me encantaban aquellas sesiones improvisadas en la fábrica. No se le podría llamar rock 'n' roll a lo que hacíamos, pero sí nos salían buenos ritmos con aquellas baterías hechas de martillos, presas y guillotinas.

Es triste pensar que hoy en día hemos perdido esa costumbre de cantar. En aquel entonces era normal canturrear: ibas por la calle y veías a los obreros cantando, a los peones en las carreteras, en los talleres, en todas partes. El canto da alegría, te activa el cerebro, libera cortisol y aumenta la producción de endorfinas y oxitocina. Hay quienes recurren a las drogas cuando bastaría con unos cánticos con los colegas porque cantar en grupo es aún mejor. Son los científicos, y no los músicos, quienes han descubierto que los ritmos cardíacos se acompasan cuando se canta en grupo, aunque no se sepa cantar. ¿No me creéis? Pues echadle un vistazo al excelente artículo de la Universidad de Sheffield «Effects of group singing and performance for marginalized and middle-class singers», publicado en 2005.

En el artículo se dice lo siguiente: «Los efectos emocionales de cantar en grupo son similares, independientemente de la pericia en el canto o de la posición socioeconómica de los cantantes». Eso lo podría haber dicho yo mismo, pero aquí llega lo interesante... «No obstante, los elementos interpersonales y cognitivos de la experiencia coral tiene significados diferentes para los cantantes marginados y de clase media. Mientras los individuos marginados interiorizan, al parecer, todos los aspectos de la experiencia del canto colectivo, los cantantes de clase media se muestran cohibidos por las expectativas propias de su condición social en lo relativo al desarrollo de sus habilidades para la música».

Creo que hay que reconocer que nuestro alegre conjunto de veteranos y jóvenes disolutos entrarían más en la categoría de «marginados». Vamos, que no éramos clase media. Así que todos los oprimidos disfrutamos más la música que mis antiguos colegas pijos de la escuela secundaria.

La última vez que oí a gente cantando en el trabajo (el Caribe no cuenta) fue hará un par de años en Mallorca. Iba un día haciendo ejercicio matutino cuesta arriba por una montaña. A mitad de camino vi a dos españoles que descargaban sacos de cemento de una furgoneta. Era a finales de agosto, hacía un calor abrasador y uno de ellos no parecía muy contento con su trabajo, pero me saludó con un «hola» cuando me vio. Cuando al rato volví a pasar de vuelta, estaban con el último saco y el mismo tipo mostraba mayor alegría en el rostro. Tomó aire y empezó a cantar a viva voz «Substitute», nuestro tema de 1970.

«I was born with a plastic spoon in my mouth», soltó con un fuerte acento español. «The north side of my town faced east, and the east was facing south... la, la, la».* Me partía de la risa. Era genial. Seguro que le encantó mi reacción porque también se estaba riendo.

Sin embargo, lo único que me hacía seguir en aquel trabajo no era el canto. Bueno, ¡eso creo! También tenía que montar la tercera guitarra. En esta ocasión, quería una Fender, o algo que se le pareciera mucho, o por lo menos algo que la evocara aunque fuera de lejos. Había escuchado cómo la tocaba Buddy Holly y el sonido que le sacaba con «That'll Be the Day» era increíble, incluso en nuestra televisión en blanco y negro, pero no me podía comprar una, claro, tenían un precio astronómico. Costaban más que una casa. Solo se la podía permitir Buddy Holly, de modo que ya me la haría yo por mi cuenta.

Una tarde, después de preparar el té, repartir los bocadillos y pulir los armarios, salí del trabajo, fui en metro hasta Charing Cross Road y me quedé embobado contemplando una Fender Stratocaster expuesta en el escaparate de una tienda de música. Fender era muy listo: había ahuecado la parte trasera de la guitarra de modo que se te ajustaba a la cadera. Era como un traje a medida, y de eso me di cuenta mirándola en el escaparate. Calculé las medidas y me fui pitando a casa.

Me había comprado dos trozos de caoba, y como tenía a mi alcance tornos y sierras de mano, podía juntarlas sin problema. También contaba con un amigo que trabajaba en Burns Guitars, en Acton Lane, y fijaos qué cosas, algunas de las pastillas y clavijas de la tienda acabaron en mi fábrica. No

* Nací con una cuchara de plástico en la boca... La parte norte de mi ciudad estaba orientada al este, y el este se orientaba al sur... la, la, la».

52

tenía mucha explicación ver tantas virutas de madera en el suelo de una nave de producción de metal, pero pasó bastante inadvertido.

A la semana ya disponía de mi propia Fender rojo brillante. Quedaba a años luz de mi antigua guitarra de contrachapado, aunque tenía un fallo importante de diseño. Cuando tomé las medidas en la tienda de música, no pensé que el cristal del escaparate lo hacía todo más grande. Mi «Fender» era solo un poco más grande que la de Buddy, pero ese pequeño detalle hacía que pesara una barbaridad. Tampoco sonaba como una Fender aunque no estaba mal.

Una noche de 1957 en la que interpreté «Heartbreak Hotel» en el club juvenil del barrio, vinieron a verme unos chicos para hablar conmigo. Cuando cantas, haces un montón de amigos como por arte de magia y estos chicos querían montar un grupo. Si hubiera que elegir los pequeños momentos de mi etapa de formación que me llevaron por un camino concreto de entre mil posibilidades, quizás ese sería uno. Se hizo la luz. Cantando te lo pasabas bien y conocías gente. Quería estar en un grupo.

Harry Wilson, que había sido mi mejor amigo desde primaria, tocaría la batería. El gran Reggie Chaplin se ofreció a tocar el bajo típico del *skiffle*. Ian Moody tocaría... la verdad es que no me acuerdo. Tal vez la tabla de lavar. Su función principal era estar en el escenario con pose guayona. Era famoso —es decir, en el barrio— y eso aportaba al grupo cierta popularidad. Ya entonces lo más importante era quién estaba al frente. Se ponía en el escenario con su pose guayona y trasteando con cualquier utensilio de cocina que pillaba de casa de sus padres. Su hermano mayor era el rey de los *teddy boys* de Shepherd's Bush y lo que hacía Ian era usar su ropa. Cuando se le quedaba pequeña, la pillaba yo.

Al principio, nuestra banda de *skiffle* era mi vida fuera del colegio. Después, cuando me expulsaron, pasó a ser mi vida fuera de la fábrica y se convirtió en algo más serio. Pasamos de tocar *skiffle* a versiones muy básicas de los éxitos del momento. Hacíamos un popurrí de Little Richard con «Lucille» y «Tutti Frutti». Ese es un buen ejemplo de cómo el rock 'n' roll le colaba el sexo a la censura. En lugar de follar, decía «a-aum-ba-bulu-ba balam-bam-bum». No es que fuera muy sutil, pero los ejecutivos de la BBC creían que la canción hablaba de un helado. Cualquier adolescente sabe que se refiere a otra cosa. El rock and roll habla de sexo y ya el mismo nombre nos da la clave. Los compositores de las canciones se las ingeniaban buscando toda suerte de eufemismos para evocar un polvo. Hoy puede parecer demasiado obvio, pero en aquellos años el establishment, los ejecutivos, no lo pillaba. *Good Golly Miss Molly, sure like to ball.* *

Aparte de ensayar, había dos temas que nos preocupaban: qué nombre nos pondríamos y quién sería el líder. La jerarquía era primordial. Todo se decidía dependiendo de quién gritaba más. Un choque continuo de machos alfa.

El mínimo avance tecnológico podía alterar los equilibrios. Teníamos unos equipos muy precarios. Si se rompía una cuerda de la guitarra por encima de la cejuela o por debajo del puente, lo atábamos con un nudo marinero. Todo el dinero que nos sobraba iba para mejorar el equipo, pero muy poco a poco. Yo seguía con mi «Fender». Reg Bowen tenía guitarra eléctrica y amplificador. Era el amplificador, el único del grupo. El que tocaba la guitarra rítmica (no recuerdo su nombre) se compró un bajo a plazos. Todo cambiaba constantemente.

Tocábamos sobre todo en bodas y en asociaciones juveniles de las parroquias de la zona. Un día a la semana íbamos al club social de la cervecería Fuller, Smith & Turner

---

* «Good Golly Miss Molly» es otro claro ejemplo de letra que juega con el doble sentido («ball» significa «pelota» y «follar»). Cuando menciona la clave del nombre, se refiere al hecho de que tanto «rock» como «roll» son términos que no solo definen acciones como «balancear» o «rodar» sino también el mismo movimiento del acto sexual.

de Chiswick. Y al cabo de unos meses nos anunciábamos como los Detours y las cosas iban sobre ruedas. No obstante, unos meses después, el bajista nos dijo que se iba. Con lo poco que ganábamos no le llegaba para pagar los plazos del bajo. Intenté convencerle acompañándolo a la parada de autobús, pero mis notables dotes persuasivas no le hicieron reconsiderar su decisión.

Días después, volvía del trabajo a casa y vi a un chico retozando con la guitarra más grande que había visto en la vida. Lo reconocí del colegio, se llamaba John y era de un curso inferior al mío. Tocaba el bajo.

En realidad, no conocía a Pete Townshend ni a John Entwistle del colegio. Bueno, de vista sí. Es normal, no eran chicos que pasaran inadvertidos entre la multitud. John siempre saltaba a la vista, era grande, alto y tenía unos andares extraños. Caminaba como un enorme John Wayne. Aunque lo hubieran puesto en una fila india de mil personas de la misma altura y peso, y todos con pasamontañas, lo identificaría al instante por su forma de andar.

Pete también era especial a su modo. De hecho, lo pasó mal tratando de pasar desapercibido cuando llegó al instituto de Acton. Era delgado como yo, pero, en lugar de un mentón curioso, tenía una nariz de tamaño considerable. No es una burla, aunque en ocasiones la gente lo haya tomado así (y entiendo que podría verse de esa manera). Creo que la anatomía de su cráneo es fantástica. Si fuera escultor, es el busto con el que trabajaría sin descanso. Y con los años se ha ido acostumbrando, pero en aquel entonces, pues os lo podéis imaginar: con aquella napia de impresión era el blanco de las burlas en el colegio. Alto y delgado, érase una nariz clavada a una estaca.

No me había cruzado con ninguno de los dos en el último año, desde que dejé los estudios, pero allí estaba John, caminando por la calle con su bajo. Bueno, llamo a aquello «bajo» por llamarlo de alguna manera. Se lo había fabricado igual que yo mi guitarra, pero aquello no era mejor que mi primer instrumento de contrachapado. No era más grande que una bota de fútbol y parecía que se iba a descuajaringar en cualquier momento, pero necesitábamos bajista y nos pusimos a hablar.

John me comentó que ya estaba metido en un grupo, uno de jazz en el que tocaba bajo y trompeta.

«¿Tocáis en algún sitio?», le pregunté.

«En la asociación juvenil de la parroquia», me contestó.

«¿Os pagan?»

«No, ¿y a vosotros?»

«Pues claro», le mentí. «Tenemos ofertas. Sí, vamos a empezar a ganar pasta. En serio. Y pronto».

John pasó a formar parte de los Detours en el verano de 1961. Todavía tendríamos que aguardar unos meses para la llegada de Pete.

La diversión de los años 60 comenzó en 1963. Hasta entonces, eran iguales que los años 50. Incluso algo peores. Elvis ya no molaba y se había puesto a hacer sus películas espantosas. Bill Haley se había quedado desfasado. La música se había vuelto bastante conservadora y anodina. Frank Ifield, un cantante australiano con un estilo a caballo entre el lounge y el canto tirolés, copó las listas durante los meses de mayo y junio de 1962. Justo después sacó dos singles más que también llegaron directos al número uno. Con eso basta para resumir lo que eran los primeros años de la década. La vida, con todo, estaba a punto de cambiar.

En 1963 se activó toda la energía, sucedió todo a la vez y gracias a la música, con aquel gran período de los grupos de rock: los Beatles, los Stones, los grupos de Birmingham, los de Liverpool y, sí, nosotros, ahí estaríamos nosotros también. ¿Cuál es la probabilidad de que se vuelva a dar aquella especie de conjunción astral en el mundo de la música?

Surgió de pequeñas bandas que empezaron a tocar *skiffle* en la calle. Los chavales aprendieron que podían hacer algo de música, aunque fuera restregar una tabla de lavar con dedales en las manos o punteando una cuerda atada al palo de una escoba sujeta a un cajón. En cuanto te metías, te gustaba. Después la música pasó de la calle a los pubs y de ahí a los clubs. Y después las radios piratas difundieron la música. Antes ya había música (faltaría más), pero no le hablaba a un público de determinada edad. No había nada para el nicho adolescente, ni siquiera existían los adolescentes. Antes de los años 60, pasabas de la niñez a la edad adulta, del colegio al trabajo. Eso cambió, lo cambió nuestra generación. ¿Cómo es que fuimos nosotros?

Creo que se debió a la guerra. Lo que eclosionó en los años 60 se gestó en los 40. Es la generación que nació durante el conflicto y hasta 1950, aquellos fueron los años mágicos para los músicos, artistas, científicos, para todo. Es lo que pasa cuando plantas en un campo en barbecho. Se habían destruido tantas cosas que la única solución era que se volviera a construir. Fuimos una generación de constructores. No había otra. Nos habíamos criado con muy pocas cosas, y pese a sus intentos de sacarle a todo el máximo provecho, nuestros padres eran gente que luchaba a diario para recuperarse de la guerra. No podían darnos casi nada. En realidad, ellos no tenían responsabilidad alguna. Tras las celebraciones de victoria y cuando la gente dejó de besarse en las fuentes, lo que quedó fueron deudas descontroladas, falta de viviendas, desempleo. Los combatientes volvieron exhaustos de la guerra. Eran extraños en sus hogares. Algunos se desmoronaron. Ese es el ambiente en el que crecimos. No era yo el único crío con un padre al que se le escapaban las lágrimas en silencio en la conmemoración del fin de la guerra.

Cuando éramos niños, lo sobrellevábamos sin más, pero al crecer lo canalizamos con ira adolescente. Empezó con los *teddy boys*. Tenían cinco o seis años más que nosotros y llevaban unas ropas que llamaban la atención entre la monocromía de las vestimentas normales, como si llevaran luces en la cabeza. Iban con abrigos drapeados y camisas coloridas con el cuello abierto y levantado por la parte posterior. Algunos incluso vestían abrigos de colores azul y rosa brillantes con el cuello de terciopelo negro. Ahí comenzó la revolución juvenil. Puede que no llegara muy lejos, pero fue importante porque la sociedad se dio cuenta, a la sazón, del valor comercial de la moda adolescente.

Brotaba un nicho de mercado y todo cambiaría muy rápido. Salta a la vista hoy en día. Es evidente que la economía se basa actualmente en la juventud. La situación dio un giro radical. En los años 60 no había nada previsto, era únicamente un sentimiento nacido de la arrogancia y vigor de la juventud. Cuando eres joven, nada te puede hacer daño. Estás lleno de energía y, en nuestro caso, ese torbellino encontró acomodo en la música. La ira y la energía, las ganas de alzar nuestra voz, contagiaron a todos los grupos y lograron que el conjunto general fuera mucho más que la suma de sus partes.

Creo que en nosotros eso fue más evidente que en el resto de grupos. Pete decía que, por separado, éramos tres genios y «un vulgar cantante». Gracias, Pete. Diga lo que diga, como banda éramos mucho más que como elementos separados. Por separado éramos diferentes, procedíamos de distintas partes. Pete pertenecía más a la clase media de lo que acerté a barruntar. John estaba aprendiendo el oficio de asesor fiscal. Keith era de clase trabajadora como yo, pero quien osara encasillarlo en ese estereotipo la llevaba clara. Muchos de los grupos profesionales de principios de los años 60 alejados del norte del país eran chavales de clase trabajadora, provenientes de un entorno proletario y que se rebelaban contra los valores de su propia clase. Nosotros no. Éramos distintos del resto de los grupos del momento. Éramos distintos incluso entre nosotros.

4
LOS DETOURS

Pete nos describe como «cuatro personas que nunca deberían haber estado juntas en un grupo». Dadas nuestras diferencias, dadas nuestras discusiones y peleas, resulta milagroso que hayamos sobrevivido a aquella primera década. Ni que decir tiene que hubo muchas, muchas veces que estuvimos a punto de romper, pero a mí no me sorprende tanto nuestra supervivencia. Incluso en los momentos más aciagos, jamás iba yo a tirar la toalla. Ni en un millón de años. A mí no me pasa lo que a Pete: el grupo era todo lo que tenía.

Al Sr. Townshend le hicimos la prueba para entrar en el grupo en enero de 1962. Hasta entonces, estábamos Reg y yo a las guitarras, John al bajo, Harry a la batería y Colin Dawson como cantante principal. Estaba a punto de finalizar mi segundo año de prácticas en la fábrica. John estaba ya haciendo camino en la Agencia Tributaria, con sus pantalones de raya diplomática, su corbata, su chaleco y su paraguas elegante.

Pete había resistido en Acton sacándose la secundaria y continuaba sus estudios en el Ealing Technical College & School of Arts.

John llevaba tiempo diciendo que Reg no era muy bueno y que conocía a un chico que tocaba mejor, así que una tarde se vino con Pete a mi casa a ver qué tal. Pete dice que recuerda dos cosas de aquel día.

La primera es que había una «rubia encantadora» saliendo de mi casa llorando a moco tendido y lanzándome un ultimátum: «Elige, la guitarra o yo».

La segunda es que, mientras tocaba, vio a un delincuente escondido debajo de mi cama. Bueno, la rubia encantadora sería Barbara y es verdad que discutíamos un montón por la cantidad de tiempo que me tiraba ensayando y es posible que cuando llegó nos pillara en mitad de una bronca. Pero no creo que aquel delincuente estuviera bajo la cama sino sentado en ella. Vamos a llamarlo Jack. Era colega mío y lo buscaba la poli por algo, y de ahí que estuviera en mi casa por si iban a la suya.

Estaba en uno de los clanes mafiosos de la zona. Sí, en aquel entonces había familias de mafiosos, como si *El padrino* se hubiera ambientado en Acton. No era sensato llevarse mal con ellos y por eso alojaba a Jack hasta que la pasma se olvidara de él. Te veías obligado a hacer esas cosas sin delatar a nadie. Solo fue eso, no hubo nada más. Otros colegas atracaban bancos e intentaban convencerme de que me uniera a ellos con el argumento de la pasta fácil. Era su plan para hacerse ricos. Eso y las quinielas. Muchas veces los pillaban, pero algunos salieron de rositas y la gente del barrio los admiraba. Supongo que el robo de bancos era su manera de llamar la atención y su chute de adrenalina, pero yo nunca me sentí tentado. Si tenía que darle cobijo a Jack, perfecto, aunque ahí quedaba todo.

A mí lo que me gustaba era estar en un grupo. A menudo me he preguntado qué habría sido de mí sin la música, si habría caído en la redes de aquel mundo porque es muy fácil ir de honrado por la vida cuando tienes cubiertas las necesidades básicas. Solo vivimos la vida que conocemos y, desde los años 70 en adelante, he sido un privilegiado. De no haberme ido tan bien, habría sido carne de cañón para la actividad delictiva. Expulsado del colegio, condenado a la fábrica, sin un duro. Enfadado con el mundo. Pero aun así creo que no habría caído. Tal vez eso era lo que tenía de mi padre, la honradez, que me habría alejado de aquello.

Intenté encauzar a Jack por el buen camino. Le busqué un trabajo temporal en la fábrica, pero no duró mucho. Creo que no captó que allí trabajábamos sin cesar. Vio que estábamos bastante curtidos y, a partir de entonces, dejó de ir de tipo duro conmigo. No obstante, uno de los martes que tocábamos en el Marquee Club apareció con una recortada diciendo que iba a matar a alguien. Lo recuerdo perfectamente, fue un par de años después de esconderse en mi casa. Vino al camerino diciendo que se había peleado con no sé quién.

«Lo voy a matar», dijo sacándose una 410 del abrigo. Se la quité de inmediato, agarrándola antes de que dijera o hiciera nada. Creo que no se lo esperaba. Se quedó parado mientras le cantaba las cuarenta. Le dije que había enviado su vida al garete y luego le devolví la escopeta descargada y me fui al escenario. Aquello no fue más allá. Jack no se arruinó la vida por completo esa noche. Ojalá pudiera decir que aquello fue un punto de inflexión, que mi charla le salvó, pero no sirvió más que para aplazar lo inevitable. Se pasó la vida entrando y saliendo de la cárcel.

Volvamos a la prueba de Pete. Un pequeño hito en la historia del rock, aunque fuéramos un grupo de adolescentes trasteando con las guitarras. Él recuerda a la rubia y al delincuente. Yo, que habíamos dado con la persona perfecta. Pete tenía únicamente 16 años, pero le sobraba talento. Se sabía esos acordes ingeniosos que no controlábamos, quitando terceras de aquí, añadiendo séptimas de allá, formas muy extrañas. Acordes mayores con una nota disminuida o aumentada para darle un sonsonete especial. Eran acordes llamativos y lo sabía. Ya entonces poseía un gran dominio del instrumento.

Hacía gala de un estilo especial. Tocaba el banjo en el grupo de jazz en el que estaba John, con lo que, al pasarse a la guitarra, adaptó el estilo del banjo. La manera de mover la mano derecha, los ritmos que empleaba... el efecto global era único. Los dos tocando en aquella habitación... en ese momento dimos un salto cualitativo.

Hasta ese día éramos muy, muy convencionales, poco más que una banda de versiones. Las hacíamos de todo lo que triunfaba en las listas. Y como Colin quería parecerse a Cliff Richard, lo imitábamos en todo. No lo digo como algo malo. A Cliff lo escuchaba todo el mundo, pero cuando llegó Pete, se nos abrió un nuevo camino. Lo fichamos de inmediato.

Había un problema: Reg disponía del único amplificador, y aunque nos dejaba ensayar en su casa después de salir del grupo, un ampli no era suficiente. Teníamos que pasar todas las guitarras y los micros por aquella caja cutre. Así no conseguiríamos que retumbara nada.

Pete comentó que podríamos ir a comprar más en Laskys a plazos, en Tottenham Court Road, 42. Hoy Tottenham Court Road está lleno de cafeterías y tiendas de muebles, pero, en aquel tiempo, era el paraíso para los chicos cuyo sueño era tocar en un grupo de verdad. Toda la zona estaba repleta de tiendas de electrónica que vendían equipos muy, muy baratos. Se podía comprar amplificadores de válvulas, altavoces, de todo, y encima regateando el precio. Estaba al final de la calle donde se hallaban las mejores tiendas de música de Londres. Los sábados por la tarde había allí montones de grupos de jóvenes y esa semana nos tocaba a nosotros.

Allá que nos fuimos y de allá volvimos cada uno con su ampli de 25 vatios que habían sido del antiguo Ministerio de la Guerra. Es fácil imaginar nuestra emoción al enchufarlos, así como la desilusión posterior al comprobar que la potencia que sacaba apenas podría llenar el salón de la casa materna de Pete. Los altavoces todavía eran peores. Eran de los que miden 20 cm. y emitían un ligero zumbido, pero, en un arrebato de genio del marketing, pensé que si lo más importante era la imagen y la fachada, aunque no tuviéramos amplis grandes, pues tendrían que parecerlo. Me puse manos a la obra y preparé unas cajas grandes de contrachapado y las recubrí de Fablon, ese plástico adhesivo, pulido y con textura de madera tan bonito.

Después les puse patas. Parecían muebles aparadores con una especie de malla pintada por delante. Y pese a que ahora me ría recordándolo, juro que la gente al verlo decía: «Joder, estos serán buenos. Mira qué pedazo de equipos tienen».

Evidentemente, ayudaba contar con instrumentos más o menos potables y no tardamos en dar el salto. Poco antes de cumplir los 18, tenía ahorrado el dinero que costaba una guitarra en condiciones. Pete y yo teníamos altavoces de 30 cm. y el de John era de 40. Como casi todo en la vida, el tamaño importa. Empezábamos a contar con unos altavoces adecuados que sonaban con fuerza. Más o menos.

Todavía faltaba otro cambio en nuestra formación. En agosto de 1962 cambiamos al batería: se fue Harry Wilson y llegó un albañil llamado Doug Sandom. No era lo planeado. Harry se iba de vacaciones y necesitábamos un sustituto temporal. El sustituto no se presentó a la prueba y el caso es que llegó en su lugar Doug. Le propusimos que tocase en la segunda actuación en el Paradise, un club en Peckham. Doug nos pareció mejor que Harry, mi gran amigo desde el primer día del colegio, así que la sustitución fue permanente. Me sentí mal por Harry, pero lo más importante era el grupo.

Aunque eso no es lo que más recuerdo del Paradise. Recuerdo sobre todo las peleas. Cerrad los ojos e imaginaos el paraíso. Las nubes esponjosas, las arpas, los angelitos. Ahora imaginaos justo lo contrario y tendréis lo que era el Club Paradise, en Consort Road, 3, en Peckham. Estábamos allí porque John conocía a alguien que conocía a alguien que contrataba locales del sur de Londres y, la primera semana que tocamos, apenas había gente en el público. Solo unas pocas chicas. A eso de las diez en punto, aparecieron sus novios con los ojos morados y sangre en la nariz después de haber iniciado una pelea en un club de la competencia. A la semana siguiente, llegó el grupo del otro club para ajustar cuentas.

Supongo que las peleas eran habituales, pero también menos violentas que las de hoy y casi nunca se metían con el grupo que tocaba. Mi truco era localizar al tío más bestia del grupo e invitarlo a una copa. Normalmente, la estrategia funcionaba de maravilla. Unos años después, tuvimos un pequeño tumulto en Nottingham con un grupo numeroso de Ángeles del Infierno que nos pidieron en plan agresivo que tocáramos «algo de rock 'n' roll». Éramos cuatro contra un mogollón y lo lógico era adoptar un tono conciliador para otra ocasión. Pete no lo veía así.

Envalentonado por el brandy, no se calló la boca. No sé qué les dijo, pero algo que no les sentó bien. Cómo no, se armó la de Dios es Cristo, y empezaron a tirarnos botellas, casi todas dirigidas a él. Una le dio a Bobby Priden y lo dejó noqueado. Los demás se largaron y yo me quedé en el escenario hablando con el iracundo jefe de los Ángeles del Infierno. Era un tipo muy grande y llevaba un aro en la nariz. Hablamos un rato y, dado que ahora estoy aquí, pues se deduce que la charla fue bien.

Volvamos a 1962. Estábamos inmersos en la rutina. Yo me iba por las mañanas a la fábrica, John rellenaba informes en la Agencia Tributaria, Doug levantaba paredes con ladrillos y Pete se ocupaba de sus labores artísticas y se quedaba en casa tumbado. Al terminar mi jornada a las 6, me iba a casa de Pete. A veces tenía que sacarlo de la cama porque jamás se levantaba por su propio pie. Supongo que se pasaba el día fumando maría y, con toda tranquilidad, también toda la noche. Así de «chic» es el mundo de los estudiantes de arte. En cualquier caso, menos mal que estaba yo, el que ponía orden, el tío que no quería pasarse la vida puliendo metales, y también Betty, la madre de Pete. Era un encanto de persona.

De no ser por ella, habríamos estado mucho más tiempo tocando los miércoles en el Paradise. De no ser por ella, no habríamos llegado a nada. Fue la primera persona que creyó en nosotros. Vio que éramos especiales. Tenía un olfato único.

También quería que nos fuéramos de su casa. Un padre puede soportar un determinado número de ensayos y, cuando llegó al límite, nos consiguió nuestro primer agente, que nos proporcionó nuestro primer local de ensayo. Por fin disfrutó de un poco de paz y tranquilidad.

El 1 de septiembre de 1962, Betty llevó a rastras a Bob Druce, un promotor local, al Acton Town Hall a ver la actuación de los Detours como cabezas de cartel del baile de gala. Aunque nuestro concierto triunfante mereció la atención del ilustre *Acton Gazette & Post*, no estaba del todo convencido. No obstante, Betty no iba a renunciar a la conquista de su paz y tranquilidad por la indiferencia de Bob, y de nuevo lo arrastró a otra actuación, en este caso al hotel Oldfield en Greenford, y de ahí ya nos metió en el circuito de pubs del oeste de Londres. La cosa era sencilla: ibas, tocabas, y si era una porquería, te lo demostraban con una lluvia de botellas. Si no estaba tan mal, te pedían que volvieras. Ese procedimiento nos favorecía porque, para entonces, éramos ya bastante buenos.

Empezamos a hacernos con nuestro propio público.

Los lunes tocábamos en el hotel White Hart de Acton. Los jueves, normalmente, en el Oldfield. Los domingos por la tarde, en el Douglas House de Bayswater.

Lo de Bayswater se lo debíamos también a Betty Townshend. Era un club de oficiales del ejército norteamericano en el que estaba ella metida por el padre de Pete, Cliff. Nos encantaba el sitio por varias razones. Para empezar, porque nos pagaban 20 libras por estar dos horas tocando. Nos pedían un amplio espectro de música estadounidense (desde Johnny Cash hasta los Coasters o Roy Orbison) y si al tocar los clásicos del dixieland también les sacábamos la lagrimita a los militares nostálgicos, nos invitaban a tantas bebidas que volvíamos a casa haciendo eses. Aquel fue nuestro primer contacto con el sueño americano: cerveza americana, whisky americano, pizza americana.

No hacía mucho que habíamos vivido la etapa de racionamiento, Inglaterra no era famosa por su gastronomía y apenas existían los supermercados. Habíamos crecido alimentándonos de lo poco que nuestros padres nos traían a la mesa. Estábamos más flacos que un palo y con los ojos tan grandes como los platos con pizza que nos sacaban. Era la primera vez que veíamos una pizza.

Los ojos se nos volvieron a poner como platos cuando empezamos a irnos de gira por Estados Unidos unos pocos años después. El contraste era hasta ridículo. Despegabas del País de la Manteca y aterrizabas en el País del Bistec. Nunca habíamos visto nada semejante. Me pasé años llevándome a casa maletas llenas de bistecs de contrabando. Ahora ya lo he dejado.

Aparte de nuestra tarifa con los oficiales yanquis, cobrábamos 10 libras por concierto o 12; 10 cuando tocábamos en alguno de los locales de la costa sur, lo que era hasta frecuente. En uno de aquellos viajes largos a Margate, Folkestone o Dover, se me averió nuestra preciosa furgoneta nueva.

Vale, ni era preciosa ni, mucho menos, nueva. Era un Austin de Correos con puertas correderas que Bob nos había conseguido por un 10 por ciento extra. Lo importante era que funcionaba... hasta que choqué contra un puente del tren. No recuerdo muy bien lo que ocurrió.

Al accidente contribuyeron diversos factores tales como (1) carecer yo de carnet de conducir para esos vehículos, (2) mi juventud y, por consiguiente, (3) mi conducción temeraria. Y (4) el hecho de llevar media tonelada de equipos en la parte de atrás.

La parte delantera de la furgoneta giró por una calle, pero la trasera continuó en línea recta. Sonó un golpe muy fuerte, mis colegas se pusieron a gritar y nos quedamos unos días sin furgo.

Menos mal que estaba Betty. No sé si os acordáis del invierno de 1962-63. ¿No? Bueno, pues os lo recuerdo. Aquel invierno nevó, pero no en plan estampa navideña sino al estilo siberiano. Solo faltó el Yeti. Menuda mierda, nieve hasta mayo. Un día en que había una nevada de las fuertes, teníamos un concierto en Broadstairs y, como además estábamos sin furgoneta, no íbamos a cancelarlo. Esto viene a cuento porque mucha gente le ha puesto fama a los Who de grupo conflictivo. Más adelante iremos profundizando en esto. Sin embargo, más allá de los desmadres, teníamos un compromiso claro con la gente. Todos mencionan lo del sexo, las drogas y el rock 'n' roll. Recuerdo aquella noche. Un grupo de adolescentes (y Doug, que iba de adolescente pese a que estaba casado y estaba ya en la treintena) y la madre de uno de ellos sujetando con fuerza el volante en mitad de un temporal. Yendo a Broadstairs al concierto.

Hacíamos algunos kilómetros, parábamos y nos cambiábamos. Dos delante con Betty y tres detrás, tumbados sobre los equipos, con nuestras narices a menos de diez centímetros del techo. Bueno, la de Pete un poco más cerca. No sé cómo llegamos porque era como circular en una pista de hielo. La nieve apartada a los lados doblaba en altura a la furgoneta. Un traspiés y habríamos tenido que ir andando.

Pero el caso es que llegamos. No conozco a muchas madres tan entregadas. No recuerdo nada del concierto. Pongamos que vinieron cientos de personas y que arrasamos. No hace falta mencionar que en Broadstairs solo habría unas cincuenta personas menores de 80 años y que a la mitad no los dejarían salir de casa por la noche entre semana. En resumen: llegamos, actuamos y nos volvimos a casa.

Aclaración para los que quieran saber qué fue de la furgo. Nada serio. Tenía una buena abolladura delante y la arreglamos recurriendo a una farola frente a la casa de mi madre, una cadena resistente y un buen tirón. Reparé la puerta con una viga, una sierra y una plancha de metal. Cuando teníamos una nueva abolladura, Pete la pintaba de rojo como si fuera una herida con sangre. Quedó como nueva, pero, eso sí, teníamos que entrar todos por la puerta del conductor.

En enero de 1963 tuvimos otro cambio en el grupo. Colin lo dejó. Era comercial de bacon con coche de empresa y no iba a deja un trabajo estable por lo que sin duda sería un camino largo y tortuoso en el rock 'n' roll. Yo ya estaba preparado para llevar el micro o, mejor dicho, el micro ya estaba preparado para llevarme a mí.

En St. Mary's Hall, en Putney, empezamos a tocar los domingos como apoyo de otros de grupos y aprendimos un montón. Vimos entre bastidores a Screaming Lord Sutch (el «tercer Earl de Harrow»), al que llevaban al escenario, atravesando el público, metido en un ataúd. Era un showman, precursor de Alice Cooper, y le copiamos algunas ideas. También vimos a Johnny Kid & the Pirates. Eran muy auténticos. Actuaban con un barco pirata como telón de fondo y fue el primer grupo al que vi usando luces ultravioletas. Johnny iba con un parche en el ojo y pantalones de cuero que triunfaban mucho, muchísimo con las chicas. Tenía estilo.

Iba acompañado de tres músicos: bajo, batería y la guitarra de Mick Green. Mick tocaba de manera increíble, pasaba del punteo al rasgueo con maestría. Era una suerte de mezcla entre guitarra solista y rítmica. Pete observó a Mick y, al cabo de una semana, explotamos esa técnica, con lo que, durante un tiempo, fuimos unos clones de los Pirates. Ahí es cuando quedó claro que tenía que cantar. Con Pete y John a las guitarras, la combinación perfecta. Y cambiamos nuestro repertorio, nos desprendimos de todo lo de Buddy Holly, Del Shannon y Roy Orbison, por Johnny. Johnny era sucio. Colin no sabía cantar como él, pero yo sí.

No todo eran furgos destrozadas y viajes en condiciones siberianas a Broadstairs. También había tiempo para las chicas. Barbara y yo cortamos cuando ella tenía 17 años y yo, 16. Le gustaba porque estaba en un grupo y cantaba y después le gustó otro chico del trabajo porque tenía moto. En esto de la música siempre hay cosas buenas y malas, pero tuve claro desde el principio que saldría ganando con creces. Nunca le pedí a ninguna chica salir porque casi siempre me lo pedían ellas.

Así son las cosas. Abres la boca para cantar y, vete a saber por qué, pero a las mujeres les gusta. No fallaba. Mirad a Elvis. Le tiraban bragas al escenario desde 20 km. de distancia. Concierto tras concierto, hasta que el ejército estadounidense se lo llevó, lo enderezó y regresó cantando como la maldita Doris Day. Aun así le siguió funcionando. Y Adam Faith. Salía al escenario y se oía cómo se les caían a todas las bragas. No era buen cantante, aunque sí buen actor, y con solo abrir la boca, las chicas perdían la cabeza.

Sobre el papel, Barbara y yo no pegábamos ni con cola. Ella era la típica chica de Acton con el look característico de principios de los años sesenta: falda blanca ceñida, zapatos blancos con tacones altos y peinado colmena. Era una chica seria. Y estaba por mí, el tío que trabajaba en una fábrica que ni siquiera era una fábrica de nivel y que estaba en un grupo de música. Y luego me dejó por otro que tenía moto. Lo pasé un poco mal y después salí con otra chica que también se llamaba Barbara. Fue mera casualidad.

La segunda Barbara vivía sola en un piso suyo y eso me daba mucha libertad. Mucho mejor que estar en la puerta de una casa prefabricada en Acton teniendo una conversación amable con los padres, pero que conste que los padres de la primera Barbara eran encantadores.

A los seis de meses de salir, la segunda Barbara y yo lo dejamos y ahí ya no tengo recuerdos muy precisos. Tendría una época de pasármelo bien o de abrazar la revolución.

Hoy cuesta explicarle a la gente la importancia que tuvo en su momento la píldora, pero fue como si hubieran dejado salir al genio de la botella. A las mujeres se les fue la olla

y tampoco es que los hombres fueran a negarse, ¿no creéis?
Y entonces conocí a Jackie y se quedó embarazada. Ese era
el problema de aquella revolución en concreto. En 1964 no
era fácil conseguir la píldora. Un poco más avanzada la época, sí, pero al principio creías que todo el mundo la tomaba
y para nada. Fue culpa mía, no le pregunté nunca si la tomaba porque lo daba por sentado.

A Jacqueline Rickman me la habían presentado en St.
Mary's Hall en el otoño de 1963. Pete salía con una chica llamada Delores y Jackie era amiga suya, una chica fantástica,
pero no estábamos preparados para ser padres.

Por desgracia, la revolución sexual se adelantó mucho a
la social. Si dejabas embarazada a una chica, te pasabas los
primeros días oyendo los gritos de tus padres y los suyos, luego te casabas, te ponías a vivir y esa era la vida que te esperaba. Pues en esas estaba yo con Jackie embarazada. Tuve que
tragarme los gritos de su madre y mis padres. Después nos casamos y la misma noche de bodas, a principios de 1964, me
fui a vivir con ella a casa de su madre. Poco después de cumplir los veinte años, estaba viviendo en una habitación con
Jackie y nuestro hijo Simon, en el sexto piso de un edificio de
viviendas de protección oficial de Wandsworth.

Al principio me propuse que nos fuera bien en el matrimonio. No habíamos planificado aquella situación, pero era
lo que había y no tenía sentido darle más vueltas. El problema fue que, después de años dejándonos la piel en clubs y
pubs, el grupo empezaba a despegar y cuando un grupo va
hacia arriba, esa vida no es compatible con una familia recién formada. Me iba semanas fuera y luego regresaba una
noche para intentar dormir por la mañana. Una semana tenía dinero y otra no tenía nada. No era la figura paterna responsable que necesitaba mi hijo Simon ni tampoco el marido cariñoso que se merecía Jackie. Me veía hecho un lío, no
era más que un chaval en conflicto con su responsabilidad.
Han pasado los años y es un tema que todavía me incomo-
da, aunque terminamos bien.

Recuerdo que estaba horas en aquel piso de una habitación mirando por la ventana. Veía Wandsworth, el camino a la central eléctrica de Battersea y más allá. Y veía al fondo la furgoneta aparcada. Juro que me llamaba, me tentaba y cada día me sentía más atraído por aquella vieja furgo destartalada. Representaba mi sueño, estar en un grupo, tocar música. Y tras mucho trabajo, empezaba a irnos bien.

5
LOS HIGH NUMBERS

Los cambios habían llegado con rapidez. Para empezar, en la primavera de 1964 cambiamos de mánager. Helmut Gorden era un judío alemán que se dedicaba a fabricar pomos de puerta y quería ser el próximo Brian Epstein. Era buen tío y tenía dinero que quería malgastar en un grupo de rock, y estábamos dispuestos a que lo malgastara con nosotros. Nos compró una furgoneta nueva... bueno, nueva, lo que se dice nueva, no era, sino de segunda mano casi nueva y además con ventanillas. Nos compró nuestros primeros amplificadores profesionales y nos consiguió un estudio de grabación. No hizo nada más, pero le estamos enormemente agradecidos. Huelga decir que quería ganar dinero con nosotros y no creo que lo lograra, pero nos llevó el grupo durante aquellos años.

En segundo lugar, también estaba cambiando nuestra música. Ya no éramos una banda de versiones y nos íbamos convirtiendo en un grupo bastante bueno y con identidad propia. Andábamos también resolviendo nuestras diferencias musicales. Me gusta ese término, qué educado suena. Lo que significa es que, en nuestro caso, Pete y yo no parábamos de mandarnos a la mierda y Doug intentaba interpretar el papel de padre conciliador. Y para aquel entonces, 1963, había ya nuevas fuerzas activas. A todo el mundo le gustaban los Beatles, claro, de modo que tocábamos sus temas. Hacíamos «Twist and Shout» y John interpretaba

«I Saw Her Standing There». Yo me quedaba más con las canciones de Johnny Cash porque es como si se adaptase mejor a nuestra energía, y nos salían bastante bien; y entonces, sin prisa pero sin pausa, empezamos a incluir temas de Jimmy Reed, John Lee Hooker y Sonny Boy Williamson. Tocábamos «Big Boss Man», «Boom Boom», «Help Me», vamos, canciones de ese estilo.

Y a continuación comenzamos a fijarnos en los Rolling Stones. Nos movíamos por los mismos circuitos que ellos y tuvieron mucha influencia sobre nosotros. Le prestábamos atención al blues, pero no supimos ver que podría ser tan popular y lo único que queríamos era la fama. Los Stones mostraron que ambas cosas (el blues y la fama) no se excluían mutuamente.

Así era aquello entonces, un territorio por explorar. Cualquier cosa que experimentáramos era nueva. En la actualidad, la industria musical entera se dirige a los adolescentes, pero, a principios de los años 60, se estaba inventando todo. Al principio éramos serios, aseados, ideales a los ojos de nuestros padres, muy inocentes. Éramos más críos y menos sofisticados que los adolescentes de hoy. Con todo, a medida que fuimos hallando nuestra voz, nos fuimos soltando y volviéndonos más salvajes y libres. Fue una época increíble. De una semana para otra cambiaba todo por completo.

En este contexto, Pete quiso de inmediato tocar un repertorio completo de blues. Siempre quería probar cosas nuevas cuanto antes. Yo también deseaba meterme en el blues, pero era consciente de que no podíamos dar un giro de la noche a la mañana. Contábamos con nuestro público meticulosamente construido a lo largo de aquellos viajes en furgonetas que se caían a pedazos. Querían escuchar los grandes éxitos, era sencillo: preparados, listos, ya. Por eso sabía que teníamos que ir despacio.

A lo mejor es porque había pisado mucha más calle que Pete o porque me daba más cuenta de cómo vivía el público nuestros conciertos. Para la gente que entra cada día a la fábrica a las 7 de la mañana y se mata a trabajar durante toda la semana, ir a vernos representaba estar en un sitio donde podían desahogarse. Si nos hubiera dado por tocar de repente un montón de música rara, les habría sentado como un insulto. De haber ofrecido una evolución acelerada al blues de una tacada, nos habrían dado la espalda y eso nos habría jodido de verdad.

Para Pete la jodienda habría sido retomar los estudios artísticos y volver a fumar maría tumbado en la cama, asistiendo de vez en cuando a clase para imaginarse el mundo desde el punto de vista de una ameba.

La jodienda para mí era muy distinta. No tenía estudios. El Estado protector no acudiría a salvarme el culo. Tenía una perspectiva diferente de la vida. En resumen, diferencias musicales.

Nos aguantábamos el uno al otro, y eso que Pete a veces utilizaba el lenguaje con mala leche, llevándome a mis años siniestros del colegio. Lo importante es que valoraba su talento. Cuando me pongo, sé encontrar una solución a los problemas. Si no veo algo claro, mi cerebro se aturulla, pero en cuanto me centro, voy hasta el final; cueste lo que cueste. Pete era más volátil, siempre estaba descentrado. Supongo que yo era quien le ponía los pies en la tierra. Es fabuloso estar en las nubes, pero también tienes que pisar el suelo.

Y al final encontramos nuestro camino común. Nos transformamos de una banda de versiones a un conjunto que tocaba blues y temas más originales, que era lo que queríamos ambos, pero lo hicimos de forma gradual, que era lo que quería yo. Cada semana introducíamos un par de canciones nuevas.

Al cabo de dos meses, ofrecíamos un repertorio no compuesto en su totalidad por blues, pero casi. Y para desconcertar todavía más, también habíamos añadido música de la Motown y algo de James Brown, y cosas menos conocidas como

Garnet Mimms porque lo malo del blues es que es todo igual. Lo escuchas un rato y te acabas aburriendo. Me gusta mucho, pero imaginemos que sales una noche a una discoteca, que solo puedes salir una vez a la semana y te pasas la noche oyendo únicamente riffs de 12 compases. Eso sí, si de repente llega un tema de James Brown, genial, todo va sobre ruedas.

El último cambio se produjo un jueves por la noche, a finales de 1963, en el Oldfield. Nos llamaron a última hora para sustituir a un grupo que acababa de cancelar su actuación. Aceptamos con la condición de tocar lo que quisiéramos. Esta noche, el público vivió un concierto entero de rhythm and blues. Y a la semana siguiente repetimos el *setlist*. Habíamos cambiado y nuestro público había cambiado con nosotros. A saber quién habría tenido razón, si Pete o yo. Lo que cuenta es que seguían con nosotros. Eso era lo único y punto.

También estábamos evolucionando como artistas, explorando vías para expresar nuestra agresividad: el fraseo, la fuerza de los acordes, con un poco más de énfasis en el ritmo que en la melodía. Usábamos una palabra: conducir. Vamos a conducir, decíamos antes de salir al escenario. Conducir, conducir, conducir.

Me sentía como si condujéramos nuestra música entre el público hasta llegar a la pared del final de la sala. Siempre me ponía en esa situación, incluso en Woodstock, donde no había pared sino medio millón de personas que se perdían en el horizonte. Tenía que conducir nuestra música por la curvatura de la Tierra. No es bueno tocar ante un público. Hay que tocarle directamente al público. Hay que conseguir que se muevan, haciendo que circule entre la gente. Y funciona.

Se le puede preguntar a la gente que nos vio en directo al fondo del estadio Wembley, incluso antes de que se pusieran las pantallas gigantes, y dirán que la música les llegó. Bueno, eso espero. Es algo que le añades a la música, una energía. No es algo tangible sino una energía que emitíamos y que el público recibía.

Eso se aceleró mucho cuando se nos unió Keith, el hombre de jengibre. Doug no evolucionaba con nosotros, seguía tocando la batería de jazz, pero dos semanas después de irse (su mujer le había dado un ultimátum si seguía con el grupo), estábamos en un concierto en el hotel Oldfield de Greenford y vino un chaval en el descanso a decirnos que tenía un colega que tocaba mejor que el batería ocasional que llevábamos. Y así es como apareció Moonie, se presentó con el pelo rojo por un intento fallido de teñirse de rubio como los Beach Boys.*

«Hola», nos saludó el capullín arrogante.

Keith Moon había nacido en Wembley el 23 de agosto de 1946, aunque él siempre decía que en 1947. Era un niño hiperactivo y tenía dos hobbies: escuchar *The Goon Show*** y diseñar explosiones. Como era de esperar, se puso a trabajar incluso antes que yo, puesto que no aprobó el examen de ingreso en secundaria y acabó en el Alperton Secondary Modern. Su profesor de arte lo describió como «negado para el arte y estúpido en lo demás», y su profesor de música dijo que tenía «mucho talento, pero debe controlar sus ganas de llamar la atención». Vamos, que estaba hecho para ser nuestro batería.

El batería que teníamos aquella noche le pasó las baquetas y empezamos con «Road Runner», de Bo Diddley. «Soy un correcaminos, nena, y no puedes seguirme el ritmo».

Sin embargo, Keith sí que podía. De sobra. Tardó poco en meter sus ritmos sincopados. Tocar la batería es mera matemática, pero sus matemáticas eran de otro mundo.

---

* La mención a «The Gingerbread Man» (el hombre de jengibre, el personaje de los cuentos infantiles) se debe a la descripción de Keith Moon como «ginger» («pelirrojo» en inglés británico). Por su parte, en el film *The Kids Are Alright* (Jeff Stein, 1979), Pete Townshend recuerda que Moon apareció vestido por completo a juego con el pelo.
** Famoso programa de radio de la BBC de los años 50, creado por Spike Milligan y con Peter Sellers, caracterizado por un humor que tuvo una enorme influencia posterior en grupos como los Monty Python.

Y les dio alas a John para acometer sus golpecitos de bajo y al ritmo poderoso de Pete. Nos subió a los tres de nivel. El empujón definitivo.

Y de inmediato. Aquella noche en el hotel Oldfield.

Keith sostenía siempre que nadie le ofreció meterse en el grupo de manera oficial, pero yo recuerdo perfectamente que, al acabar aquel concierto, le dije que contaríamos con él para la próxima semana. A ver, tío, eso significa que estás dentro. Era abril de 1964 y fue el último cambio de integrantes del grupo hasta el 7 de septiembre de 1978. Keith fue el último en entrar y el primero que se nos fue, que en paz descanse. Nos dio 14 años de dolores de cabeza y risas más o menos a partes iguales. En cuanto llegó nos sumergimos en una fase experimental de una intensidad excepcional. Hay una cinta de una actuación nuestra en el Marquee pocos meses después en la que tocamos «Smokestack Lightning», de Howlin' Wolf.

Blues clásico. Y acto seguido pasamos al jazz. Fue sin pensarlo, como algo natural. Todas las transiciones y cambios de producían de forma suave, como si tuviéramos telepatía y disfrutáramos con la sensación. Fue vital que acabáramos los cuatro juntos. Teníamos 19 años, pero era como si lleváramos toda la vida tocando. Nos conocíamos muy bien. Íbamos acompasados. Nos comunicábamos a través de la música. Y algo que se olvida cuando se relatan los conflictos que teníamos los miembros de los Who... nos respetábamos.

La primera vez que oí hablar de los *mods* fue en el otoño de 1963. Mi hermana Carol salía con un chico de Lewisham que tenía una escúter. A Pete le gustaba mucho una chaqueta negra de PVC que tenía, como también le encantaba ver a mi hermana con sus bailes mods. Surgió así, una chaqueta de PVC, pantalones de campana muy anchos de tweed espigado y el twist minimalista de mi hermana. Pete se metió en el *mod* por la misma razón que lleva a los tíos a hacer de todo... por una chica, en este caso, mi hermana. Pero llegó a ser un mod* auténtico.

Yo también quería ser *mod* o lo que fuera con tal de que no tuviera nada que ver con la siderurgia de los cojones. Y si decimos la verdad y no nos ponemos en plan sesudo para explicarlo todo con argumentos elaborados, lo cierto es que daba igual el nombre que le pusieran a aquello. Éramos jóvenes y casi todos de clase trabajadora. El poco dinero que teníamos nos lo gastábamos en ropa, tabaco y salir. Nada de milis ni racionamientos. Queríamos pasarlo bien, disfrutar de nuestra libertad. Todo lo que se ha escrito sobre los mods... es con mirada retrospectiva. Lo lees y es como si hubiera estado planificado. Se le da un realce intelectual, pero fue espontáneo, sin proyecto ni nada que se le pareciera. No era más que una moda. Llegaba un chaval con patillas y chaqueta a lo Elvis, se recorría tres tiendas y ya está, un mod. Aunque el chaval era el mismo.

Las modas no salían de las escuelas de arte sino que se creaban en la calle y duraban muy poco. Se ponía una cosa de moda durante dos o tres semanas y luego se pasaba de moda. Por completo. Hubo un momento, por ejemplo, en que a la gente le dio por ir como los vendedores de helados. De la noche a la mañana todo el mundo iba con bata blanca hasta la rodilla y sin ser heladeros. Tres semanas

---

* Cultura juvenil que definió la escena británica de los años 60. Tal y como resume Nik Cohn, (*op. cit.*, págs. 299-300): «Los *mods* aparecieron a principios de los sesenta y alcanzaron su punto culminante en 1964 (...) Los *mods* eran pequeñas y extrañas criaturas, muy pulcras y delicadas, que montaban en moto, mascaban chicle y tragaban cientos de píldoras. La ropa les preocupaba más que ninguna otra cosa, y todo el dinero que conseguían lo gastaban en ponerse guapos (...) El mundo *mod* era estrictamente masculino. Se les veía pasear por las calles en grandes tribus, sin dirección fija y con las olvidadas chicas a remolque detrás de ellos. Bailaban solos, sumergidos profundamente en maravillosos sueños narcisistas. No sonreían y cuando había un espejo en el club hacían cola para mirarse. Posaban, hacían gestos, se ponían chulos y se embriagaban de sí mismos».

después, se pasó la fiebre. La tendencia era cambiar de tendencia.

Dicho eso, nos vimos situados al frente de un movimiento social que le dio impulso a nuestro grupo. Si estás en primera línea de cualquier movimiento, puedes sacarle mucho provecho a las cosas buenas que se generen. En eso tuvimos suerte. Pete Meaden supo verlo y nos situó en el camino adecuado. Llegó a nuestras vidas justo después de Keith, contratado por Helmut Gorden para convertir a los Who en un supergrupo. Lo conocí a principios de 1962 en el Glenlyn Ballroom, en Forest Hill. Esa noche hicimos de teloneros de los Stones y me encontraba hablando en el bar con Brian Jones. Me estaba diciendo maravillas de una versión de «Route 66» que acababan de grabar. Meaden había hecho negocios con el mánager de los Stones, Andrew Loog Oldham, y estaba también allí. Por la ropa que llevaba, saltaba a la vista que se dedicaba al sector del marketing y la publicidad.

Tras el concierto, seguimos hablando. Me dijo que creía que éramos un gran grupo, pero que nos faltaba imagen propia porque así no éramos más que otros imitadores de los Stones. «No seáis la oveja negra», me dijo. «Tenéis que ser la oveja roja». Ese era su mantra: ser la oveja roja. Era tres años mayor que yo, una diferencia notable cuando tienes 19. Le escuché con atención, yo y todos. Y casi sin darme cuenta empecé a llevar chaqueta blanca mil rayas, camisas con botones en el cuello y zapatos de color blanco y negro (de Hush Puppies, pintados por encima). Una oveja roja. Y lo próximo fue convencernos de cambiar el nombre del grupo: en lugar de llamarnos los Who (sonaba cutre, según él), deberíamos ponernos los High Numbers [números altos] porque esa semana la moda de los *mods* era calzar zapatos robados de la bolera. Si tenías un número grande, es que tenías los pies grandes y entonces, bueno, ya sabéis.

Después me llevó a Jack the Barber a cortarme el pelo. Un *mod*, o un aspirante a *mod*, no puede ir con pelo rizado largo. Era un sacrilegio, por el amor de Dios. Era peor que la gonorrea. Pero un *mod* con el pelo rizado corto tampoco es que fuera la bomba. Me ponía frascos enteros de Dippity-Do, una marca de gel norteamericana para alisarlo. Con un buen pegote de gel podía aguantar con el pelo liso un concierto entero, siempre que no hiciéramos muchos bises. Me sentía como Cenicienta, pero con la pelambrera rizada en lugar de la calabaza.

Todo eso era cosa de Pete Meaden. Sabía cómo teníamos que aparecer en público y sabía que la imagen era crucial, que todo se reducía a eso. Ahí estaba el ejemplo de Dean Martin, que cultivó una imagen de *crooner* alcohólico y desenfadado con una copa en la mano y un cigarrillo en la otra. A la gente le encantaba ese *look*, aunque en realidad no bebía nada: en la copa llevaba zumo de manzana. En nuestro mundo, los Beatles fueron el primer grupo pop y los Stones representaban la antítesis. Tuvo que dar con nuestro nicho, con algo fresco, y es lo que empezamos a buscar con Pete en los conciertos de Forest Hill. Fueron importantes. Resultaron muy apreciados en la cuna del *mod*, por Lewisham y Bromley, esos lugares. Nos dio una base.

En el verano de 1964, encontramos nuevo mánager o, mejor dicho, nos encontró a nosotros. Esa noche dábamos nuestro concierto periódico de rhythm and blues en el Railway Tavern de Harrow. Unos pirómanos incendiaron el hotel en ruinas en el año 2000 y, como era de esperar, ahora han construido allí edificios de viviendas. Uno se llama Edificio Daltrey. Y justo al lado está el Edificio Moon.

En 1964, los martes por la noche el Railway Tavern era nuestro pequeño hogar sudoroso de techos bajos y lleno de humo. Por aquel entonces esos lugares parecían ocho veces más grandes de lo que eran. Los ves veinte o treinta años después y no son más que recintos minúsculos. El Tavern, no obstante, estaba siempre a tope. La gente acudía en tropel y en aquellos tiempos todos bailaban. Los que se ponían en primera fila se quedaban quietos mirando el concierto, pero los demás bailaban.

Disponíamos de un equipo de sonido ligeramente mejor. Habíamos mendigado amplis, intercambiado equipos y conseguidos algunos cachivaches baratos. No armábamos todavía el estruendo de cuando nos hicimos famosos, pero metíamos mucho ruido y llegaba a todos los rincones del Tavern. Nos encantaba aquello: sonábamos fuerte y la atmósfera era peligrosa. Y entonces se nos acercó Kit Lambert, atraído, según nos contó, por las motos Lambretta que había aparcadas fuera. Se ganó a los *mods* del barrio porque invitó a todos a una copa nada más llegar. A Pete le caía genial porque era el hijo del compositor Constant Lambert y su padrino era William Walton. Yo me ponía en plan «¿Quién cojones es este Constant Lambert?», pero con el tiempo también me cayó muy bien porque era un tío encantador.

Christopher Sebastian Lambert tenía 29 años cuando vio las motos aparcadas y se introdujo en nuestro mundo. Tenía un aire de oficial adinerado porque, de hecho, había estado en el ejército. Tras estudiar en Oxford, sirvió en Hong Kong y después se fue con dos amigos de expedición para descubrir la fuente del río Iriri de Brasil. Aquello no salió bien: uno de sus amigos tuvo el muy dudoso honor de pasar a la historia como el último inglés asesinado por una de las tribus salvajes del Amazonas. El gobierno brasileño detuvo a Kit como sospechoso del asesinato de su amigo hasta que quedó en libertad gracias a una campaña orquestada por el *Daily Express*. Regresó a Inglaterra y acabó trabajando de asistente de dirección en *Los cañones de Navarone* y *Desde Rusia con amor*. Menuda manera de iniciar una vida llena de extravagancias. Y después apareció por nuestro concierto a la búsqueda de una nueva aventura.

«Queremos hacer una película de todo lo que se está cociendo», nos dijo Kit. «Estamos buscando grupos de música y vosotros sois el mejor que hemos visto. Queremos hacer una película sobre vosotros. ¿Os invito a otra copa?»

Kit quería presentarnos a su socio, que estaba en Irlanda trabajando en una película con John Huston. Quedamos en que haríamos una prueba en el salón parroquial de St. Michael's, en la calle Askew de Shepherd's Bush. Era la iglesia donde se casaron mis padres y también donde había cantado en el coro de niño. Y ahora iba a ser donde daríamos con un nuevo mánager. Así que allí nos fuimos dos semanas más tarde y, mientras estábamos montando el equipo, apareció Chris Stamp. Mira que era un tío molón que te cagas y con mucha presencia. Era hermano de Terence, la estrella del cine carismática, pero, cuando los veías a los dos juntos, Chris despuntaba más. Solo me sacaba dos años, aunque tenía una personalidad de la que carecía Terence. Era muy listo, con el desparpajo del East End.

Tras la prueba, nos fuimos todos a un restaurante chino y Kit anunció que quería ser nuestro mánager. Helmut Gorden y Meaden ya le habían pasado nuestros contratos y tenía una propuesta.

Nos pagaría 20 libras a la semana y él se quedaría con el 40 por ciento de la recaudación de los conciertos. No tardamos mucho en darle una respuesta, que era evidente. Habíamos seguido las ideas de Meaden y el single que habíamos grabado, «Zoot Suit», ni siquiera había entrado en las listas de éxitos. Además, sabíamos que no tenía dinero. Por el contrario, Kit estaba forrado. O eso creíamos. Vamos, seguro que sí, por la manera en que manejaba la pasta. Mucho tiempo después me enteré de que tuvo que vender uno de los cuadros de su padre para pagarnos el sueldo.

Llegué a los 20 años de edad, era un crío aún, en una encrucijada vital. Como las cosas habían mejorado con el grupo, todo indicaba que igual podría alcanzar mi sueño. O también podría abandonarlo y quedarme con mi joven familia. Esta segunda opción era la más segura (y reconozco que la más respetable), pero eso de ir a lo seguro no iba conmigo. Cuando eres joven, te ves capaz de conseguir cualquier cosa.

Con los años tampoco es que haya cambiado mucho. Espero haberme vuelto más sabio, pero todavía creo en la suerte y en arriesgarse. Quería ser músico. Quería darlo todo de mí y eso implicaba irme de casa.

Al cabo de unos días, vino a verme mi padre. Estaba descargando el equipo para un concierto en el hotel Railway, en Wealdstone, y me pidió que volviera con Jackie. Le contesté que no podía tener un matrimonio a medias porque la música era mi vida, lo era todo. Se puso hecho una furia. Empezó a soltarme lo que le vino en gana en plena calle y luego me dio un puñetazo. Mi padre no era de pegar. Le costaba mucho enfadarse. No me pegó ni cuando me expulsaron del colegio. Aquella noche en la puerta del hotel Railway fue la única vez. Quería mucho a mi padre, él también me quería mucho a mí y lo que hice entonces de dejar a mi mujer era demasiado para él.

No era fácil tampoco para mí, no me sentía bien. Sé que me comporté como un gilipollas integral, como un capullo que pasa de todo. Lo sabía entonces y ahora, pero era el precio que había que pagar por el grupo. Lo tenía muy claro, estaba decidido y nada podría haberme hecho cambiar de opinión. Era como el tío de *Encuentros en la tercera fase* que construye la puta montaña en el sótano de su casa sin saber el motivo. Y al final lo entiendes y ves que, aunque estabas siendo un gilipollas integral y un capullo que pasa de todo, no había otra manera de afrontarlo. No se podía ir con medias tintas.

No me siento culpable de aquello. Me la jugué y con el tiempo fue la decisión acertada. En cuanto me lancé, todo cobró sentido. Sabía que me iría mejor y que, entonces, podría cuidar más a Jackie y Simon y darles lo que necesitaran. Así lo hice. En cuanto me fueron bien la cosas, los atendí como merecían. Desde los años 70, comenzamos a irnos juntos, la familia de Jackie y la mía, de vacaciones en primavera. Se curaron las viejas heridas y tuvimos todos una vida mejor. Esa vida de estar en una vivienda pequeña de protección oficial, de trabajar en la fábrica y de volver a las tantas de los conciertos... eso no era vida. Y sobre todo, si no me hubiera ido de casa, los Who no habrían existido, por lo menos no conmigo en el grupo. El mundo estaría hoy lleno de discos de Townshend en solitario.

Mi padre y yo no volvimos a hablar del tema. Me sentía muy mal. Sabía que le había hecho daño y me quedé mucho tiempo con esa sensación, aunque él nunca me guardó rencor alguno.

Me fui de casa con una maleta pequeña y una guitarra. Iba con la ropa que llevaba puesta y algunas camisas. Si os fijáis en las fotos del grupo, me veréis con cuatro combinaciones de ropa. No he cambiado apenas. Sigo siendo un tío muy sencillo en eso.

Ese verano viví en nuestra furgoneta nueva, que era muy espaciosa. Había llegado como una gran promesa del futuro inmediato, una muestra de las artes discursivas de marketing que exhibía Kit.

«Vais a necesitar una furgoneta más grande», nos había dicho, «porque llevaremos luces y aparatos grandes. Os la voy a comprar».

Y la compró, pero se quedaba lejos de lo que esperábamos. En realidad era una camioneta de mudanzas de cuarta mano y de 3 toneladas de peso. El remolque no tenía ventanas, así que las corté yo mismo. Me quedaron más bonitas que funcionales: cuando los del grupo se sentaron en la parte trasera, nos dimos cuenta de que las ventanas estaban muy, muy altas. Puro *Spinal Tap*.* Se pusieron como locos,

---

* *This is Spinal Tap*, película estadounidense de 1984 concebida y dirigida por Rob Reiner. *Rockumental* —para ser exactos, en palabras del propio Reiner—, sobre una banda de rock duro creada por él mismo y los actores del reparto. Ocupa el puesto 48 de las 500 mejores películas de todos los tiempos según la revista *Empire*. A raíz del rotundo éxito conseguido por la cinta, el grupo llegó a sacar discos posteriormente, haciendo incluso varias giras. En España, donde la película no fue distribuida, solo se puede ver en versión original. La sátira definitiva sobre la cultura roquera.

pero a mí me daba igual por tres motivos. En primer lugar, porque quedaban bien y eso, como he dicho antes, es lo que cuenta al final. Lo mejor es tener las dos cosas (buen aspecto y utilidad), aunque si hay que elegir, me quedo con el estilo. En segundo lugar, porque aún quedaba algo de espacio para una cama sobre la cabina del conductor. Y para terminar, porque los otros se negaron a viajar si no podían contemplar las vistas. Decidieron que viajarían con Kit en su Volkswagen y se quedarían en un hotel. Yo me quedaba en la camioneta con Cleo.

Cleo. La chica que tuvo la mala suerte de compartir conmigo el espacio diminuto de la cabina en aquella antigualla espantosa. Procedía del Caribe y quizá sea la chica más educada que he conocido en la vida. Y, aunque no os lo creáis, he conocido a muchas chicas educadas. Y también era, por mera coincidencia, ahijada de Constant Lambert. Toda su familia estaba muy relacionada con el teatro. No había oído hablar de ellos. El caso es que me enamoré de ella. Para mí estaba buenísima y encima estaba metida en la música. Me introdujo en el mundo del ska y el bluebeat.

A menudo íbamos a Brixton a visitar a su familia. Era el único chico blanco que aparecía por aquel barrio, pero no había malas vibras. Me recibían muy bien y me sentía como en casa. El tema no era el color de la piel sino la lucha, la lucha al estar en lo más bajo de la escala social. Su música provenía de un sitio distinto a la de los crooners: del deseo primario de dejar constancia de su nombre y luego irse a tomar por el culo. Nos identificábamos con eso, bueno, yo por lo menos. Me llegó dentro. Quería dejar constancia de mi nombre. Y también quería irme a tomar por culo.

Me gustaba mucho Cleo. Me gustaba por su música y porque estaba dispuesta a vivir en una camioneta conmigo. Echando la vista atrás, conservo un recuerdo cariñoso de aquel verano.

El 9 de agosto de 1964, los High Numbers dimos un concierto de alto nivel en el Hipódromo de Brighton. Tocamos de teloneros para Gerry and the Pacemakers, Elkie Brooks y (redoble de tambor) Val McCullam. «¿Quién coño es Val McCullam?», os preguntaréis, igual que me lo pregunté yo. El promotor del concierto se llamaba Arthur Howes. Nos consiguió varias fechas por todo el país y nos dijo: «Mirad, chicos, os meto en el cartel, pero tendréis que tocar de teloneros de Val».

«¿Quién?»

«Val. Val McCullam. Es muy buena».

«Vale».

Así que esa noche en Brighton, Pete, John y Keith tocaron la primera mitad con esta chica y para la segunda salí yo al escenario. El domingo siguiente estábamos en Blackpool con los Beatles y los Kinks. Primera parte, Val con los chicos. Segunda parte, los chicos conmigo. No recuerdo el momento exacto en que vimos que lo de Val se debía a que Arthur quería tirársela, pero nos dimos cuenta pronto. Supongo que salimos de aquella historia de forma menos traumática, en comparación con Val.

Y así transcurrieron el verano y el otoño de 1964. Nos recorrimos todo Reino Unido juntos Cleo y yo, de bolo en bolo. Cuando anochecía, aparcábamos a un lado de la carretera aquella camioneta oxidada que cada vez estaba más pintarrajeada de carmín con mensajes de las fans y con una caligrafía cada vez más similar a la de Keith.

La vida era una aventura maravillosa. Vimos por primera vez el Lake District. Llegamos hasta Glasgow para actuar en el Kelvin Hall Arena con Lulu (una chica que, a sus 16 años, ya era una gran cantante de soul) y nos fuimos después a cenar con su familia. Recorrimos el país de cabo a rabo sin ninguna avería, pese a que eso era más probable que pisar un escenario con Pete 50 años después. Y lo más alucinante (es un asunto que me sigue fascinando a día de hoy) es que íbamos a los sitios solo con un mapa y una dirección garabateada en la parte de atrás de un sobre. Nada de navegación por satélite ni Google Maps, ni siquiera un código postal. ¿Cómo nos comunicábamos sin móviles? ¿Cómo dábamos aquellos conciertos, cómo nos movíamos en aquellas giras inagotables con apenas un teléfono fijo para llamarnos? Cuestión de magia.

Y éramos felices. Había dejado el colegio y no me había convertido en ladrón de bancos. También había dejado el trabajo en la fábrica y el piso de protección oficial. Tenía 20 años y, pese a los nefastos augurios de mi profesora de música la Sra. Bowen, me estaba dedicando a lo mío.

6
LOS WHO, ¿ESTAMOS?

La primera vez que se nos murió una guitarra fue un hecho accidental. Era septiembre de 1964 y dábamos nuestro concierto habitual en el Railway Tavern. Habían puesto un escenario abatible que era unos centímetros más alto que las habituales tarimas de madera hechas de cajas de cerveza. Pete estaba tocando y de repente atravesó el techo con la guitarra. Todos se quedaron mudos. Se oyó la risita de algunas chicas.

Trató de disimular el fallo destrozando la guitarra. Yo me enfadé mucho. Pete os dirá que era una manifestación artística, que estaba llevando la propuesta de Gustav Metzger a un nuevo nivel. ¿Gustav qué? Gilipolleces. Pura palabrería. Las risitas de las chicas explican mejor el boquete del techo que la obra de Metzger. Se me rompía el alma. Me venía a la cabeza lo que había luchado para disponer de mis primeras guitarras y aquello era como ver descuartizar un animal. Un animal caro que tendríamos que reemplazar por otro animal caro para el próximo concierto. Y también tendríamos que pagar el boquete.

Al martes siguiente, Keith tiró los tambores a patadas y ya no había vuelta atrás. En adelante, el público esperaba que rompiéramos los instrumentos. Era nuestro sello.

A ver, que se me entienda: en seguida percibí lo que eso supondría para nosotros. Y pese a que surgió de casualidad, pronto adquirió una nueva dimensión. A la prensa le fascinó la idea de unos jóvenes que destrozaban su equipo. Con unas cuantas bombas de humo, se conseguía un buen efecto visual. Tenía impacto. Pero no captaban lo relevante, que era el ruido. Lo que había empezado por un error se ajustaba al ritual de lo que hacíamos.

Poco tardó Pete en ir más allá de destrozar su guitarra. No solo la rompía sino que también metía el mástil dentro del amplificador y de los bafles y los atravesaba, haciendo todo tipo de ruidos surrealistas. Era bestial, expiatorio. La guitarra chillaba durante unos cincos minutos hasta que se rompía. A los críticos se les pasó por alto, pero los fans lo pillaron a la primera, lo entendieron por la energía que se creaba. Los críticos hablaban de lo que veían y no de lo que oían. Ese fue el problema que tendría lo de destrozar las guitarras: al final me daba la sensación de que la gente venía a ver aquello y dejaron de escuchar lo que tocábamos.

No estoy diciendo que no me gustara cómo destrozaba Pete las guitarras; al contrario, me encantaba, pero debería haberle dicho al público que, aparte de mirar, escucharan. Seguro que le habrían hecho caso. Hoy llamaría la atención ver a un septuagenario desplazándose por la ciudad sobre un montón de amplis pero al menos nos lo podemos pagar. En 1965, su expresión artística era muy cara.

Yo ya tenía bastante con Keith y su manía de lanzar las baquetas. En cuanto nos hicimos famosos, se convirtió en el sex-symbol de los Who. Allá donde íbamos, las chicas gritaban su nombre: «Keith, Keith, Keith». Disfrutaba con esa admiración que despertaba, es lógico. El problema es que yo estaba delante de él en el escenario. Era el *frontman*. Aquella era mi función. Y Keith se empeñó en que debería ser el batería quien estuviera al frente.

Es por ello que le dio por tirarme las baquetas a la cabeza, noche tras noche. Es ridículo pensar siquiera en que el batería debería estar delante del escenario y los demás detrás arropándole, pero él lo pensaba en serio. Muy en serio. Como lo de tirarme las baquetas no le salió bien, se propuso hacernos sombra. Era un maestro acaparando las miradas y estaba dispuesto a todo para atraer los focos. Por ejemplo, quería cantar, aunque no sabía. Bueno, sabía pero no se le daba muy bien. Si queréis ver a un batería con cara de felicidad absoluta, mirad a Keith Moon cantando «Bellboy». Está en otro mundo, en el cielo. De vez en cuando, en algún momento especial, le dejábamos cantar «Barbara Ann» y luego ya no se lo permitíamos hasta varios conciertos después. Le daba igual, cantaba todo lo fuerte que podía. Se puede ver en las primeras grabaciones. En cada canción están John y Pete haciendo las armonías y yo de solista. Y también Keith.

Dejando de lado las drogas, la falta de dinero y la cabezonería de Keith, las cosas iban bastante bien. Para empezar, habíamos decidido el nombre del grupo, asunto nunca menor. Éramos los Detours, pero en febrero de 1963, vimos que mucha gente nos confundía con otra banda llamada los American Detours. No recuerdo a quién se le ocurrió lo de «The Who». Estábamos en el piso de Barney, un amigo de Pete, soltando un montón de nombres estúpidos. El Grupo. Nadie. El Cabello.* A Pete le gustaba este último. Creo que alguien dijo un nombre y Barney no lo oyó bien.

Y dijo, «¿Los Quién?» Alguien dijo. «Ese es bueno. Los Who». Y así fue, por lo menos durante un año más o menos. Después nos cambiamos a los High Numbers en 1964 durante cuatro meses. Después Kit nos dijo: «No, volvamos a los Who. Es mucho mejor, mucho más gráfico. Con tres letras se puede jugar más que con todas las letras que tiene lo de High Numbers».

Al principio era un poco confuso, especialmente para los que hacían los pósteres de los conciertos, pero en seguida nos convenció. Al cabo de un par de meses, Kit ideó el que considero el mejor póster de la historia del rock. Con la cantidad de letras que tiene lo de High Numbers, seguro que no le habría quedado ni la mitad de bien.

* «The Group. No One. The Hair», en el original.

Estábamos a finales de 1964 y nos habían contratado para tocar los martes por la noche en el Marquee. Tampoco es que aquello prometiera mucho. Sí, era el Marquee, en el West End. Ya habíamos tocado por allí, el sitio era grande, donde tocaban los Stones, pero los martes por la noche estaba muerto, era un páramo. Ese día no salía nadie. Hasta que Kit hizo el póster.

Los Who. R&B Supremo. Los martes en el Marquee.

Con una imagen de Pete, estirando la mano hacia arriba, como el cuello de un cisne. Kit le aportó un movimiento de danza a aquel póster, y con eso ya estaba casi todo hecho.

Pero se guardaba otro as en la manga.

«Vamos a salir a la calle a buscar a los cien *mods* más auténticos para convertirlos en la base de nuestro club de fans. Tendremos cien de los *mods* más famosos», dijo.

Nos fuimos por Shepherd's Bush regalándoles entradas a los *mods* más modernos. Después nos pasamos por el West End, pero no había nadie por la calle un puto martes. Ni *mods* ni *teddy boys*. Nadie.

Esa noche me sentía nervioso. Ya había tocado en salas vacías, pero el Marquee vacío sería experimentar el vacío a otro nivel. Sin embargo, el póster y las artes despiadadas para el marketing nos salvaron. Aquella noche inaugural, apareció la tropa de Shepherd's Bush, todo gente maravillosa y leal. Y también vinieron algunos rezagados. Un público nuevo. La semana siguiente se sumaron unos cuantos más. El número fue aumentando con bastante rapidez. Se corrió la voz de que los martes por la noche actuaba en el West End un grupo que metía acoples con ritmos salvajes e improvisaciones. El runrún en aquellos tiempos era mucho mejor que internet.

Casi un mes después, la cola para entrar daba la vuelta a la manzana. Fue la primera señal tangible y real de que estábamos triunfando. Éramos el grupo de los mods. La atracción principal en el local de moda del West End. Hasta que llegaron los Small Faces y se llevaron el gato al agua, benditos sean. Ellos eran *mods* auténticos del East End y Steve Marriott era, en mi opinión, unos de los cantantes de rock-soul más grandes que hemos tenido nunca.

Pero a principios de 1965, quienes estábamos éramos nosotros y la sensación era maravillosa. Kit se lo había currado. Nos había proporcionado un local de referencia y un incipiente club de fans. Sabía cómo darnos a conocer. Cuando probábamos algo nuevo en el escenario, lo analizaba y nos decía si seguir por ahí o abandonarlo. Lo normal era que nos dijera que lo mantuviéramos. Lo tenía todo planificado. A veces habría querido que nos contara sus planes, pero confiaba tanto en sí mismo que no los compartía con nadie. Si nos decía que saltáramos, saltábamos. Y nos lo dijo. Nos animó a que fuéramos cada vez más salvajes. En los pubs y clubs, todo el mundo le quería aunque proviniera de distinta clase de social. Seguramente sería porque siempre invitaba a copas. Con todo, nosotros lo que valorábamos de él era que entendía lo que hacíamos en el escenario. Vio que no era solo un concierto de música sino un espectáculo global.

Cada semana incorporábamos una canción nueva. Me iba durante todo el día con Kit a recorrer tiendas de discos buscando nuevos estilos musicales. Hacíamos apuestas sobre qué discos triunfarían ya que ambos teníamos bastante instinto en ese tema. Coincidíamos en la elección del disco el noventa por ciento de las ocasiones y además acertábamos.

En enero de 1965 grabamos nuestro primer single de los Who con un tema compuesto por Townshend. Pete ha comentado recientemente que «I Can't Explain» era sobre un chico de 18 años que no puede decirle a su novia que la quiere porque toma muchas Dexedrinas. También ha dicho que como copia de los Kinks, no tiene parangón. Entró en el top ten y a día de hoy seguimos abriendo los conciertos con este fabuloso tema. Pero cuando lo grabamos unos meses atrás surgieron algunas cosillas.

En septiembre de 1964 llegamos a Pye Records en Marble Arch para nuestro flamante debut en un estudio grande. Teníamos muchas ganas de tocar nuestra canción casera con nuestro exclusivo estilo inglés. Sin embargo, Shel Tamy, el célebre productor estadounidense, nos trajo los dichosos coros de tres voces en plan Beach Boys que todavía hoy ponen a parir a Pete. Y encima vino con Jimmy Page de guitarra principal.

«Mierda». Así de mal me sentó aquello. Pete se explayó más, pero no había nada que hacer. Yo quería que tocase Pete, quería mantener la identidad del grupo y no que un yanqui nos moldease a su manera. Si hubiera dependido de nosotros, nos habríamos negado, pero no había discusión posible. En aquel entonces, se grababa tocando en directo y solo se disponía de tres pistas. Habría sido muy complicado añadir después el solo de Pete y se podría haber perdido la textura de la grabación. Habría tocado un solo estupendo como cada noche en los conciertos, pero el sonido habría quedado disperso. No se puede tocar la guitarra rítmica y hacer también un solo. En un concierto te puedes apañar, y Pete tenía al respecto una técnica especial, pero estábamos en nuestra primera grabación de verdad en un estudio. Talmy era responsable de grandes éxitos con los Kinks y contaba con carta blanca. Para nosotros era cuestión de tomarlo o dejarlo.

Lo hicimos en un tema y luego Talmy nos dijo que grabáramos la cara B. Nos pasó una canción titulada «Bald Headed Woman». Garabateé la letra, y no me llevó mucho tiempo.

Yeah, I don't want no bald-headed woman
It'll make me mean, yeah Lord, it'll make me mean.
Yeah, I don't want no sugar in my coffee.

[Sí, no quiero ninguna mujer calva
Seré un miserable, sí, Dios mío, seré un miserable
Sí, no quiero azúcar en mi café]

Se repite y ya está. Ni siquiera me fijé en lo que decía la letra, pero era un blues y me venía como anillo al dedo. Dos horas de sesión y a casa. Jimmy no sonaba para nada como Pete pero entramos por primera vez en la lista de éxitos.

Nuestra primera aparición en *Top of the Pops* fue la primera vez que tomé un avión. Entonces el programa se rodaba en un salón parroquial de Manchester y Kit nos reservó un vuelo de BAE desde Londres. Ahí me tenéis, miembro de la jet set.

Me tocó en el asiento de al lado de Marianne Faithfull, que también iba a salir en el programa.

«¿Estás bien?», me preguntó al despegar. Sí, bien, pero todavía mejor con Marianne agarrándome la mano.

Nuestro siguiente single fue una experiencia más armoniosa. Una tarde de abril, Pete nos trajo al Marquee una canción que tenía casi acabada, «Anyway Anyhow Anywhere». Solo le faltaba el puente. La trabajamos en el escenario antes de que llegara el público. Al principio era una canción sobre un espíritu libre porque Pete estaba obsesionado con Charlie Parker. Al final del día, el tema central era la importancia de romper puertas cerradas, sin preocuparte de lo que está bien o mal.

Ésa fue mi contribución. Le di un toque más callejero, con más actitud. A esa edad te crees que siempre tienes razón. El verso que dice «Nothing gets in my way» [«Nada se interpone en mi camino»] reflejaba cómo nos íbamos a labrar nuestra carrera y creo que esas palabras lo describen a la perfección.

Y, cómo no, a mitad de canción estaban los acoples de Pete. Era algo tan novedoso y revolucionario que Decca devolvió las primeras planchas del disco creyendo que aquello era un defecto. Pero éramos nosotros, la traslación al vinilo de lo que tocábamos en directo.

Llegamos a las listas y salíamos en la televisión. La BBC se había dignado a dejarnos salir en la radio y entonces llegó nuestra primera gira internacional: dos noches en París.

Menudo cambio con respecto a Shepherd's Bush. Era muy, muy extraña. No sé qué pensarían los parisinos al vernos porque eran gente con mucho estilo y nosotros debíamos de parecer extraterrestres. Tocábamos en el Club des Rockers, una pequeña sala que había sobre un bar por el Moulin Rouge. No había escenario, nos embutieron en una esquina y teníamos al público delante de nosotros, a ras del suelo, cara a cara. *Bon soir.*

Empezamos con «Heatwave» y estaban todos allí clavados de pie, mirándonos fijamente y sin apenas mostrar emoción alguna. Eran franceses, y nosotros, ingleses. A ningún grupo inglés se lo habían puesto fácil en Francia. A lo mejor no les gustábamos nada o era una muestra de arrogancia gala. Ante situaciones así, respondíamos siempre del mismo modo: metiendo más caña.

«Daddy Rolling Stone», «Motoring», «Jump Back» y seguían impasibles. Incrementamos la caña. Parecía que el concierto se iría al garete y que abandonaríamos el local envueltos en un humillante silencio.

Así transcurrieron los primeros tres cuartos de hora, pero al acabar nuestra versión más salvaje, rabiosa y enojada de «Anyway Anyhow Anywhere», la sala se vino abajo. Nuestro primer concierto fuera había sido un éxito. Apareció una reseña en una revista musical parisina que decía: «El público entendió que se estaba originando un nuevo estilo de rock». No lo habría dicho así porque creo que la respuesta del público se debió, más que a la filosofía, a la pura conmoción.

Para variar, Kit no tenía dinero para el viaje de vuelta, pero dominaba el francés y consiguió que nos metieran en un barco. O le sacó el dinero a Chris Parmenter, el responsable de A&R de Fontana Records. Kit era un embaucador que recurría a su acento aristocrático y sus maneras londinenses del barrio de Belgravia para vivir de créditos. Tenía dos tarjetas de Harrods y Christopher Wine Company y cuentas en distintos bancos, todas en números rojos. Cuando estaba apurado, pedía un cheque y se iba al casino y si ganaba, amortizaba sus deudas; si perdía, el cheque se quedaba sin fondos. Era un jugador compulsivo pero podía convencer a cualquiera de lo que quisiera y por eso pudimos volver aquella vez de Francia. Eso sí, al regresar, se encontró con que lo habían desahuciado de su casa de Eaton Place. Ahí contábamos con un claro indicio de que las cuentas de New Action, la empresa de representación de Kit y Chris, no estaban muy boyantes.

Por otro lado, Pete estaba adquiriendo más importancia. Se quedaba en su apartamento de Belgravia escuchando ópera, ausente de todo y dándole vueltas al siguiente disco. Tenía dinero y derechos editoriales, hasta el punto de que lo que ingresaba de los conciertos para él no era más que calderilla. Eso nos cambió a todos ya que nos estábamos convirtiendo en un grupo y su compositor. Supongo que eso resulta siempre inevitable, pero tampoco es que yo fuera el pelele de una dictadura. Me encargaba de organizar los conciertos y siempre he decidido el orden del programa. Me guío por mi instinto para secuenciar las canciones de forma que los sentidos musicales del cuerpo se embarquen en un viaje. Si te equivocas en el orden de las canciones, se rompe el viaje y nosotros siempre acertábamos. Al principio, nos sabíamos tantas canciones que no teníamos *setlist*: simplemente, gritaba el título y el resto empezaban a tocarla. Allí mismo en el escenario sentía qué canción tenía que venir a continuación. Pensaba en las emociones que estaba experimentando y en cómo podría llevarlas a otro nivel sin romper el vínculo. Era algo intenso, un nivel diferente más allá de encadenar hits.

Muchos grupos se rompen por este desequilibrio o incluso acaban explicándole a un juez qué canciones ha escrito cada miembro. Para mí eso no es lo relevante porque lo que siempre me ha preocupado no es el dinero sino el reconocimiento de lo que hacemos cada uno. Yo he aportado lo mío y no era muy agradable leer críticas sobre mi forma de cantar. Pero bueno, así es la vida, es mejor aceptarlo que perder el tiempo con eso.

Tomé aquella decisión sabiendo que terminaría siendo la mejor para mí: dedicarme a cantar las canciones de Pete, que eran geniales. Iría por donde me indicara, expresándole, eso sí, mis reticencias cuando fuera oportuno. De hecho, cuando ha habido algo que no me gustaba, se lo decía pese a que, como todos los compositores, se ponía a la defensiva. Sin embargo, esa tensión era importante porque nos ha forjado como somos, jamás ha sido una tensión destructiva. Y yo sabía que, pasara lo que pasara, no nos separaríamos por cuestiones económicas. Pete vivía en su apartamento de Belgravia y yo en mi camioneta con Cleo. De verdad que me conformaba, vivía mi sueño de furgoneta.

Aquel verano no hicimos más que trabajar. Trabajo, trabajo y más trabajo. Dimos 236 conciertos en 1965. Dormíamos tres o cuatro horas al día. Concierto, cama, carretera, concierto, cama, carretera. Lo llevaba mejor que los demás porque dormían hacinados en la parte trasera del Escarabajo de Kit, hasta que Pete se compró un Lincoln Continental y Keith y John, un Bentley. También contrataron un chófer porque no sabían conducir. A Keith le pegaba porque, al ser de Alperton, era como en *Pygmalion*: él era Eliza Doolittle y Kit, el profesor Higgins.

Íbamos mucho a un restaurante chino llamado La Casa del Loto, que estaba en Edgware Road. Kit llegaba sin un duro, pedíamos comida para parar un tren y al final de la noche firmaba el mantel. En aquellos días, era una práctica aceptable y así se salía con la suya. Casi todos recurrían a ese truco una o dos veces, pero Keith lo usó durante toda la década, tanto con los cheques como con los contratos. Una noche de 1966, después de ver a un guitarrista prometedor, se lo llevó con su mánager a cenar al Loto. El mánager era Chas Chandler y el guitarrista era Jimi Hendrix, y Jimi acabó la cena contratado por mantel con Kit.

Así funcionaba Kit. La gente lo admiraba y transmitía,

por su manera de desenvolverse, que era un ciudadano respetable y de confianza.

En el caso de Keith, era más que admiración, se mimetizó en él. Al mes y medio de conocerlo, Keith era el perfecto sosias de Kit Lambert. Lo imitaba en sus poses, en todo, era como estar con Kit. Al principio lo imitaba en plan de broma, pero tardó poco en ser algo serio. Empezó con sus expresiones pijas, y no hablaba así con sarcasmo sino que quería tener clase: se compró el Bentley, ropa cara y se hizo experto en vinos y brandys caros. Las largas veladas en el Loto pasaron a ser clases magistrales. Kit y Keith probaban todas las añadas, comparaban notas de cata y luego Kit firmaba el mantel.

La gente tiene un concepto equivocado de Keith. No era un borracho sino un entendido en bebidas alcohólicas. Recuerdo que una vez en los años 70, cuando estábamos rodando *Tommy*, fue al bar de un hotel de Portsmouth y se pidió un Rémy Martin y un refresco. El camarero le señaló que daba igual la marca de brandy si iba a mezclarlo, que no lo apreciaría.

Entonces Keith hizo una apuesta. Le dijo que pusiera en línea todos los brandys que tuviera y que les añadiera jengibre. «Si te digo cuál es el Rémy Martin», le dijo, «nos invitas a mí y a mis amigos a bebidas toda la noche. Si no acierto, te regalo mi coche».

El camarero aceptó el reto. Keith cató las muestras como si estuviera en una bodega de Burdeos. Y dio en el clavo.

Así discurrió el verano de 1965, con mucho trabajo, discusiones constructivas y el estudio incansable del brandy por parte de Keith. Fue un verano apacible. Muchas veces se ha dicho lo contrario de nosotros, que andábamos constantemente a la gresca. Pues no es verdad, estábamos casi siempre de cachondeo y pasábamos también mucho tiempo hablando de música y del rumbo del grupo. Eso de las bullas y las peleas era, en gran medida, falso, una cuestión de transmitir una imagen de estar al límite. Éramos un grupo peligroso, inestable, al borde de acabar a puñetazos. Es lo que la gente esperaba de un grupo de rock... su capacidad perenne de destrucción. No podía aparecer otro grupo que se llevara bien, con los Beatles ya y su imagen de grandes amigos... o al menos en sus primeros años. Y eso casaba muy bien con su estilo de música, pero no con el nuestro. A nosotros nos iba la exageración, el riesgo, éramos diferentes.

En ocasiones las broncas y las peleas eran reales, no formaban parte del espectáculo, aunque también se producían para bien porque nos mantenían activos y, además, no eran frecuentes y casi siempre estábamos genial. Basta con observar las fotos y ver que estamos siempre en plan burla y de coña. A veces salimos con el ceño fruncido, pero para mostrar una actitud de enfado en público. En 1965, un artículo de *Melody Maker* decía lo siguiente: «De vez en cuando, hay un grupo que está al borde de la fama. Dicen que en esta ocasión serán los Who».

Y sí, serían los Who. Estábamos despuntando, a punto de tocar la fama. Y justo entonces iniciamos nuestra primera gira europea y todo se desmoronó. Quizá sepáis ya la historia de cuando me tiraron del grupo, de mi grupo. Se han dado distintas versiones, así que aquí va la mía y juro por mi vida que es la pura verdad. Bueno, lo juro por la vida de Pete, porque han pasado 50 años y puede que confunda un par de detalles.

Estábamos de gira por Europa y no nos salía nada bien, a veces por culpa nuestra y a veces por factores externos. A principios de mes, nos robaron la furgoneta, con todo el equipo, aparcada en la puerta del refugio para perros Battersea Dogs Home, lo que tenía su punto de ironía porque Cy, nuestro road mánager, había ido allí buscando un pastor alemán para reforzar la seguridad de la furgo. El equipo que nos prestaron no sonaba muy bien, y eso que Pete y Keith renunciaron a destrozarlo en el escenario.

El primer concierto en Holanda no fue mal, pero de camino a Dinamarca se pillaron una bolsa de anfetas y ahí acabó todo. La entonación saltó por los aires y el tempo se fue acelerando más y más. Era el descontrol total, un desastre. Llegamos a Aarhus (Dinamarca) el domingo 26 de septiembre de 1965 y tocamos en una sala repleta de 5.000 daneses borrachos. Estábamos por la segunda canción cuando se armó la gorda entre el público, con la gente lanzándose botellas y destrozando las butacas. Era una auténtica batalla campal y aquello pasó a los anales como el segundo concierto más corto que hemos dado.

Salió en la prensa del día siguiente, pero nosotros ya nos habíamos desplazado a nuestro siguiente destino, Aalborg. Ahí fue donde todo se desmadró por completo. El espectáculo resultó un desastre, tal vez por una combinación de los nervios y de las drogas que se habían tomado. Yo me esforzaba por encajar los versos y que se me oyera bien, pero mis compañeros aceleraban y aumentaban la potencia. La disonancia era absoluta, algo había que hacer. Éramos un grupo formado por músicos excelentes y estábamos tirándolo todo a la basura.

Puestos a tirar cosas a la basura, pensé que lo mejor sería contribuir a la causa.

Mientras los demás hacían pedazos el escenario al final de «My Generation», me piré echando humo por las orejas hacia el camerino de Keith y, al entrar, fui directo a su maleta. Iba a acabar de una vez por todas con tanta tontería. En menos de cinco segundos hallé su alijo, una bolsa grande de anfetas. «Black bombers», «purple hearts», como se llamen. Las tiré todas por el retrete.

Claro está que Keith apareció en seguida para tomarse una pastilla y se puso a gritar: «¿Dónde están? ¿Dónde cojones están?»

Le dije que las había tirado por el váter.

Con un enfado de narices, se lanzó sobre mí intentado rajarme con las sonajas de una pandereta. Menos mal que no tenía otra cosa a mano. Así que de repente me vi respondiendo al ataque de percusión de Keith. No fue una pelea sucia, pero era una pelea al fin y al cabo, y lo tumbé. Al día siguiente, volvimos a casa. Me llamó Kit a su despacho y me anunció que ya no pertenecía a los Who.

7
ROMPER DEL TODO
NO RESULTA FÁCIL

Llevábamos tiempo siendo tres contra uno y el motivo no radicaba en el dinero sino en una ingente cantidad de drogas. El inicio de la separación entre nosotros se produjo en el momento en que empezaron a consumir anfetaminas y yo me negué. Las probé un par de veces, pero no me hacían efecto alguno aparte de mordisquearme el labio durante unas horas. Se me resecaba la garganta y no podía cantar. A un guitarrista eso le da igual, lo compensa bebiendo más alcohol y punto, como hacía Pete. No obstante, yo no podía cantar yendo hasta arriba de pastillas, con lo que ni siquiera dudé. La elección era sencilla: o me mantenía firme en mi carrera para ser un buen cantante y diseñar buenos conciertos, porque eso era mi vida, o lo tiraba todo por la borda en ese instante. Sabía perfectamente que la competencia era feroz porque había grupos muy buenos, fantásticos, que no habían triunfado. No quería formar parte de esa nómina así que dejé a los otros tres a lo suyo.

He visto a muchos amigos convertirse en gilipollas integrales por las drogas. Estabas con ellos y todos muy colegas y de buen rollo y tal, pero entonces uno se levanta y se encierra en el baño, y cuando vuelve, otro se vuelve a ir, y cuando te quieres dar cuenta, ya no estás con tus amigos. Es como si te encontraras en una fiesta diferente.

A lo largo de mi vida, he tenido numerosas broncas con amigos enganchados. Con los que me he puesto serio siguen todavía aquí, y con lo que no fui demasiado duro, están muertos. A menudo le doy vueltas a la cabeza, también cuando pienso en nuestra carrera actual, en los dos de nosotros que se nos han ido. Sin embargo, mi actitud en este tema es minoritaria, no ya solo en el grupo sino en todo Londres.

En el Soho, todo el mundo se tomaba esas pastillas. La gente hacía cola para sacar una entrada y luego para pillar droga. Estaba así de expuesto el asunto (y sigue igual a día de hoy). Y cuando el gobierno se puso las pilas y empezó a sancionar a los camellos, la gente cambiaba de pastillas. «French blues», «dexies», «black bombers»... cada vez las hacían más potentes. Y por esa porquería Keith, el chaval que nos había deslumbrado la primera vez que tocó «Road Runner», a duras penas era capaz de seguir el ritmo. Asumí mi papel de enemigo oficial. El rock 'n' roll consistía ahora en drogarte a tope hasta morir, y yo era el aguafiestas. Me veían como el tío que interfería en su libertad para vivir como quisieran. Querían ser libres y yo les cortaba el rollo. Al día siguiente, volvimos a casa por separado y luego me anunciaron mi despido.

Me tiré dos días hecho polvo, como de luto por un fallecimiento, ya que para mí suponía el final. Cinco años trabajando sin parar, sacrificándolo todo, para nada. Y un par de días después, recobré la compostura y me puse a pensar en montar un grupo de soul. Llamé a unos viejos amigos y elegí un repertorio de temas. No lo viví como un punto de inflexión en mi vida dado que me limitaría a seguir hacia delante, como siempre. Lo último que pensaba era volver a la fábrica.

Y entonces sabía que se me daba bien cantar. Todas las canciones pop eran fáciles de cantar... simplemente había que ponerse a ello, no tienen ningún secreto. Aún no habíamos llegado a la fase en la que las letras de Pete me exigirían algo diferente y me generarían inseguridad.

En septiembre de 1965, todavía cantaba con plena confianza en mí mismo. Sabía que mi voz provocaba efecto entre el público y que deseaba cantar en un grupo, con lo que me puse manos a la obra. Aunque mi futuro no pasara por los Who, todo saldría bien. Como tampoco es que nos estuviéramos forrando, pues no cambiaban mucho las cosas.

Esa situación no duró mucho. Dieron unos cuantos conciertos sin mí y no recibían más que abucheos. No me sentía mal, todo lo contrario, se lo merecían. Y pocos días después, Kit y Chris vinieron diciéndome que el grupo me necesitaba porque sin mí no valían nada.

No creo que en el grupo fueran conscientes de ello porque, cuando estás dentro tocando, piensas que sigues siendo igual de bueno, pero no es lo mismo que verlo desde fuera. Ahí sí que percibes que la química ha desaparecido. Cuando llegó Keith, vi de inmediato que contábamos con todos los ingredientes y que si faltaba solo uno de nosotros, el grupo no funcionaría. Lo mismo lo aplico en el caso de que hubieran tirado a John en lugar de a mí. O a Keith. Es lo que sucedió cuando murió. Se produjo un hueco que jamás podremos llenar, pero no por su técnica sino por su personalidad y por cómo encajaba en el grupo. Éramos tíos que formábamos una unidad, los Who. Todos irremplazables.

Menos mal que mis compañeros le hicieron caso al mánager. Accedieron y fijamos condiciones: no me liaría a leches con ellos ni les tiraría la droga, a cambio de que ellos no consumirían cuando tuviéramos concierto. No me metería en lo que hicieran en su vida privada, pero sobre el escenario éramos un equipo y teníamos que trabajar juntos. Íbamos a ser profesionales y seríamos los mejores y tenían que llegar en condiciones a los conciertos. No había mucho que añadir a un acuerdo que cumplieron hasta entrados los años setenta, cuando Keith empezó de nuevo a tocar drogado.

Ojalá se pudiera decir que pasamos página, pero no fue así. Yo estaba de vuelta, pero los demás me miraban con recelo. Seguían mosqueados, especialmente Keith, y ahora que ya no sentía la amenaza de la violencia, hacía de todo para sacarme de quicio. Tenía un verbo afilado y sabía qué teclas tocar para provocarme. De todos modos, John era peor, tenía un punto muy rencoroso, con rasgos del personaje del primo Kevin de *Tommy*. Ignoro si se debía a que era hijo único, pero el caso es que en ocasiones se mostraba como un miserable con una arrogancia que te daban ganas de pegarle en toda la cara.

En mi mundo, el mundo donde había nacido, te llevabas buenos guantazos si decías lo que me soltaba él a mí. Ambos, él y Keith, sabían muy bien que yo tenía un punto en que podía perder los nervios.

Después de Dinamarca, pusieron mucho empeño en buscarme las cosquillas. Estuvieron meses, años incluso, pero nunca mordí el anzuelo. Debió de resultarles exasperante. Tenía un truco, claro, un truco vital para sobrevivir en la industria musical. Me imaginaba que era un pato. Si me soltaban un comentario sarcástico o si destrozaban la habitación de un hotel... todo eso era como la lluvia que me caía sobre mis plumas de pato. Un pato zen. Así era yo. Cuac, cuac.

El 13 de octubre de 1965, dos semanas después de la ruptura y dos días antes de la reconciliación, llegamos a los estudios IBC en Portland Place para terminar nuestro primer LP, que llevaba un retraso considerable. Se respiraba un ambiente gélido, lo que no era malo porque íbamos a grabar «My Generation». Pete había escrito la canción seis meses atrás, después de que la Reina Madre ordenase el retiro de su coche fúnebre Packard (sí, tenía un coche fúnebre) que estaba aparcado en la calle, ya que a Su Majestad le recordaba a su esposo fallecido.

Esas cosas son las que le generaban mala leche durante una semana entera. Ya le valía a la reina.

La primera versión que nos tocó era mucho más lenta, como el tintineo de Bo Diddley. A mí no me gustaba y Kit tampoco estaba convencido, pero le dijo que siguiera adelante. Para la segunda versión cambió el tono y metió los coros, aunque faltaba algo.

Entonces nos fuimos a los estudios IBC y Keith le imprimió el ritmo final, que le dio al tema el efecto que pedía a gritos. Eso era lo bueno de Moon, que no era nada convencional como batería. Nunca ensayaba, le salía sin más. Cuando lo obligabas a que tocara un cuatro por cuatro, se negaba. Sabía, cómo no, pero le reventaba. La explicación de su genio hay que buscarla en su anarquía radical y absoluta. Allí estaba a su aire, marcando el ritmo, lleno de agresividad. Intenté seguirlo y tartamudeé en el primer verso. Lo corregí en la siguiente toma, pero Kit saltó diciendo: «Déjalo, déjalo como estaba». Pete pronunciaba en la maqueta una efe larga: «Why don't you all fffffffade away» [«Por qué no os esffffffffumáis todos»]. Con todo, no era tartamudeo hasta que Kit pidió que no lo arregláramos. «Dejad ese tartamudeo del blues». Y quedaba bien. Para mí no era una muestra de debilidad ni un desliz sino agresividad, pura agresividad incitada por el ritmo. Furia reprimida, apenas controlada, que se derramaba en el vinilo gritando *I hope I die before I get old* [Ojalá me muera antes de envejecer].

Casi todas las grandes cosas que pasan en un estudio de grabación surgen por casualidad y ahí es cuando tienes que confiar en la capacidad de los productores para percibir cuáles quedan bien. Pete nunca soportó la labor de producción de Kit. Desde un punto de vista técnico, lo entiendo, porque Kit hacía algunas mezclas espantosas. Le quitaba presencia al bajo, para enfado de John, pero las condiciones de grabación en aquellos tiempos tenían sus complicaciones. Grabábamos en tres pistas (las ocho pistas tardarían tres años en llegar), así que no podíamos hacer muchas filigranas. Kit, eso sí, arriesgaba mucho: llegaba, lo tiraba todo, lo destrozaba y lo rehacían. Metíamos un montón de capas, armonías por todas partes, juntando y pegando las grabaciones en las tres pistas. De este modo, conseguíamos que los coros sonasen como si fuéramos un grupo de doce músicos. Solo había que considerar que las mezclas tenían que hacerse en el momento de la grabación y después no se podían alterar: si había salido mucho eco, se quedaba así para siempre.

«My Generation» no requería de tanta mezcla, solo un golpe. Era otra canción callejera como «Anyway Anyhow Anywhere» y creo (dejando aparte al pato zen) que a todos nos apetecía un poco de agresividad. Teníamos ganas de decirle a todos que se esf-f-f-fumaran. En resumen: dejamos el tartamudeo, acabamos el resto del disco en tiempo récord y nos fuimos a casa.

La canción se editó a finales de octubre y el álbum salió el 3 de diciembre. Tenía que haber constituido el broche de oro de aquel año, pero nada más lejos de la realidad: seguía siendo yo el enemigo. Todos amenazaban con dejar el grupo. Keith y John querían tocar por su cuenta. Keith le pidió a Paul McCartney incorporarse a los Beatles y este le respondió que ya tenían batería. Después llamó a los Animals y después, a los Nashville Teens. Pete quería crear un supergrupo con Paddy, Klaus & Gibson.

Para más inri, estábamos envueltos en algunas batallas legales. Kit y Chris se habían peleado con Shel Talmy. Estuvieron cinco meses entrando y saliendo del Supremo para romper el contrato con Talmy y, durante ese tiempo, no pudimos publicar canciones nuevas. Esos cinco meses eran toda una vida si tenemos en cuenta que la vida media de un grupo de rock era de un año y medio y que éramos especialmente inestables.

Pero no dejamos los conciertos. El 3 de diciembre de 1965, tocamos por última vez en el Goldhawk Road Social Club, lo que, al haber sido nuestra casa desde el principio, se ha considerado un momento importante en nuestra carrera, un punto de inflexión. La noche en que dejamos atrás nuestras raíces mods. Digamos que no fue una noche muy saludable. Hay quien ha comentado que había un segurata con un palo grande atado a una cadena, pero los seguratas nunca iban con palos y cadenas porque eran enormes y no los necesitaban. Creo que el público le dio más relevancia al asunto porque no abandonábamos a nadie, era tan sencillo como la evolución de nuestro estilo: no dejé de ser *mod* porque, para empezar, nunca fui mod.

Toda la vida me he posicionado igual, en contra de los uniformes. Si la gente iba vestida en plan *mod*, yo me ponía chaqueta de cuero, y si se ponían chaqueta de cuero, yo, abrigo de ante. Durante un tiempo puede que fuéramos el grupo *mod* en parte por la ropa que llevábamos, pero no creía que tuviera que rendirle cuentas a nadie. En cuanto empezamos componer temas propios, Pete y yo sentimos que la gente nos seguía por la música, no por nuestra forma de vestir.

Me gustaba aquella moda al principio, los trajes anchos, las chaquetas drapeadas, su estilo eduardiano con los cuellos rígidos y los gemelos. Era elegante y siempre me ha gustado ir bien. Mi padre me lo pegó: tenía dos camisas, una para el trabajo y otra para vestir, y se iba cambiando el cuello y los puños (no tenía mangas). Con todo, siempre iba elegante y heredé ese gusto por ir arreglado.

Pero luego a la gente le dio por ponerse vaqueros, Fred Perrys y trencas, y se generó una moda agobiante: todo el mundo te decía cómo tenías que ir y jamás he podido con eso.

Vestía lo que me daba la gana y vivía como me daba la gana. Ya no dormía en la furgo, había subido de nivel, y durante una temporada dormí en el despacho, es decir, en una habitación del piso de Kit en Ivor Court, en la parte alta de Gloucester Place.

Cada mañana me encontraba a un tío distinto preparando café en la cocina, llegaba Kit, soltaba una excusa para explicar esa presencia y después lo mandaba a casa. Sabía que era gay y que le gustaban los chavales jóvenes, pero nunca me tiró los tejos. Ni una sola vez. Quizá no fuera su tipo. Al fin y al cabo, salía con la ahijada de su padre, pero un día, poco importa el motivo, Cleo y yo cortamos y empecé a verme con una chica de Muswell Hill llamada Anna. Vivía con su amiga Gitta, con lo que me instalé en Muswell Hill compartiendo piso con ambas. Así era mi vida entonces: rumbo a un concierto, actuación y vuelta a Muswell Hill. Una vida sencilla.

Mientras tanto, Pete estaba examinando las posibilidades de su psique. En 1966 estaba metido de lleno en la composición de canciones que eran… diferentes. Disponíamos de un listado de temas bastante dignos y seguíamos metiendo los temas nuevos en *Top of the Pops*. Y entonces Pete escribió «I'm a Boy».

Para cagarse. Era una canción concebida como parte de una ópera rock que se iba a llamar *Quads* [Cuatrillizos] y que estaría ambientada en un futuro en el que los padres pueden elegir el sexo de sus hijos. Un matrimonio con tres niñas tiene un cuarto hijo varón, la madre no lo acepta y lo educa como niña. Él se cuestiona su identidad de género. Como muchas de las canciones de Pete, estaba muy adelantada a su tiempo.

> *One little girl was called Jean-Marie*
> *Another little girl was called Felicity*
> *Another little girl was Sally-Joy*
> *The other was me and I'm a boy.*

> *[Una de las pequeñas se llamaba Jean-Marie*
> *otra se llamaba Felicity*
> *otra era Sally-Joy*
> *la otra era yo y soy un chico]*

Me pareció muy, muy difícil de interpretar. Ningún problema con el verso «My name is Bill and I'm a headcase» [Me llamo Bill y no estoy bien de la cabeza], pero el resto de la canción, que iba sobre un chico con el conflicto de la búsqueda de su identidad, era complicado. Hasta ese momento, el grupo se había amoldado a mi interpretación de las canciones. Pete las escribía, aunque quien las cantaba era yo. No eran obra mía pero, en el escenario, las llevaba a mi terreno. El grupo y las canciones se acoplaban a mí. Sin embargo, esa canción era diferente, minó la confianza en mis posibilidades.

Recuerdo que escuché un montón de veces la voz de Pete en las maquetas para fijarme en cómo la cantaba e intentando adaptar su voz a la mía. Quería parecer un chico vulnerable. Cuando escucho ahora «I'm a Boy» creo que quedó bien, pero entonces no lo veía así. Para nada.

Me daba la sensación de que sonaba como si estuviera dentro de un túnel. Nunca me ha gustado oírme, me repatea salir por ahí y que suene una canción mía. Prefiero que la gente nos escuche en los conciertos o en casa. Cuando estoy en una fiesta, no quiero oír ninguna canción de los Who, si suena, me largo. Otra cosa que no soporto es cuando de repente aparece mi voz en la televisión, algo demasiado común en la actualidad, y además de manera inesperada. El otro día estaba viendo un documental sobre los barcos de vapor en el río Clyde y ponían de fondo un fragmento de «Won't Get Fooled Again» sin venir a cuento.

Nunca me ha gustado el sonido de mi voz, pero sé en qué momentos queda bien y no es por la voz sino por las sensaciones, y estas no eran muy buenas cuando nos metíamos de lleno en el cerebro de Pete.

Como ya he señalado, era consciente de que mi trabajo consistía en ser un portal de entrada a las palabras de Pete. Durante aquellos años tuve que asumirlo y aceptarlo: entre «My Generation» y *Tommy*, había que encontrar esa vulnerabilidad y no fue sencillo.

«Happy Jack», una canción sobre un mendigo al que acosaban unos chicos, era aún más fuerte y después grabamos «Pictures of Lily», sobre un chico que se masturbaba mirando una fotografía en blanco y negro. Trataba sobre las inseguridades de los adolescentes. No era lo mío.

111

Nunca he tenido que pelearme por una chica. Os he dicho antes que eso es una de las cosas buenas de estar con un micro en el escenario, que a las chicas les resulta atractivo, y cuando tienes 19 o 20 años, pues la verdad es que está bien. Y claro, no sintonizaba con la inseguridad que transmitía Pete. Tampoco es que no fuera inseguro: al contrario, tenía las inseguridades normales de todo el mundo. Estaba a la altura de cualquiera y podría ofrecer la imagen de una estrella del rock. Pero no tenía mucha confianza en mí mismo y lo disimulaba exhibiendo una actitud chulesca. Todo eso empezó a cambiar cuando conocí a Heather.

8
A DESMELENARSE

La primera vez que me desperté junto a la mujer con la que me casaría y pasaría toda la vida, me gritó: «¡Tu pelo! ¡Tu pelo!» Era una reacción normal con las chicas: la magia del fijador se había esfumado a lo largo de la noche. Me acostaba con el pelo liso y por la mañana amanecía rizado. La pobre chica gritaba, yo me disculpaba y me iba corriendo al baño a arreglarme.

Esta vez fue distinto. Estaba disculpándome y me disponía a correr al baño, pero me detuvo.

«¿Qué le has hecho al pelo?», me preguntó.

«Nada», le contesté. «Es así».

«Es bonito», me dijo. Y asunto arreglado. A la semana ya iba por ahí con el pelo rizado. Con Heather las cosas siempre han sido así: me dio confianza, pero nada de esa confianza chulesca sino de la auténtica. La diferencia es abismal.

Ya sabía quién era yo antes de coincidir en Nueva York un día de la primavera de 1967. Chris Stamp la había conocido el año y le había enseñado a ella y a su amiga Devon, una espectacular negra de 1,80, las fotos publicitarias de «la próxima sensación del rock 'n' roll».

Las chicas miraron nuestras fotos y vaticinaron que fracasaríamos. Éramos demasiado feos, señaló Devon. Heather opinó que Keith estaba «bien» y que yo era «pasable», pero que los otros, nanay. «Pobre Chris, la lleva clara», dijo Devon.

Conocí a Heather en el primer viaje de los Who a Estados Unidos, cuando fuimos al programa *The Murray K Show* en el teatro de la RKO de la calle 58. Murray era un célebre disc-jockey de Nueva York. Era un tío extraño y casposo (se hacía llamar el quinto beatle), aunque si actuabas en su programa, luego ponía tu disco en la radio. Emitía el programa cinco veces al día y nosotros tocamos nueve días seguidos.

Íbamos, interpretábamos tres temas y luego nos quedábamos en el camerino esperando la siguiente aparición. Ahí es cuando surgió Heather porque teníamos tiempo de sobra para conocer gente.

Había trabajado de modelo en el programa y ahora simplemente había asistido con unos amigos. Yo estaba con una chica llamada Emmaretta Marks, que era corista de muchos artistas (poseía una gran voz y una personalidad muy jovial) y que formaría parte del reparto original del estreno de *Hair* en Broadway. Heather estaba con un chico de la Factory de Andy Warhol. Entonces el ambiente era así, todos se conocían, todos estaban con alguien, pero ese alguien siempre era cambiante. Estábamos en un mundillo pequeño y éramos todos amigos.

Era una pasada, la verdad, no nos creíamos la suerte que teníamos. Todas aquellas mujeres norteamericanas hermosas y exóticas… y estaban con nosotros. Heather me dijo que los ingleses arrasaban con las estadounidenses. Nos vestíamos bien, nos gustaba pavonearnos y éramos mejores en la cama. Eso decía ella y lo cierto es que, en aquel entonces, no nos podíamos quejar.

La gente llamaba a estas chicas «groupies», una etiqueta horrible. No se podían reducir a eso y no se movían solo por sexo. Eran amigas de verdad, salvaron muchas vidas y nosotros también salvamos a algunas de ellas. Porque, pese a estar siempre con gente, pese a todo el ruido y la fiesta, viviendo en ese mundo uno se podía sentir muy solo, y lo mismo les pasaba a ellas.

Eran modelos, bailarinas, cantantes, chicas conectadas de algún modo con el arte. Vivían en aquella burbuja, trabajando sin parar y luego asistiendo a clubs y fiestas. Había mucho compañerismo, compartíamos muchas cosas y nos lo pasábamos muy bien. Sabían cantar y no veáis cómo bailaban. Montaban espectáculos tremendos en aquellos sucios camerinos y hacían más llevaderas las esperas antes de salir al escenario.

Así es como conocí a Heather aquella noche en Nueva York y no le hice mucho caso más allá de ver que estaba increíble. Ella pensó que nos comportábamos como críos, que no es la mejor impresión para empezar, pero era verdad. Hablamos un rato y después se fue con el miembro del equipo de superestrellas de Andy Warhol y no la volví a ver en cinco meses. Cinco meses más de fijador.

El objetivo del viaje a Nueva York era intentar abrirnos paso en Estados Unidos. No habíamos penetrado mucho en ese mercado, en parte porque nuestra anterior compañía norteamericana apenas se había puesto a ello, y en parte también porque la escena yanqui iba muy por detrás de la inglesa. Pero ahora teníamos un contrato nuevo y una gira programada.

Así que un par de meses después de la incursión neoyorquina, regresamos a Estados Unidos, primero durante cinco noches con final en el Monterey Pop Festival y luego para una gira de costa a costa durante dos meses y medio con los inmaculados Herman's Hermits.

Llegamos en avión a Detroit (Michigan) y de ahí en coche a tocar en Ann Arbor, un sitio estupendo para empezar. Era el único lugar de Estados Unidos donde habían sonado regularmente nuestros discos en la radio. Detroit era una zona obrera, nuestra gente. Hablaban con acento distinto, pero en el resto no había diferencia alguna: tenían las mismas tradiciones, vivían del mismo modo y también vinieron al concierto y disfrutaron como locos.

Después nos fuimos de cena con Frank Sinatra Jr. y un montón de mafiosos de Detroit. Fue un choque cultural.

Dos noches después, tocamos con B.B. King en el Fillmore West de Haight-Ashbury en San Francisco. Contraste total. El público no sabía cómo tomarnos: al principio estaban perplejos, luego se sentaron y luego enloquecieron. Entonces empezaba el apogeo de la psicodelia hippy y creo que no sabían por dónde iba a salir un grupo de blanquitos del oeste de Londres.

Al día siguiente nos largamos a Monterey para tocar en el festival. Fuimos por primera vez en limusina, el coche más incómodo en el que me he subido jamás. Era matador, pero nos gustaba. Nos sentíamos pijos.

El festival era puro verano del amor, se vivía una atmósfera de paz, amor y respeto. Y llegamos nosotros y alteramos esa atmósfera. Nos tocaba actuar la misma noche que Jimi Hendrix. Eso no era bueno porque Jimi se había apropiado del numerito de Pete.

A Jimi lo conocimos a finales de 1966, un día que vino a vernos a los estudios IBC de Londres. Cuando acabamos de grabar, nos fuimos al club Blaises a verlo en su debut inglés. Allí estaba todo el mundo y en seguida percibimos que suponía una amenaza. Jimi hacía todo lo que llevaba haciendo Pete con la guitarra desde 1964. Tenía mucho carisma, era impresionante. Su grupo era como el nuestro, los músicos se entendían a la perfección. Eran perfectos. Hendrix era un virtuoso, pero Noel Redding y Mitch Mitchell no le iban a la zaga, le seguían nota a nota. Leían de inmediato por dónde iba a tirar y le seguían sin problema. Eso no se aprende, es un don que ellos tenían y nosotros también. Cuando tienes un grupo así, es alucinante y cuando lo ves actuando, te emocionas. Todos los que estábamos en Blaises aquella noche, Clapton, Beck, nosotros, todos nos emocionamos. A Pete, claro está, le llegó todavía más. Decía sentirse destrozado.

Jimi lo hizo todo en un periodo muy breve de tiempo. Lo vimos en 1966 y murió en 1970. A saber por dónde habría ido su música. Habría cambiado igual que nosotros. Quería que sonara más a jazz, quería cambiar, pero el público no se lo aceptó porque quería más y más y más y más. Es lo mismo que Cream. El público quería más y más música de Cream y el grupo no podía seguir el ritmo. No había fin y eso supone presión y acaba llevando a muchas bandas de rock a su disolución.

En Monterey, Jimi todavía no había llegado a ese punto, estaba en plena efervescencia. Era una estrella y se había reunido con Pete en el backstage para ver quién tocaba primero. Al final se decidió a cara o cruz y ganó Pete. Tocamos primero, pues cojonudo, y al acabar dejamos al público y el equipo hecho trizas. Luego salió Jimi y quemó la guitarra, pero nos dio igual porque, al vernos el público norteamericano, fue un momento crucial para nosotros. Contemplaron de lo que éramos capaces en directo y yo actué llevando una colcha que había comprado en un mercado de antigüedades de Chelsea. Así es como era todo antes.

Los grupos de rock no contaban con estilistas ni diseñadores. Cuando teníamos una gira, nos dábamos una vuelta por King's Road para buscar cosas que nos dieran un *look* diferente. El chaleco con flecos que me puse en Woodstock lo pillé en una tienda de Ealing. El conjunto de guerrero indio que lucí en nuestra gira de 1975 eran unas ropas de franela que me compró Heather de una tienda de la zona de Sussex, cortadas y cosidas para la ocasión en la Empresa de Sastrería Personal Daltrey S.L. La mujer de Miles Davis llamó a Heather para pedirle el nombre del diseñador y cuando lo vimos actuar más adelante, iba con el mismo estilo. Dudo que lo pillara en una tiendecita. A mí me daba igual la procedencia de las cosas, lo único que contaba era ser la oveja roja en lugar de la negra.

La colcha triunfó aquella noche en Monterey. Celebré nuestro éxito con un par de copas y un porro que me dio Augustus Owsley Stanley III, el rey del LSD, «El Oso», como le llamaban en la Costa Oeste. «Nunca te tomes nada más fuerte que un porro», me dijo mientras me lo pasaba. «No te sentará bien». Owsley fue el primero en producir LSD masivamente. Entre 1965 y 1967 produjo 500 gramos de «purple haze»: eso es un millón de dosis. Y ahí estaba diciéndome que no me enganchara, consejo que seguí.

Aquel porro era la versión norteamericana de la «zanahoria de Camberwell», un puro enorme envuelto en papel de periódico. Tardé casi toda la noche en fumármelo, pero sin problema porque Catherine James, una amiga de Emmaretta, acudió a mi motel a ayudarme. Era una rubia muy guapa y todos iban detrás de ella. Cuando nos conocimos, yo estaba con Emmaretta y ella, con Eric Clapton, pero en Monterey era mía para compartir aquel maravilloso porro mentolado.

Los otros lo celebraron con dimetoxianfetamina. Pete estuvo todo el vuelo de Los Ángeles a Nueva York mirando intensamente mi caftán. Ni idea de lo que tenía en la cabeza, pero no paraba de farfullar algo sobre los arcoíris. Fueron seis horas eternas y luego tenía que pasarlos a todos por el control de inmigración del aeropuerto JFK para volver a Londres. Es un pelín complicado cuando todos van colocados, pero no había alternativa porque no teníamos dinero para pillar otro vuelo. De aquel viaje salieron dos cosas buenas: a Pete se le ocurrió la idea para escribir «I Can See for Miles» y concluyó que las drogas eran malas.

Los siguientes días vivimos en el estudio de grabación de Londres trabajando en nuestro disco *The Who Sell Out*. Y el 7 de julio emprendimos nuestra primera gira completa por Estados Unidos, y fue salvaje.

En la gira con Herman's Hermits de 1967, disponíamos de jet privado, que parecerá inverosímil, pero ahí van dos salvedades para que no se lleve nadie a engaño. Para empezar, en realidad no era privado: lo compartíamos con los Hermits, que eran buena gente, aunque nos tocaba los huevos que tuvieran el nombre puesto en el lateral del avión. En segundo lugar, no era un jet sino un Douglas DC-8 de cuatro motores que estaba en las últimas. En una vida muy anterior debió de ser una especie de avión de carga que habían reconvertido para usarlo en las giras con el mismo garbo y salero con que yo maqueaba nuestras viejas furgos. Había a los lados literas de madera y unos cuantos asientos en la parte delantera.

La velocidad de crucero oficial era de 550 km/h., pero, como estaba lleno de agujeros, no presurizaba bien y teníamos que volar a baja altitud. Tenía la sensación de que volábamos a la velocidad mínima para no caer y, como volábamos tan bajo, pillábamos todas las corrientes térmicas. Cuando atravesamos los desiertos de Arizona o Nevada, era como estar atrapado en la montaña rusa de un parque de atracciones con serios problemas de mantenimiento. Y encima durante horas.

No habríamos sido ni los primeros ni los últimos músicos en estrellarnos por ahorrar costes en el avión, pero nos dio un poco igual. De algo hay que morir, y si vives con esa obsesión, nunca se saldría de casa. El avión aguantó media gira, que es más del doble de lo que habríamos pronosticado. Lo retiraron después de un aterrizaje de emergencia en Nashville, en una pista improvisada, debido a la avería de un motor. Continuamos en autobús.

Hoy, cuando vamos de gira, viajamos con todos los lujos. Es estupendo, claro, como para quejarse. Viajar así implica que no hay distracciones, que nadie se pone a destrozar la habitación del hotel y que no nos tirarán a la calle a las cuatro de la mañana. Implica que puedo centrar mis energías en los conciertos. La primera vez era todo una fiesta. Era maravilloso.

Después del concierto, si no teníamos que viajar, nos quedábamos en unos moteles fantásticos. Evidentemente, no eran ni mucho menos de cinco estrellas (parecían barracones del ejército), pero siempre tenían una piscina y siempre acabábamos a ver quién se tiraba desde la mayor altura. Siempre ganaba Keith porque se lanzaba desde el tejado. Aquella época fue de las mejores de nuestras vidas. Los conciertos iban muy bien, nos estábamos recorriendo todo el país de fiesta y estábamos rodeados de chicas. Lo mejor era que, por fin, tras dos años, los otros empezaban a tratarme de nuevo como uno más del grupo.

El 23 de agosto de 1967, en Flint (Michigan), Keith cumplió 21 años. Se propuso que aquel día pasaría a la historia como el día en que nos prohibirían el acceso a cualquier Holiday Inn del mundo, y eso que yo no estaba allí cuando logró tal proeza. Lo había visto por la mañana y ya iba mamado, por lo que me fui a pasar el día con una excelente y preciosa guitarrista llamada Patti Quatro. A la mañana siguiente me desayuné con una historia larga y una factura más larga todavía. Una empresa de baterías le había llevado una tarta con una chica dentro. Keith empezó a tirarse trozos de la tarta con la gente y terminó con dos incisivos rotos. Lo llevaron de urgencias a un dentista y pidió que no le pusieran analgésicos. Volvió del dentista y metió un coche (un Continental o un Cadillac, la marca varía según el testigo) dentro de la piscina del hotel. La policía lo detuvo, pasó la noche en el calabozo y después el sheriff lo llevó hasta el avión y le dijo que no regresara por allí nunca más. Bueno, no había sido más que una noche típica de nuestro batería.

Lo del Holiday Inn tampoco suponía el fin del mundo porque toda publicidad es buena y el veto solo duró hasta 1993, pero lo que sí dolió fueron los 50.000 dólares que costó vaciar la piscina y sacar el Continental o el Cadillac.

Ya habíamos desembolsado 1.000 dólares en Montgomery (Alabama) por un motivo totalmente comprensible. El gerente de un hotel cometió el tremendo error de pedirle a Keith que bajara la música y este, como respuesta, le había reventado el retrete con unos petardos pequeños, pero muy potentes que tenían forma de bomba como en los dibujos de *Tom y Jerry*. Le encantaban los petardos, compraba bolsas enteras. «Eso, querido amigo, sí que es ruido», le espetó al gerente, que nos pasó la factura por los desperfectos y nos echó a patadas. Cuando viajabas con Keith, te acostumbrabas a tener que cambiar de hotel en mitad de la noche.

La gente da por sentado que irse de gira con Moon debía de ser hilarante, aunque, lo cierto es que te reías pocas veces. Cuando se mantenía en pie y soltaba uno de sus monólogos, era para partirse, pero eso solo pasaba el 20 por ciento del tiempo. Todo lo demás, las bromas, las explosiones, la devastación general, siempre le afectaban a alguien que no le veía la más mínima gracia. El último concierto de la gira era el 9 de septiembre en Honolulu y casi fue nuestro último concierto con Keith. Supongo que se podría afirmar lo mismo de muchos conciertos, pero aquel fue especial. Se le metió en la cabeza que tenía que hacer surf en cuanto llegáramos. Llevaba la tabla, el bañador y nos anunció que se piraba. Era de Wembley, al norte de Londres, es decir, no sabía nada de surf, pero no iba a detenerse ante nada porque aquello formaba parte de su plan vital. En la habitación de su casa de Wembley tenía tres pósteres: uno de una surfista posando junto a un coche antiguo con tablas de surf encima, otro de los Beach Boys y otro de Steve McQueen. Allí se fraguó aquel sueño y más adelante se dedicó a materializarlo.

Para aquel entonces, estaba a punto de conseguirlo. Se había casado el año anterior con Kim Kerrigan, que, pese a ser de Leicester, parecía una surfista californiana. Además, era muy amigo de los Beach Boys y unos años después se iría a vivir al lado de la casa de Steve McQueen. Cuando llegamos a Hawái, lo que quería era convertirse en «surfista».

Aún hoy me explico cómo salió vivo, ya que se podía haber matado fácilmente. Porque Keith, un chico de Wembley de pura cepa, no entendía que las olas no llegan y ya está, no sabía que las olas rompen y que debajo hay corales afilados. Al rato emergió del agua con el aspecto del monstruo del lago, lleno de sangre y medio ahogado, y contento por haber tachado una cosa más de su lista de retos pendientes.

Y luego nos volvimos a casa, haciendo antes una parada en el programa de la CBS *The Smothers Brothers' Comedy Hour*, la última oportunidad para darnos un poco de publicidad. Y vaya si la tuvimos, gracias de nuevo a Keith. Teníamos que tocar «I Can See for Miles» y «My Generation» y, al final, Keith tiraría una bomba de humo. Ensayamos por la tarde y todo salió bien. Hablamos un rato largo con el responsable de seguridad del estudio y aceptó la cantidad de pólvora prevista para la explosión. Pero a Keith le parecía poco.

Entre los ensayos y el programa, entre la primera y la segunda botella de brandy, sobornó al de seguridad. Quería un petardazo más grande. Era algo que llevaba tatuado en el alma y no pensaba frenarse ante nada, ni siquiera en televisión.

La explosión final me desplazó unos metros, recubrió todo el escenario de humo e interrumpió la transmisión durante un par de segundos. Keith estaba más cerca del epicentro, pero se llevó un tajo en el brazo. A Pete le dio de lleno y estuvo un rato alisándose el pelo, que se le había chamuscado, y preocupado por si volvería a oír. Tardó 20 minutos en recuperar la audición, pero ya nunca al cien por cien.

Fue el final explosivo de una gira cara. Deberíamos haber regresado a casa contentos y forrados, pero no fue así. Me había tirado el viaje sin gastar mucho porque quería volver habiendo ganado algo, con lo que me había ceñido a una dieta estricta de una hamburguesa diaria y algún picoteo extra. Seguí el régimen a rajatabla y cuando llegué a Los Ángeles, fui a ver a Frank Barsalona, nuestro agente, para preguntarle por mi parte. «No hay beneficios que repartir», me dijo compungido.

Le señalé que había estado tres meses manteniéndome a base de una hamburguesa diaria y sin apenas gastos y me dijo que de acuerdo, pero que no me podía imaginar todo lo que había gastado Keith.

Puedo imaginarme que gastó un montón, pero, a día de

hoy, con este tema sigo con la mosca tras la oreja porque hay quien insinúa que el Continental/Cadillac no acabó en realidad dentro de la piscina o que, en caso de que la historia fuera cierta, el mánager infló la factura para quedarse con nuestra pasta. No estuve ahí y los testigos presenciales no estaban en las mejores condiciones para ofrecer un testimonio fiable. Hace algunos años le pregunté directamente a Chris Stamp sobre este tema, si había visto el coche en la piscina y asintió asegurándome haberlo presenciado directamente. Sigo sin tenerlas todas conmigo, dado que la recompensa del timo era harto suculenta como para averiguarlo. En su momento, me creí que Keith se había fundido toda la pasta de la gira. En cualquier caso, regresé de nuestra primera gira lucrativa con menos dinero en la cuenta y me tuvieron que hacer un préstamo para el billete de avión.

Pero no fue una pérdida de tiempo porque nos dedicaron noticias negativas en los periódicos y reseñas positivas en las revistas musicales, lo que indica que íbamos por el buen camino. No es que hubiéramos tenido un éxito atroz en Estados Unidos, pero dimos un paso importante: aquel otoño, «I Can See for Miles» se coló en el *top ten* de las listas del país.

Volví a casa pelado.

Siempre resulta reconfortante llegar de una gira y reencontrarte con las comodidades hogareñas. Durante mi ausencia, les dejé a mis amigos mi apreciado Aston Martin DB4 que me había comprado a finales de 1966. A la mañana siguiente a mi llegada, lo pillé para ir a dar una vuelta. Lo arranqué sin problema y el volante iba muy suave (como se suele decir, igual que el culo de un bebé). Pero cuando lo puse a 60 kilómetros por hora, empezó a deslizarse ligeramente hacia un lado y al subir a 110, parecía que la parte trasera quisiera adelantarse a la delantera. Había pasado algo, eso estaba claro. Aparqué y vi el problema: el Aston medía solo medio metro más que el Mini que tenía estacionado junto a mí. Vamos, que había encogido unos 60 cm. Eso está bien para aparcar, pero era un horror conducirlo.

Mis amigos confesaron con sonrisas avergonzadas. Presumiendo de coche, habían chocado en King's Road con la parte trasera de un autocar lleno de mujeres. Y lo habían «apañado» así.

Me compré el coche a los veintipocos. Entonces no tenía novia ni preocupaciones, y me pasaba el tiempo con mis colegas de Acton y Chiswick obsesionados con los coches. Estaban George el Soldador, Jaymo el Restregón y mi mejor amigo, Nobby Fibra de Vidrio.

George tenía un taller justo a la vuelta de la esquina de Chase Products en South Acton. Bueno, más que taller era otra nave con amianto en un solar que compartía con Franie el Trapero (un auténtico trapero de los de antes, con caballo y todo). Nos pasábamos el día en el solar de George maqueando nuestros coches para que fueran más chulos y rápidos. Junto al carro y el caballo de Franie, mi Aston, la niña de mis ojos, era muy, muy chulo, por lo menos hasta el incidente de mis amigos en King's Road. Que aquel coche encogiera medio metro era como si hubiese perdido cinco centímetros de polla.

Y entonces, menos de una semana después, dejé de preocuparme por todo aquello porque di con la mujer con la que compartiría el resto de mi vida, y mi mundo experimentó un giro radical.

Lo cierto es que no había pensado en Heather desde nuestra charla en el camerino de *Murray the K*. Y entonces, al poco de volver a Londres, estaba una noche sentado en el club Speakeasy, justo detrás de Oxford Circus. Eran las tres, tenía jet lag, estaba leyendo un libro (no recuerdo cuál, vamos a decir que algo de Dostoievsky) y de repente oí que me saludaba una chica.

Levanté la vista y lo primero que vi fueron sus piernas. En aquellos tiempos, las faldas no eran muy largas, dejaban mucha pierna al aire. Miré más arriba y allí estaban aquellos ojos preciosos. Heather, una pelirroja espectacular de 1,80, me miraba alegre y me preguntó: «¿Te acuerdas de mí?»

Recordaba los ojos y las piernas, pero no su nombre.

«Soy Heather», dijo Heather. «Eres amigo de Catherine, te ha estado llamando por teléfono». Catherine era la chica que nos había presentado y ahora iba a tener un niño. No os voy a decir quién de mis queridos colegas músicos era el responsable, pero la chica estaba buscando un sitio donde quedarse.

Había estado llamando al número que le había dado en su momento en Nueva York, pero con el prefijo de Mayfair. No se le ocurrió que una estrella de rock viviera en Maida Vale. Cómo se nota que no conocía al que nos llevaba las cuentas.

«Pues claro que se puede venir a casa», le dije.

«¿Yo también», me preguntó Heather.

«Claro».

Es alucinante pensar cómo habría cambiado todo si no hubiéramos coincidido en el Speakeasy. Jimi Hendrix le había tirado los trastos esa noche. Llevaba un tiempo intentándolo. Era su Foxy Lady, pero nunca la consiguió. Si se hubiera ido con él, mi vida habría derivado por algún otro camino entre cien opciones, pero ninguna habría sido tan buena. Me habría perdido lo mejor que nunca me ha pasado y no habría consciente. Bueno, me fui con Heather y Jimi se fue con otra.

I'm tired of wasting all my precious time
You've got to be all mine, all mine
Foxy lady
Here I come.

[Estoy cansado de perder mi tiempo precioso,
tienes que ser toda mía, toda mía
bombonazo
que ya voy.]

Mala suerte, compadre. Evidentemente, estábamos destinados a vivir juntos, Heather y yo. Su familia era de mi barrio. Nos enteramos hace poco de esto, cuando mi hija nos buscó en una web sobre antepasados.

Los padres de Heather emigraron justo después de la guerra y a ella la criaron en Estados Unidos. Pero sus abuelos vivían en Stowe Road 62, Shepherd's Bush. A dos puertas de la casa de mi padre y sus seis hermanas. Dos puertas.

La casualidad era increíble. Me parece una pasada que mis padres y los suyos se cruzaran un montón de veces, en navidades, cumpleaños, bodas, y que jamás cayeran en la cuenta de que prácticamente habían vivido puerta con puerta. Las familias seguro que se conocían, ya que, en aquellos tiempos, la gente controlaba al dedillo las vidas de sus vecinos, se sabían hasta la ropa interior que llevaban los demás cada día por la ropa que no estaba colgada en los tendederos. Doris hoy se ha puesto el sostén rojo. Pero que ni lo mencionaran todos estos años… Vale, eran de la generación criada en tiempos de propaganda de guerra, conminados a hablar poco por la presencia de espías, aunque es lógico pensar que por lo menos alguna vez habrían coincidido.

Tuve la enorme suerte de que Heather se criara en Nueva York oyendo cuentos del viejo mundo. Tenía sangre de Glasgow e irlandesa por parte de madre, así como irlandesa de Shepherd's Bush por parte de padre. Sus padres siempre le contaban maravillas de Gran Bretaña y por consiguiente le caían bien los británicos. Le gustaba nuestra forma de vestir y nuestro pelo.

«Era un tipo de chico diferente al de Estados Unidos», comenta hoy en día. «Aunque en comparación teníais unos dientes horribles». Lo dice en general y el motivo de esas dentaduras deficientes se hallaba en una consecuencia fortuita del Estado del Bienestar. Suena hasta ridículo, pero es completamente cierto: los médicos de la Seguridad Social cobran desde aquellos años en virtud del número de empastes y extracciones que hacían al mes. Con un sistema que opera así, se entiende la pandemia de malas dentaduras.

Cuando nos conocimos, el primer ministro era Harold Wilson, y Heather decía que le daban asco los dientes negros que tenía.

«Bueno, es que fuma en pipa», le expliqué.

«No puedes ser primer ministro y tener esa boca», decía. Pero exceptuando lo de los dientes, se sentía atraída por los ingleses y, en particular, por los de Shepherd's Bush, lo que me dio ventaja sobre Jimi. Por cierto, mi hija rastreó el árbol genealógico de la familia Daltrey hasta 1509. Mis antepasados fueron encajeros hugonotes en Nantes.

Eran gente creativa aquellos encajeros. Y encima soliviantaron al Papa. Llevo la rebelión en la sangre.

9
TOMMY

Hacia finales de 1967, los Who estábamos haciendo en el estudio cosas más experimentales y recuperando la buena relación entre nosotros. Habíamos salido vivos de nuestro primer ascenso y descalabro en la montaña rusa y nos habíamos puesto a trabajar a fin de completar la vuelta al ruedo. Después de dos años, estábamos dispuestos a probar grandes acrobacias. Resulta curioso que todos los grupos duren un cierto tiempo con los explosivos ingredientes precisos para cometer semejante proeza. Hay que poseer una cantidad de locura. Todos nosotros tenemos algo de locura en el interior y, en nuestro caso concreto, hasta en la superficie. Locura, ambición, ego, paranoia.

La paranoia era demoledora. Imaginemos la siguiente situación: alguien le preguntaba a Keith si se sentía poco valorado. Su respuesta sería inmediata y sin dudarlo. Luego El Buey (John) añadiría que a él se le apreciaba todavía menos. Y acto seguido Pete también metería cuchara para decir: «Idos a la mierda, no valoráis la presión que llevo». Yo tampoco estaba inmunizado a las inseguridades. Esa era la naturaleza de los Who. El grupo se había fundado sobre nuestras respectivas paranoias.

Recuerdo que una vez Kit escribió en la pizarra de las oficinas de Track Records, en la calle Old Compton, la definición de paranoia. «Un paranoico», garabateó, «podría definirse como alguien que conoce el meollo de las cosas». No sé si estábamos en ese punto, pero por lo menos nos lo creíamos.

Esto explica que la media de los grupos de rock completen su ciclo vital en año y medio: contrato de grabación, tema de éxito, disco de debut, segundo disco difícil, declive, ruptura y final. Aunque si se supera esa primera fase de la montaña rusa, la sensación es especial, inasible. Siempre sientes estar al borde del precipicio, a punto de caer, pero si te mantienes en pie, vives un viaje maravilloso. Para nosotros eso fue *Tommy*, nuestra primera ópera rock. Todavía no habíamos dado con ella. Pete tenía que sacársela de la cabeza y escribirla y yo tenía que encontrar mi voz, pero estaba al acecho, aguardando a cambiarlo todo de arriba abajo.

Por lo pronto estábamos entrando y saliendo del estudio, liados con la grabación de *The Who Sell Out*, nuestro disco de «pop art», un paso intermedio entre nuestros discos iniciales y *Tommy*. Habíamos resuelto ya las disputas legales y hacía tiempo que Shel Talmy había desaparecido. El año anterior, Track Records se había reestructurado para «darnos más control», consistente en que Kit y Chris se llevarían el 60 por ciento de Track y nosotros, el 40. Aunque no llegáramos al reparto equitativo, nos servía. No se llegaría a cumplir del todo (ni de lejos), pero estábamos centrados en nuestro siguiente paso.

Talmy siempre se había dedicado a producir en masa canciones basadas en los Kinks. Como les pasaba a muchos productores, no veía que hubiese que enmendar algo que funcionaba bien. Solo quería hacer lo mismo una y otra vez. Pero era resolutivo. Entrábamos al estudio, hacíamos la cara A y la B y a las dos horas ya estábamos en el pub. Con Kit podíamos estar un día entero para grabar un tema, y ocho horas solo buscando la inspiración. Con todo, siempre he pensado que valía la pena porque salían ideas nuevas.

Escuchando «Rael», creo que es imposible decir (bueno, eso espero) que se grabó en un estudio de Nueva York más pequeño que un cuarto de baño. Esa grabación fue una aventura musical, con aquellas armonías que fueron creciendo a

partir de una idea mínima. Las letras de Pete eran tan inno-
vadoras que, claro, eso también ayudaba.

The Red Chins in their millions
Will overspill their borders,
And chaos then will reign in our Rael.

[Los chinos comunistas, a millones,
desbordarán sus fronteras,
y reinará el caos en nuestro Rael]

La escribió en el otoño de 1967, seis años antes de la
guerra de Yom Kipur y, medio siglo después, estamos como
estamos. La historia se repite. Se repite de manera recurren-
te y «Rael» era profética. Pete era profético. Los demás lo
sabíamos, nos dábamos cuenta. No siempre lo veíamos a la
primera, pero sí éramos conscientes de sus cualidades y de
que intentaba escribir algo más que meras canciones pop.

No me considero político en ese sentido, pero estoy al
tanto de lo que pasa en el mundo y me preocupa cómo se va
a resolver ese problema, dado que siempre se le está dando
vueltas a lo mismo y cayendo en errores recurrentes. Vi que
lo que hacía Pete era abrir el debate para que la gente re-
flexionara al respecto. «Rael» era una canción pop ridícula,
pero a la vez era extraordinaria. Suponía un gran avance con
respecto a «My Generation», lo que supuso un alivio, un
enorme alivio.

Seguíamos destrozando los instrumentos en los conciertos, mantuvimos el número durante un tiempo, pero ya no
era nuestro único sello distintivo. La mini-ópera de *The Who
Sell Out* era un anticipo de lo que tenía que llegar y me obligaba a ir a más lejos, a buscar diferentes voces que se ade-
cuaran a aquellas letras diferentes.

Ya no podía recurrir a la agresividad o a los contoneos
del blues, tenía que cambiar. Mick Jagger siempre ha tenido
su propio sonido con la voz que imitaba el blues estadouni-

dense, pero la música de Pete me permitía evolucionar, no quería sonar como el Roger Daltrey de 1966. Pete evolucionaba a la par: al ver cómo cambiaba yo, quería explorar también sus límites.

Hay que tener en cuenta que también contribuyó el hecho de que estaba creciendo como persona a la par que mis rizos. Me había ido a vivir a St. John's Wood, a un piso en condiciones y con una novia en condiciones. Teníamos un acuerdo perfecto: yo pagaba el alquiler y ella, la comida. Por lo tanto, yo solo tenía que ahorrar (unas 14 libras) y pagar una vez al mes, y a cambio siempre disponía de comida en la despensa. Disfrutaba de la felicidad doméstica y eso implicaba que tenía a alguien que me cuidaría cuando estuviera enfermo.

Y enfermé, nada más venirse a vivir a mi casa, gracias a la sesión de fotos de aquel disco. Cada uno posábamos para un falso anuncio publicitario: Pete anunciaba desodorante Odorono; Keith posaba para Medac, una crema ficticia anti-acné; John calculó la hora que tenía que llegar al estudio para que le tocara la chica vestida con un bikini de leopardo. Qué cabrón. Yo tuve mala suerte.

A llegar a la sesión, David Montgomery, el fotógrafo de las estrellas, me pidió que me sentara en una bañera llena de alubias con salsa de tomate.

«Vale», asentí.

Me dieron un traje de baño antiguo de estilo victoriano a rayas, me metieron en una bañera victoriana y descargaron cuatro cubas enormes de alubias Heinz.

Las alubias eran recién sacadas de la nevera. Estaban muy frías, con el líquido todavía ligeramente helado. Tras diez minutos posando, empecé a tiritar de frío, así que pusieron debajo de la bañera una estufa eléctrica. A los cinco minutos, hacía un calor tremendo. Debería haber removido las alubias para alejarme las más calientes (como se hace con el agua en un baño normal), pero no lo pensé entonces.

Estuve allí metido unos 45 minutos y juro que al final las que tenía por el culo estaban cocinadas. Llegué a casa y mira la gracia: neumonía. Seguía tiritando pero con el culo calcinado.

La portada del disco es genial y es uno de mis álbumes favoritos. Me gusta mucho porque representa un homenaje a aquellos días anteriores al secuestro de la música pop por parte de la BBC. Lo que oímos ahora es lo que quieren que oigamos. Los DJs que emitían desde emisoras piratas situadas en barcos eran auténticos fans y, por la competencia que establecieron, cada vez asumían más riesgos musicales. Todo el mundo los escuchaba, la música que emitían era auténtica. Suponían una válvula de escape para la música de nuestra generación, algo que no soportaba la BBC porque no quería perder el control. Junto con el gobierno, intentaron por todos los medios acabar con las emisoras piratas, o que por lo menos los chavales dejaran de sintonizarlas. Y se salieron con la suya. La BBC tiene cosas que me encantan, pero también otras tantas que no me gustan nada, y esta que comento se lleva la palma.

El 20 de enero de 1968, llegamos a Sydney para un tour de once actuaciones por Australia y Nueva Zelanda. Íbamos con los Small Faces y con Paul Jones, que había abandonado a Manfred Mann. Paul cantaba y tocaba la armónica muy bien, pero era una estrella de rock de una clase diferente porque había ido a Oxford. Los otros se pasaron casi todo el viaje burlándose de él, pero yo me llevaba bien. Y también con Stevie Marriott, a quien admiraba dado que, para mí, era uno de los mejores cantantes británicos de rock de todos los tiempos. Él y Terry Reid. Eso fue lo mejor de gira, ir con otros cantantes y no solo con los bestias de mi grupo. Lo peor fue todo lo demás.

Pete inauguró la sarta de desastres al darle un puñetazo a un periodista que le pidió su opinión sobre la devaluación de la libra. No era la pregunta más acogedora para soltársela a alguien tras 36 horas de vuelo con escalas en El Cairo,

Bombay, Karachi y Singapur. El caso es que, a partir de ahí, todo fue de mal en peor.

Hoy en día, Australia es como cualquier parte del mundo civilizado, pero entonces no tenía nada que ver con lo que habíamos conocido. Los techos de los edificios eran de zinc y no había aire acondicionado. En todas partes donde actuamos había chicas gritonas y, detrás de ellas, las pandillas de los novios paletos deseosos de darnos una paliza.

Actuamos dos noches en el Sydney Stadium, una estructura enorme y antigua con un escenario giratorio que, en los buenos tiempos, acogía combates de boxeo. La idea era tocar un par de canciones de cara a un tercio del público y luego unos gorilas lo giraban con un cabrestante para encararse al otro tercio, y así sucesivamente. Pero durante la actuación de los Small Faces, el escenario se atascó y no había ser humano que lo moviera ni técnico que lo arreglara. Cuando nos tocó salir, seguía estropeado, lo que significaba que, si mis cálculos no fallan, dos tercios del público solo nos verían el cogote.

La gira entera fue un desastre. El sonido era una porquería y yo no oía nada. El equipo era también una porquería y además nos lo habían prestado, con lo que no les hizo mucha gracia que lo destrozáramos, y lo rompimos porque era una porquería. La prensa la tomó con nosotros porque éramos jóvenes y británicos, llevábamos el pelo largo, bocas horribles y nos follábamos a sus hijas.

Y uno de nosotros cometió la osadía de abrirse una lata de cerveza en un aeropuerto. Eso ocurrió la mañana posterior del concierto en Adelaida. Teníamos que volar a las 10 de la mañana, rumbo de vuelta a Sydney. No es bueno estar cerca de un grupo de rock a esas horas y no tardó en armarse el follón.

Bobby Pridden, nuestro técnico de sonido, se abrió una birra. Vamos, un escandalazo porque, por lo visto, no se puede consumir alcohol cuando se sobrevuela el estado de Australia Meridional. Al menos así era en 1968. Como para saberlo. El caso es que la cerveza de Bobby fue el detonante de un pequeño disturbio durante el vuelo.

Para empezar, oí que alguien (tal vez Steve Marriott) le decía a la azafata que era el quinto en la línea de sucesión al trono y podía hacer lo que se le antojara. Entonces, cuando llamaron al capitán, Bobby concluyó la acalorada discusión gritando: «¿Cómo me dices que soy un tipejo desaliñado, tú que tienes la blusa sucia?»

Ahí ya se lio. El capitán regresó enfadado a la cabina y soltó por megafonía que desviaba el avión debido a un «altercado». Acto seguido, aterrizábamos en el aeropuerto de Essendon. Lo lógico sería pensar que expulsarían a Bobby y Steve por su comportamiento intolerable, pero no: nos expulsaron a los 19, músicos y técnicos. Fue maravilloso. Salimos del avión en fila india, con los brazos en alto y, por supuesto, toda la prensa estaba allí para inmortalizar el momento.

En serio, en aquellos tiempos, si te meabas encima, salías en primera plana durante una semana. Ese era el nivel. Así pues, aquello era una noticia importante, oro puro para los medios sensacionalistas, que darían la brasa durante todo el año. «La invasión de los cantantes pop», ese fue el titular en portada del Age de Melbourne al día siguiente.

El capitán del avión a Sydney se negó a llevarnos y tuvimos que esperar al siguiente vuelo tras prometer, con la mano en el pecho y por nuestras vidas, que no causaríamos problema alguno ni haríamos nada similar. Además, y por si las moscas, nos acompañaron en el viaje dos oficiales de seguridad de rostro severo.

Al llegar a Nueva Zelanda, recibimos un telegrama de John Gorton, el primer ministro de Australia. «Queridos Who», ponía «No queríamos que vinieran a Australia. A la vista de su comportamiento atroz en nuestras tierras, deseamos que no regresen jamás».

Pete se lo tomó al pie de la letra y respondió: «Pues bueno, no vendremos nunca más». Ahí se equivocó. A finales de los años 90, regresé por mi cuenta y vi que el país había cambiado por completo. Le comenté que éramos gilipollas si no íbamos y, cuando finalmente volvimos a suelo australiano en 2004, reconoció ante el público su error. Aquellos conciertos fueron geniales. Tuvimos un poco de menos gente de lo habitual, pero es normal cuando estás 36 años sin aparecer de gira. Cuando volvimos a ir después, tuvimos de nuevo cifras excelentes. Lo que cuenta es el último concierto que has dado.

No había transcurrido un mes desde nuestra salida de Auckland y nos hallábamos en California embarcándonos en la primera de dos extensas giras por Estados Unidos. Retomé la dieta de la hamburguesa para ahorrar dinero. Estaba cansado de vivir alquilado en St. John's Wood. El ambiente se estaba tornando claustrofóbico: no podía pisar la calle porque siempre había chicas esperando en todas partes. Heather y yo estábamos en el último piso y cuando te asomabas a la calle, estaban continuamente allí, en el patio delantero. Supongo que a los vecinos tampoco les haría mucha gracia, pero me sorprende lo bien que se lo tomaron. Y las chicas no se portaban mal, no se dedicaban a gritar, pero es que carecíamos de privacidad. Al final de la calle tenían un piso los Walker Brothers y allí sí que chillaban. Incluso a 130 metros de distancia costaba conciliar el sueño.

El plan era ahorrar mil dólares de las giras estadounidenses y pagar la entrada de una casa fuera de Londres. Evidentemente, Keith Moon intentaría sabotear este plan. Si 1967 fue el año en que descubrió los petardos, en 1968 le llegaría el turno al pegamento Super Glue, las pirañas y la serpiente. Lo del Super Glue ni siquiera hay que explicarlo. Me daban pena las limpiadoras de hoteles que de repente se encontraban con muebles y tapas de váter fijas y con copas de vino pegadas al techo. Lo de las pirañas fue idea de John, que estaba calladito en segundo plano, pero que era cómplice absoluto de Keith y tenía un punto de maldad añadido. Basta con fijarse en la letra de «Boris the Spider», escrita por él. Escondía un lado oscuro. Y fue él quien puso las pirañas en el baño del hotel. No recuerdo en el baño de la habitación de quién, pero recuerdo ver las pirañas y pensar que no parecían muy agresivas. Le habían dado a John gato por liebre.

En lo que respecta a la serpiente, eso sí que no era un gato. Me la dio una chica en Albuquerque (Nuevo México). Es uno de los regalos más raros que me han hecho, pero era una india norteamericana y me hizo mucha ilusión.

Se trataba de una serpiente toro, casi idéntica a una de cascabel, pero sin cascabel y tampoco venenosa. Llevábamos la falsa serpiente de cascabel en una funda de almohadas y la llamamos como Adolf. Keith la agarraba constantemente «para echarse unas risas». Llegaba sonriendo, sacaba a Adolf de la funda y se iba con ella. Al instante, oías gritos.

Adolf se convirtió en el centro de atención en los desplazamientos por avión y durante tres semanas fue parte integrante del grupo (el quinto miembro). El problema era que no conseguíamos que comiera nada. Lo probamos de mil maneras, pero lo único que le interesaba era escaparse. Era una maestra del escapismo. La veías dormitando dentro de la funda y al instante desaparecía, encaramándose al bastidor de la ventana y colándose por alguna rendija minúscula. Era como si le gustara ir de gira con nosotros, y la verdad es que la comprendía perfectamente. Me caía bien aquella serpiente. Adolf era tranquila y silenciosa, dos características que no definían precisamente al resto de la banda.

Perdimos a Adolf en San Diego. Estaba en la habitación del motel y desapareció. La buscamos sin descanso, pero no la encontramos. Me gusta imaginármela viviendo en un hotelucho de mala muerte de San Diego, en una habitación donde quien entra no sale. Allí, la serpiente de un metro de largo que por fin tiene una hambre desatada.

Cuando nos quedamos sin Adolf, Keith volvió a su inagotable acopio de petardos. El 5 de abril, a las 4 de la mañana, nos echaron del hotel Gorham de Nueva York. Era un hotel que olía bastante mal pero me gustaba, se dormía bien allí. Luego me enteré de que Keith había tirado petardos por la ventana del noveno piso. Con uno había reventado un retrete y otro le había alcanzado a una señora mayor en el ascensor. Nos expulsaron rápidamente, solo tuve tiempo de vestirme medio dormido, agarrar mis cosas y salir pitando a la calle 55 Oeste.

Lo peor fue que el Gorham avisó a todos los hoteles de Manhattan de lo ocurrido, así que tuvimos que buscar uno alejado y de moral laxa. No lo encontramos hasta las 6 de la mañana, en la circunvalación que lleva al aeropuerto. A la noche siguiente teníamos reserva en el Waldorf, un nivel superior al Gorham. Nos pidieron una fianza, pero no teníamos efectivo. Nos vimos fuera antes incluso de abrir las maletas. Keith, molesto porque no le dejaban volver a la habitación a por su equipaje, reventó la puerta con los petardos que le sobraban de la noche anterior. Nos sacaron a la calle, a Park Avenue.

La misma historia en el Waldorf, el Gorham, todos los Holidays Inn, la mayor parte de los Hilton y algunos Sheraton. Cuando el grupo creció y contó con más infraestructura, empecé a quedarme en hoteles distintos a los de Keith. Me buscaba una distancia mínima de una manzana para poder dormir con tranquilidad, asunto nada banal no solo por salud mental sino en vistas a los conciertos: si no dormía bien, no podía cantar.

Pero en aquel entonces tenías que acostumbrarte. La mitad de las veces no deshacía las maletas, me ahorraba la faena cuando llamaban a la puerta de la habitación el gerente del hotel o la policía. De puertas para afuera, los hoteles se mostraban en contra, pero lo cierto es que nos hacían la ola. Como os lo cuento. Les pagábamos por los desperfectos, reclamaban al seguro, cobraban y encima acababan con una buena reforma de interiores. En diez años, el hotel Navarro se rehabilitó por completo. Cuando querían reformar una habitación, metían allí a Keith y él ya se encargaba de destrozarla por la noche y pagar por la mañana. Pan comido.

Parecía mentira, pero acabé la gira estadounidense de 1968 ahorrando algo de dinero. Volví a casa con Heather el 8 de abril, destrozado y falto de sueño, pero con los mil dólares en el bolsillo para la entrada de la casa. Sin embargo, como seguía teniendo el Aston que se iba de lado y estaba ya cansado de ese coche, fui a una subasta de coches y me compré un estupendo Mark 10 Jag.

Heather se puso como una energúmena y me pidió que lo devolviera. Le contesté que no se podía, pero después de diez minutos de tensa discusión, reculé. Llamé a George el Soldador y, nos costó lo suyo, pero detectamos algunos defectos en el coche y recuperé el dinero.

Ya no tendría que dormir en el sofá, aunque tendría que continuar unos meses con el Mini. Casi me dejo la espalda en el asiento, sobre todo si teníamos que tocar en destinos alejados como Inverness, pero prefería eso a oír los gritos de Heather. Por cierto, mi siguiente coche fue un Volvo antiguo de los que tenían el volante enorme. Keith y John tenían su Bentley con chófer, Pete, todo tipo de coches deportivos, y yo solo necesitaba algo que me llevara de un sitio a otro sin que se enfadara mi preciosa neoyorquina de Glasgow.

Con el dinero sobrante del Mini, pedí una hipoteca y ese verano, mientras yo estaba en otra gira larga por Estados Unidos, Heather se mudó a nuestra nueva casa en Hurst, Berkshire. Hoy en día, el campo está lleno de antiguas estrellas del rock. Todos han buscado fuera de la ciudad un lugar tranquilo y espacioso para la colección de guitarras.

Pero entonces no era tan habitual. Elder Cottage estaba solo a 50 km. de Londres, aunque la diferencia se notaba. Todos nuestros conocidos vivían en Londres y ninguno en Berkshire. Alvin Lee se mudó cerca de nosotros, y también Jimmy Page, pero cuando llegamos, teníamos la sensación de haber sido los primeros.

No me lo pensé mucho porque quería vivir en el campo. Creo que me había apetecido siempre, una suerte, diríase, de necesidad psicológica. Los días más felices de mi infancia eran aquellos en que me escapaba al río o cuando hallaba zonas bombardeadas recubiertas de vegetación para jugar. Era la naturaleza en estado puro. Los sótanos en ruinas se habían llenado de agua y acogían sapos y ranas, a mis amigos y a mí. Todo había vuelto a su estado natural, formando una serie de túneles y escondrijos. Cuando me hice mayor e infeliz, me saltaba las clases y me iba a Dukes Meadow, ansioso por huir del infierno escolar. La paz y tranquilidad del río eran lo que hacía sentirme por primera vez pegado a la tierra. Durante la infancia, tenía que buscar la naturaleza en el oeste de Londres y ahora estaba a mi alcance.

El pueblo era genial, con carnicería, panadería, oficina de correos... de todo para el día a día. El pub The Green Man llevaba siendo el centro neurálgico desde el siglo XVII. Simplemente entrabas ahí y te sentías aceptado. Bueno, más o menos. Todos los ejecutivos de la City tomaban el tren hasta Twyford y venían al pub ataviados con sus trajes de raya diplomática y sus bombines para contemplar aquel circo.

Yo acababa de llegar de pasar el verano en Estados Unidos. Aparecía con un Chevrolet Stingray nuevecito comprado en Detroit y que resultaba allí muy llamativo. Pero en California había asistido a la sustitución de la rectitud y los principios morales por el mundo hippy. Las levitas y las camisas con volantes, la estética dandy, formaban parte del pasado. Me había dejado crecer los rizos, me había soltado el pelo por completo. Y me había empezado a poner la ropa de desfile de Heather. Me llevé sus botas para la gira, y su chaqueta de cuero blanco. Improvisábamos sobre la marcha. La moda en Haight-Ashbury (San Francisco) se estaba volviendo más estrafalaria pero aún quedaba muy lejos de Hurst. A los tipos trajeados les daban risa nuestras ropas pero al final nos conocimos entre todos y nos hicimos amigos.

Pete jamás habría aprobado que nos lleváramos bien con aquellos corredores de bolsa, pero a mí eso me la sudaba. Era un pub y lo que cuenta de los pubs son sus dueños, y Jim y Anna, los propietarios del Green Man, eran los mejores. No ponían hilo musical, se encomendaba todo a la conversación y el ambiente era una maravilla.

Vivíamos en una casa de campo del siglo XV con techos muy bajos. Heather y Devon tenían que agacharse para entrar, pero yo tenía la altura justa. Era un sitio romántico.

Tenía 24 años y supongo que estaba sentando la cabeza. En realidad, como todos. Keith se había casado con Kim, la surfista de Leicester, y habían sido padres. John se casó con su novia de la infancia, Alison, y disfrutaban de la felicidad hogareña en un adosado de Acton (John en seguida le cambió la dirección y pasó a llamarlo «La Bastilla»). Y Pete había contraído matrimonio con Karen el año anterior. No fui a la boda. Heather quería asistir, pero estaba con bronquitis y acudirían invitados muchos cantantes. No podíamos correr el riesgo de contagiar a la mitad de los vocalistas del país. Así que pensé quedarme en casa para cuidarla. No era una excusa, se encontraba fatal y la verdad es que, por otro lado, no me gustan las bodas, he tenido malas experiencias en alguna. Prefiero los funerales, siempre los he preferido.

La gente va a las bodas, pillan un pedo, discuten y acaban peleando. En un funeral, todo el mundo se alegra de verse, solo se dicen cosas buenas del muerto y cada cual regresa contento a casa.

De todos modos, ya habíamos dejado atrás la adolescencia, ya no llevábamos la desenfrenada vida bohemia de la estrella del rock a todas horas (y muchos menos cuando estábamos en casa). Tampoco salíamos juntos por ahí los del grupo. Cuando no estaba de gira, me quedaba casi siempre en Berkshire. Los años del rock duran lo mismo que los del perro y, en términos de años de rock, nos estábamos haciendo mayores.

MI HISTORIA

Parecía un oficinista: no llevaba traje, pero iba a diario en coche de casa a los estudios IBC y volvía casi todas las noches a casa. Empezamos a grabar *Tommy* en septiembre de 1968 y el plan era tenerlo finiquitado en navidad. Ni en sueños. Llegó marzo y todavía no habíamos llegado a las sesiones finales. Siete meses, el tiempo más largo que habíamos estado en el estudio con diferencia, pero *Tommy* era un disco diferente. No tenía nada que ver con ningún otro disco, y punto.

Lo que más recuerdo es que me encantaba el concepto del disco, me fascinó desde el principio. No recuerdo el momento exacto en el que Pete nos lo mencionó por primera vez. Había estado anotando ideas en los interminables viajes en autobús por Estados Unidos y dijo en *Melody Maker* que se encontraba trabajando en una ópera rock llamada «Journey into Space» [Viaje al espacio]. A *Rolling Stone* le contó un montón de cosas, todas de golpe. Pero para septiembre ya disponía de un borrador. Tommy era sordomudo y ciego y experimentaba la vida únicamente a través de vibraciones. Me encantó. La música es vibración. Ese era el tema. Era una idea abstracta pero le veía muchas posibilidades y me metí de lleno.

Al principio no iba a ser un disco doble. Pero según llegaron las canciones, Kit lo fue orientando hacia la historia resultante. La gente cree que *Tommy* fue una obra escrita toda por Pete. La idea fue suya pero se trató de un trabajo colectivo, como siempre. No fue algo que llegara acabado y cerrado de entrada.

Cada día se presentaba con una serie de maquetas. Eran brillantes, pero evolucionaban hasta la grabación final en el estudio. La historia también sufría modificaciones y los fragmentos de las canciones crecían hasta convertirse en líneas argumentales. Era como resolver un puzle al que le faltaba el dibujo, las partes rectas del contorno y la mitad de las piezas, pero era una labor absorbente.

Pete nos traía las canciones y si nadie ponía ninguna objeción, pasaban al listado final. Yo trabajaba las armonías e invertía mucho tiempo en entrenar la voz. Con la ayuda de Kit, la historia derivó de algo vago y filosófico a un relato que se desarrollaba en el mundo real, en Gran Bretaña. Pete le dio la parte del tío Ernie a John, que le venía como anillo al dedo. John tenía mucha inteligencia musical y un sentido de la vida muy oscuro, así que escribió el personaje de forma especial, con un tono muy agorero. Supongo que le influyó el hecho de que su padre se había ido de casa cuando él era pequeño, dejándolo solo con su madre. La madre se casó después pero John jamás hablaba bien de su padrastro, hasta el punto de que podríamos decir que lo odiaba de verdad. El tío Ernie, un personaje que al principio nos parecía con un punto divertido, derivó en algo más siniestro cuando pasó por las manos de John.

Lo de enviar al final a Tommy al campamento de verano fue idea de Keith. Se basaba en un chiste muy negro que se contaba entonces: los campos de concentración son un campamento de verano que dura para siempre. Mis disculpas a nuestros amigos judíos por nuestra falta de sensibilidad, pero esas eran las bromas que estaban de moda entonces. Hoy no podría hacerse, ni ese chiste ni toda la historia del disco.

Pete nunca nos contó de dónde había tomado las ideas y nunca se lo preguntamos. Le dejábamos ir a lo suyo y ya está. Si nos hubiéramos puesto a analizarlo todo, el proceso se habría ralentizado y todavía estaríamos grabando en el estudio. Y él necesitaba libertad para trabajar.

Solo cuando completamos el puzle vimos el cuadro en su conjunto. Tampoco es que sea el cuadro más claro del mundo, ¿verdad? Algunas canciones no encajan en ninguna trama. Pero hay que reconocer que, incluso en la actualidad, cuando escuchas *Tommy* de principio a fin, es un trabajo muy completo: es maravilloso. Su sencillez, la fuerza que tienen las letras, el viaje. Va creciendo y creciendo. Y seguía creciendo hasta que acabamos la grabación. Era mágico tocarlo desde los acordes de apertura. Era a la vez rock y algo distinto del rock. Era genial. Y Pete se merece todo lo que le reportó ese trabajo.

Solo cuando lo hicimos en directo fue cuando entendí adónde podía llegar con mi voz. Ensayamos en el Southall Community Centre en marzo de 1969 y al cuarto ensayo ya estaba listo. Era un espectáculo en directo y yo me sentía como liberado. Todo lo que aprendí a hacer con mi voz viene de *Tommy* y surgió en esos cuatro ensayos. Evolucioné. Siempre había estado ahí en mi voz, está ya en las primeras canciones de Pete, pero *Tommy* lo sacó todo a la luz.

Tuvimos un fin de semana de conciertos en Escocia para estudiantes y después presentamos *Tommy* para la prensa en el club Ronnie Scott's en el Soho. Los periodistas estaban calientes antes de empezar y soltaron un montón de preguntas cuando Pete lo presentó cómo «la historia de un chico que presencia un asesinato y se queda sordomudo y ciego. Después lo viola su tío y lo introducen en el LSD».

Así que subimos más el volumen de los amplis y empezamos a tocar. Una hora sin parar. Conduciendo, conduciendo, conduciendo. Sin pausas para ovaciones ni burlas de la crítica. Sin pausas. Se fueron a casa zumbándoles los oídos. Ninguno sabía qué les había sucedido.

IZQUIERDA: Madre y padre en Hammersmith
Broadway, 1938.
ARRIBA: Madre y un servidor, 1945.

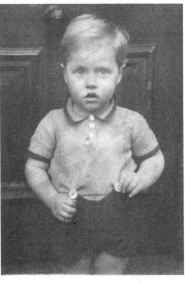

ARRIBA: Padre, al licenciarse; 1945.
DERECHA, CENTRO: A la cama, dándome a la fuga
(con mi odioso jersey), 1948.
DERECHA, ABAJO: En el portal del n.º 16
de Percy Road, 1946.

ARRIBA: Foto para la escuela, a los 9; 1953.
DERECHA: Evaluación final, 1955.

ARRIBA: Excursión a Paignton, Devon; 1955. Segundo por la derecha en la segunda fila.
DERECHA: Enfundado en mi uniforme escolar y tocado con un sombrerillo.

ARRIBA: John, Doug Sandom, yo y Pete, posando frente a la furgoneta de los Detours; 1962.
DERECHA: Harto de estar sobre el escenario sin nada más que hacer.

IZQUIERDA: Insuflándole vida al trombón con John a la trompeta, 1961.
ABAJO: En el Goldhawk Social Club de Shepherd's Bush, marzo de 1965.

ARRIBA, IZQUIERDA: La famosa furgoneta que nos robaron, 1965.

ARRIBA, DERECHA: Mi novia Ann, en mi apartamento de Ivor Court, 1965.

ARRIBA: *Rolling Stones Rock 'n' Roll Circus*, 1968. Pete, Brian Jones, Rocky Dijon, Yoko Ono, Julian Lennon, John Lennon, Eric Clapton y yo.

IZQUIERDA: Emmaretta Marks, 1970, en la New York Metropolitan Opera House.

ARRIBA: Concierto con
The Who en
Copenhague, 1970.
ABAJO: El concierto de los
Who en la Isla de Wight,
1970.

ARRIBA: «My Generation», Surrey Docks, 1965.
DERECHA: Llegada a Finlandia, 1967; en compañía de Chris Stamp.

ARRIBA: Pete, Kit y yo en los estudios de grabación de IBC trabajando en *Tommy*, a finales de 1968.
IZQUIERDA: El barco vikingo de Chris.
ABAJO: «Giving It All Away», Track Record.

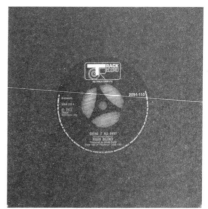

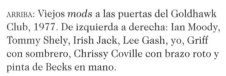

ARRIBA: Viejos *mods* a las puertas del Goldhawk
Club, 1977. De izquierda a derecha: Ian Moody,
Tommy Shely, Irish Jack, Lee Gash, yo, Griff
con sombrero, Chrissy Coville con brazo roto y
pinta de Becks en mano.

ARRIBA: Bill Curbishley y yo, 1975.
ABAJO: «Back from the garage»,
con el atuendo del momento.

ARRIBA, IZQUIERDA: Recién estrenado
Corvette Stingray, 1969.
ARRIBA, DERECHA: En el umbral de la casa
en Percy Road, 1975.
ABAJO, IZQUIERDA: Montando a Ollie, 1974.
ABAJO, DERECHA: ¿A quién le importa si
pescas algo?

ABAJO: Dándole una lección de conducción a Jamie con la excavadora, 1983.

ARRIBA: Heather y yo en Elder Cottage, 1969.
IZQUIERDA: «Flossie», 1979. La foto es mía.
ABAJO DERECHA: Le gusto, 1998.

ARRIBA, IZQUIERDA: Sobrevolando el set.
ARRIBA, DERECHA: En el rodaje de
Tommy con Ken Russell, 1974.
ABAJO: *Tommy*.

DERECHA: Con el traje de —e
interpretando a— Franz Liszt en la
película de Ken Russell,
Lisztomania, 1975.

IZQUIERDA: *The Moon & The Goon*. Keith y yo con Peter Sellers en la adaptación teatral de *Tommy* en el Rainbow Theatre, Londres, 1972.
DEBAJO: *McVicar*, 1980.
ABAJO: *La comedia de las equivocaciones*, para la BBC; 1983. ABAJO, de IZQUIERDA a DERECHA: Michael Kitchen y yo.
ARRIBA, de IZQUIERDA a DERECHA: Dame Wendy Hiller y Cyril Cusack)

ARRIBA, IZQUIERDA: Hablando del repertorio táctico del equipo con Arsène Wenger 2011.

ARRIBA, DERECHA: Bruce Springsteen y yo, Madison Square Garden, 1980.

IZQUIERDA: «Boys night out», 1985; con Paul McCartney, Bob Geldof y Phill Collins.

ABAJO: Ensayando para la gira de *Quadrophenia*, 1973.

ARRIBA: The Who con Keith Richards y Mick Jagger en el trascenio del Madison Square Garden para el Concierto por Nueva York después del 11 de septiembre de 2001.
ABAJO: Recepción en la Casablanca con motivo de la entrega del galardón del Kennedy Center, acompañado por Chris y Calixta Stamp, Bill, Marcella y Catalina Curbishley, y Heather con el Presidente y la Sra. Bush, 2008.

ARRIBA: «Hable más alto, por favor; trabajo en una banda roquera.» En el Royal Albert Hall para el TCT, en 2005.
Centro: Con Neil Young en el concierto benéfico para la Bridge School, 1999.
ABAJO: Las portadas de *Daltrey*, *Ride a Rock Horse* y *Under a Raging Moon*.

Madison Square Garden, Nueva York, 1974.

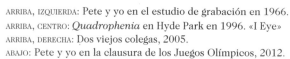

ARRIBA, IZQUIERDA: Pete y yo en el estudio de grabación en 1966.
ARRIBA, CENTRO: *Quadrophenia* en Hyde Park en 1996. «I Eye»
ARRIBA, DERECHA: Dos viejos colegas, 2005.
ABAJO: Pete y yo en la clausura de los Juegos Olímpicos, 2012.

10
HUIDA AL CAMPO

Cuando se publicó *Tommy* en Gran Bretaña el 23 de mayo de 1969, estábamos de gira por Estados Unidos. Empezamos bien con tres noches en el Grande Ballroom, en Dearborn (Michigan), y otras tres en Boston, para llegar después a un maratón de tres noches y seis actuaciones en el Fillmore East de Nueva York. Desde los primeros ensayos en el Southall, sabía que teníamos algo especial en nuestras manos. Esta gira nos iba a llevar a otro nivel. Y entonces apareció el tipo de la americana.

Eran las diez y media y estábamos en mitad del segundo concierto de la primera noche en el Fillmore tocando «Pinball Wizard» cuando este sujeto subió al escenario de un salto y me quitó el micrófono. Lo volví a agarrar y lo mandé a la mierda pero el tío quería quitármelo. Entonces vi que Pete atravesó el escenario haciendo el paso del pato de Chuck Berry. Siguiendo el ritmo, llegó hasta el tío y le metió una patada en los huevos. Me quedé con el micro y acabamos la canción.

Acto seguido, Bill Graham, el promotor, nos dijo que el de la americana, el que se llevó la patada de Pete, era miembro del cuerpo de élite de la policía que iba de paisano. Su pretensión de tomar el micro se debía a que había que evacuar el edificio por un incendio en el supermercado chino de al lado.

Suerte que no se hizo con el micro porque habría originado un disturbio por cortarnos en mitad de la canción. Bill había preparado un anuncio poco alarmista al acabar el tema. Así es como se evacua a la gente de un concierto, con calma.

Pero el caso es que nos vimos con una orden de detención. El madero alegó que nos había mostrado la placa antes de que le atacáramos. Os aseguro de todo corazón que no es verdad. Y aunque la hubiera sacado, cosa que no hizo, no la habría visto. Cuando actúas, estás en un mundo diferente y no me habría enterado de lo que me mostraba un tío que había aparecido allí de buenas a primeras.

De todos modos, Pete y yo éramos fugitivos. Nos dimos a la fuga. No volvimos al hotel porque no nos atrevíamos. Llamamos al Comité Internacional de Rescate, que, en nuestro caso, era la red de chicas que conocíamos en Nueva York. Pete se quedó en casa de Mandy Wilson y yo terminé al otro lado de la ciudad con Jenni Dean, otra de nuestro feliz grupo de mujeres maravillosas. Me despertaron unas chicas hispanas hablando a voz en grito por todo el bloque de viviendas. La radio macuto de las groupies nos informó de que Kit y Chris habían negociado que nos presentáramos a la policía, así que nos fuimos a la comisaría número 9. Estuvimos encerrados en una celda durante nueve horas con los demás presos observándonos atentamente mientras Kit trataba de convencer a los polis de que no nos acusaran de un delito grave de agresión. Deberían estar contentos de que no muriera nadie, pero las autoridades disfrutaban cuando tenían la ocasión de machacar a un grupo de rock.

Al final salí sin cargos. A Pete le cayó asalto en tercer grado y comparecencia en el juzgado a la semana siguiente. Llegamos al Fillmore justo a tiempo para el concierto de las 8.

Siempre tuve claro que no tendríamos éxito si solo grabábamos discos. Había que vernos en concierto. Cuando la gente nos veía, se quedaban atrapados. En 1969 habíamos alcanzado un nuevo nivel en el directo. Éramos únicos: los

Who tenían un bajista que tocaba como un guitarrista, un guitarrista que tocaba como un batería y un batería que no se limitaba a compases de 4/4 sino que te daba una partitura entera. Físicamente, yo también me había transformado. Interpretaba mi papel con absoluta libertad de expresión en cuanto al sonido y el movimiento. A veces iba a solas y a veces me sincronizaba con los geniales brazos de molino de Pete y sus saltos olímpicos. Keith le hacía sombra a su propia sombra. Era puro ballet.

A la altura de Chicago, habíamos alargado el espectáculo. Pasamos una hora y diez minutos, luego a una hora y veinte y luego incluso más. Y todo sin parar. Lo que habíamos iniciado en el Ronnie Scott's había crecido hasta un concierto de 90 minutos ininterrumpidos y ya en el Playground de Chicago fue la eclosión. La gente empezó sentada pero a mitad de actuación se levantaron todos. Se mascaba la tensión y al final estallaban en un éxtasis de locura. Era algo nuevo, tanto para nosotros como para el público.

Al final del verano, nos pasó factura el desgaste físico y emocional de la gira de *Tommy*. Nos habíamos ido a los puntos más lejanos de Estados Unidos y Canadá, nos habíamos vuelto para dar un concierto difícil con Chuck Berry en el Albert Hall, y cada noche el espectáculo seguía creciendo. Era intenso. La recompensa fue que *Tommy* se convirtió en nuestro primer disco que llegó a la lista de los cinco más vendidos en Estados Unidos. Y entonces tuvimos que actuar en Woodstock, y lo digo así porque, aunque haya pasado a la historia como un hito en la cultura del siglo xx, no fue muy divertido. Eso de tres días de paz y amor era una chorrada. Todo constituía un auténtico disparate incluso antes de llegar. Pete estuvo horas en atascos de tráfico. Otros artistas no llegaron a tiempo. Aquello era un completo caos.

Yo tuve la suerte de contar con otro medio de transporte.

«Chuck te llevará en su coche», me dijo la madre de Heather cuando fuimos a visitarlos a Connecticut. Chuck y Helen, los padres de Heather, no eran muy mayores y querían ir a Woodstock. Para nosotros lo ideal habría sido que nos llevaran y luego que se fueran cuanto antes, pero no se puede tener todo. Nos apretujamos en su Escarabajo rojo brillante (Herbie va a Woodstock) y cuando apareció el atasco, le dije a Chuck que siguiera por el arcén.

«No te preocupes, Chuck. Si nos para la policía, hablo con ellos».

A los demás coches no les molestó. Es más, la gente saludaba a Herbie con la mano.

Llegamos el sábado 16 de agosto de 1969 a primera hora de la tarde y con la idea de que viviríamos algo especial. En todos los medios estadounidenses, Woodstock era la noticia con mayúsculas. Nunca se había visto nada igual. Se calculaba medio millón de asistentes y había también mucha gente que quería ir a última hora, pese a la declaración de zona catastrófica por parte del gobernador de Nueva York. Porque si el gobernador dice que algo es malo, todo el mundo sabe que será bueno.

Nuestro destino era un poco distinto: un Holiday Inn con un letrero grande en el que ponía con ironía «Campo Tranquilidad». Todos los grupos estaban allí: Jefferson Airplane, Big Brother and the Holding Company, Grateful Dead, Hendrix... los músicos dormían en las habitaciones y los técnicos y encargados del equipo, en los pasillos. Todos estábamos allí esperando el turno para ir al escenario. Largas y largas y largas esperas. A eso de las 7 de la tarde, fuimos a la zona del backstage en la furgoneta de la empresa Hertz. Y a esperar más. La organización de los conciertos ha de ser siempre muy precisa, pero, en aquellos tiempos, especialmente en esos festivales pioneros como Woodstock, dejaba mucho que desear. Nos tocaba actuar por la noche, y a las 4 de la mañana seguíamos esperando y dando vueltas por el terreno lleno de barro. Y a esperar aún más.

No me gusta estar sin hacer nada, sea cual sea la situación. Me supera, es lo peor del mundo quedarte parado sin nada que hacer y a la espera de tocar ante medio millón de personas. Y no lo digo por la cantidad de gente. Nunca me ha importado mucho si tenía que tocar en un pub ante un hombre y su perro, en Hyde Park ante 80.000 personas o en las montañas de Catskill ante medio millón. Siempre actúo igual, lo doy todo. Y no es fácil sobrellevar esas esperas porque se mezclan el aburrimiento y la tensión. Tienes que estar preparado, centrado, no te puedes pasar.

Keith lo llevaba peor, lo pasaba fatal. Vomitaba antes de los conciertos, le daba pánico salir al escenario, y ese temor le fue a más. Creo que de ahí le vino el alcoholismo, del pánico escénico. Tenía que pegar un trago para calmarse. Empezaba tomándose una copa de brandy, luego pasaba a un buen copazo y luego ya atacaba la botella. Y eso antes de salir.

Supongo que aquellas catorce horas de espera en Woodstock fueron especialmente horribles para él. No había comida en el backstage y a todo le habían puesto LSD, incluso a los cubitos de hielo. Yo me había llevado una botella de Southern Comfort, y todo iba bien hasta que me apeteció tomarme un té. Ahí ya piqué: me sirvieron té alucinógeno.

Se palpaba la sensación de estar al borde del desastre. Todo y todos estaban empapados. Había apagones constantes. La gente se subía al escenario y a las plataformas de luces. Pete me dijo que vio a un chico cayéndose de una plataforma y que igual se habría desnucado. Se anunciaba como el festival de la era de Acuario pero era un caos.

Y encima en un momento de la noche, los organizadores nos soltaron que no nos iban a pagar. El caché era 11.200 dólares y ya casi nos habíamos gastado esa cifra en los vuelos para nosotros y los técnicos. Necesitábamos el dinero para volver a casa y saldar cuentas, así que les dijimos que de allí no nos iríamos hasta que nos pagaran. Se ha llegado a contar que despertaron al director de un banco, lo metieron en un helicóptero para sacar el dinero de una sucursal de la zona, después lo trajeron en el helicóptero hasta Woodstock y nos pagaron con fajos de billetes de veinte nuevecitos. La historia es genial pero falsa. Nuestro mánager se quedó mirando sin más a los organizadores hasta que le dieron el cheque.

Tras las peleas, las alucinaciones, el barro y el caos, finalmente salimos a actuar pasadas las 5 de la mañana.

Un mes antes había tenido una pesadilla bastante fuerte, de las típicas de cuando eres niño. Estaba contemplando un paisaje árido y lleno de humo. Había atalayas con reflectores y helicópteros sobrevolando la zona. Era como una recreación subconsciente de Vietnam. Allí, en aquella oscuridad del final de la noche en Woodstock, viendo la masa confusa de medio millón de personas embarradas cuando encendieron los focos, sentí, en mi estado alucinado y falto de sueño, que estaba asistiendo a la encarnación de mi pesadilla.

El concierto no es que fuera muy bien. Los monitores se averiaron y el sonido era horroroso. Tuvimos que desafiar todos los elementos adversos y ya el colmo fue cuando un activista político llamado Abbie Hoffman saltó al escenario al final de «Pinball Wizard», agarró el micro de Pete y exclamó: «Todo esto una mierda, y, mientras tanto, John Sinclair se pudre en la cárcel».

Evidentemente, Pete lo tiró del escenario a patadas y amenazó con matar a quien se atreviera a quitarle el micro. Música y paz.

Seguimos contra viento y marea y cada vez que sentíamos que se nos iba de la mano, lo intentábamos con más ahínco. Entonces, a las seis y pocos minutos, llegamos a «See Me, Feel Me», de *Tommy*, y salió el sol. En el momento justo. Ni hecho adrede. Después de todo lo que habíamos soportado, era perfecto, extraordinario, uno de esos momentos que si los planeas no salen ni por asomo. De los que pasan una vez en la vida.

A decir verdad, nos volvió a ocurrir lo mismo el 25 de abril de 2017, transcurridos apenas 46 años. Encabezábamos el cartel del festival de jazz de Nueva Orleans y estuvo todo el día lloviendo a cántaros. Una tormenta tropical inundó el recinto entero y eso supone siempre el caos por el follón que se arma con el sistema eléctrico y porque perturba bastante ver un amplificador semisumergido en treinta centímetros de agua. Fui al camión, miré el panorama por la ventanilla y tranquilicé a Mitch diciéndole que todo saldría bien. «Sí, claro, Roger», me respondió sin mucha convicción. El cinismo de la juventud. Me puse a gritarle al cielo: «Para. Para de una vez. Ya ha caído bastante, joder».

Y paró. En el momento justo, como si alguien hubiera cerrado el grifo. Mitch no articuló palabra y yo tampoco, aunque, por supuesto, me quedé igual de estupefacto.

El cielo estaba gris oscuro cuando salimos al escenario y permaneció igual hasta el final de «Pinball Wizard». Al abrir la boca para cantar «See Me, Feel Me», brilló el sol. La magia absoluta. Eso es de lo que más me gusta de los conciertos, que pasan cosas, algunas buenas y otras malas y, en ocasiones, mágicas. Aquella fue de las que pasan dos veces en la vida.

Quince días después de Woodstock, tocamos en el festival de la Isla de Wight. Esta vez no disponíamos de un Herbie. Fuimos en helicóptero, un viaje considerablemente más rock 'n' roll debido a que se desprendió una de las tablas que formaban la H del helipuerto improvisado del festival y se metió en los rotores cuando el piloto intentaba tomar tierra. Completamos los últimos metros del viaje a toda pastilla. El helicóptero acabó destrozado pero a nosotros no nos pasó nada. En un accidente de helicóptero lo normal es acabar mucho peor. Salimos al escenario, tocamos *Tommy* y nos volvimos a Londres en otro helicóptero. Labor cumplida.

¿Quién pagaba los helicópteros? Track Records. ¿Y quién le pagaba a Track Records? Nosotros. Después de Woodstock, empezó a llegar la pasta. La revista *Life* le dedicó un número monográfico especial al festival y tuve el honor de salir en fotografía a doble página en las páginas centrales. Yo y mi chaqueta con flecos. Habíamos accedido a un mayor

grado de exposición pública y nuestras carreras despegaron
rápidamente. Tuvimos que comenzar a usar pseudónimos
en los viajes y esto nos llevó a un nuevo carrusel de coñas.
Nos reíamos de pensar en las caras de los recepcionistas de
los hoteles cuando recibían reservas de Lord Elpus, John
Fitzperfectly y Miles Apart.*

En 1969, Neil Armstrong dio un pequeño paso para el
hombre pero un gran paso para la humanidad. Como éramos
los únicos del pueblo con televisor en color, invitamos a todos los amigos a casa para contemplar el momento. La tele
era un cubo gigante de 36 pulgadas equipada con la última
tecnología. Estábamos todos como locos: el alunizaje... en
color. Menuda efeméride. Lo único es que el espacio es negro y la luna, blanca. Digamos que Armstrong no nos estaba
mostrando las posibilidades de la emisión en technicolor.

«¿Qué te parece la tele en color?», le pregunté en broma a un colega.

«Fantástica», me respondió realmente embelesado.

La gente empezó ese año a considerarnos millonarios.
Sí, me podía permitir una tele pija, pero de ahí a tener millones... Era una gilipollez de comentario porque nos gastábamos todo lo que ganábamos, en gastos legítimos y en otros
no tanto. Teníamos un porcentaje de 40-60 pero eso, en la
práctica, era muy poco.

En 1969, apareció en la industria musical la cocaína.
Siempre había circulado por ahí, pero ahora Chris y Kit estaban metiéndose sin parar. Kit se despertaba y se hacía una
raya. Llegaba a las 11 a Track Records y se hacía otra. Luego se tomaba unas pastillas y otra más. Y luego se iba a comer fuera. Era un drogadicto y no es lo mejor del mundo tener a un drogadicto al frente de tu negocio, y máxime si es
de rock 'n' roll. Íbamos hacia arriba y ganábamos más dinero, pero Kit se lo gastaba con mayor rapidez y compulsión,
y nosotros percibíamos un porcentaje menor. A finales de

* «Quelseñor Nosayude, Juan Loencaja y Millas Dedistancia».

1969, éramos el grupo de rock más grande del mundo. Encabezábamos festivales. Fuimos la primera banda en agotar seis noches en el Fillmore West en menos de una hora. Llenábamos teatros de ópera. Y casi salíamos a la par con lo que ganábamos.

Al cuarto día de inaugurar la nueva década, Keith Moon atropelló y mató a su chófer y guardaespaldas, Neil Boland, en el exterior del pub de un amigo de Keith en Hatfield. Fue un accidente causado al huir espantado de una multitud de skinheads. Lo persiguieron fuera del pub para darle una paliza. Rodearon el coche y comenzaron a atacarle. Neil salió para ayudarle a entrar. Keith arrancó el coche pitando y, en mitad del caos, nadie se dio cuenta de que pasó por encima de Neil.

Llamé al día siguiente a Keith para ver cómo estaba. Dijo que bien, pero era evidente que no. Sufría un profundo remordimiento. Le culparon de homicidio imprudente y, aunque solo le condenaron por conducir borracho, tuvo que revivir el accidente en el juicio. No sé cómo lo soportó y, de hecho, no lo superó. Se quedó atrapado y le dio más y más a la botella.

Cuando no estaba con nosotros, se juntaba con Viv Stanshall y Legs Larry, de Bonzo Dog, y liaban unas buenas. Viv era el cómplice perfecto de Keith, un tipo estupendo, despierto y excéntrico. Parecía un personaje de los tebeos de Rupert Bear. Les gustaba ir a las sastrerías de Savile Row para probarse pantalones muy resistentes. «¿Muy resistentes, señor?»

«Sí, por favor».

Les sacaban los pantalones, Keith metía una pierna por una pernera y Viv por la otra y lo rompían.

«Lo siento, lo queríamos más resistente».

Si tenían ganas de marcha, Viv se vestía de cura y Keith lo llevaba en coche hasta el final de Oxford Street. Después, Keith, vestido de oficial nazi, se daba unas vueltas con su Rolls morado y volvía adonde había dejado a Viv. La gente que iba de compras se encontraba de repente a un tío que saltaba de un Rolls, le gritaba a Viv y le daba de hostias. ¿Y eso para qué? Pues para ver cómo reaccionaban los peatones al ver a un oficial de las SS atacando a un sacerdote. Evidentemente, nadie hacía nada. Después Keith se cuadraba, hacía el saludo nazi, se subía de nuevo al Rolls y se largaba. Viv se marchaba cojeando y se reunían más tarde a brindar por la hazaña.

Se partían de la risa. Seguro que era divertido hasta verlo en directo pero lo que ocultaban estas bromas era la necesidad vital de Keith por ser el centro de atención. Sentía que no era nada sin dar la nota o sin la compañía de una botella. Recordemos lo que le escribió su profesor en el colegio: debe controlar sus ganas de llamar la atención.

Pero ya no le supervisaba nadie. Estaba en un grupo de rock. Su vida consistía en la exposición constante. La muerte de Neil fue un golpe terrible y muchos sostienen que constituyó el principio de su declive. No hay duda de que le provocó una culpa terrible y que lo tenía en la cabeza, pero el auténtico catalizador que lo sumergió en las sombras fue perder a Kim, su mujer. Eso lo intensificó todo. Tras ese suceso, perdió los pocos límites que conservaba.

Keith y Kim le compraron en 1971 Tara House, en Chertsey, a Peter Collison, el director de *Un trabajo en Italia*. Era una casa diferente, un bungalow abstracto coronado por cinco pirámides, equipado con todo tipo de artefactos que parecían del futuro, con un salón enorme por debajo del nivel del suelo y un pub al final de la calle. Kim decía que la casa parecía un cartón de huevos boca abajo. Podría haber sido su primer hogar real (su hija Mandy tenía cuatro años cuando se instalaron) pero Keith lo convirtió en su centro de diversión. Cuando no nos íbamos de gira, no estaba bien. Nunca ensayaba, ni siquiera tenía una batería en la casa. Se aburría, se deprimía, se tomaba pastillas y alcohol. En menos de seis meses, metió el Rolls en la piscina. Alegó que solo estaba empujándolo para arrancarlo, pero seguro que lo hizo por puro cachondeo. Destrozó la casa unas cuantas veces. Cuando nos tomamos un descanso en 1972, estaba que se subía por las paredes.

Las payasadas hicieron que Kim, la chica a la que siempre quiso, se fuera alejando, y empezó a verse con Ian McLagan, de los Faces. Cuando Keith se enteró, perdió los estribos y destruyó toda la casa, y encima delante de su hija, Mandy. Lo pienso y me da asco. No estaba en sus cabales debido al brandy y las pastillas.

Esa noche le rompió la nariz a Kim y aquello fue la gota que colmó el vaso. Se fue y jamás regresó con él. Ignoro si le había pegado antes, aunque ya había tenido brotes violentos. Una vez, en su piso de Highgate, le tiró una botella de champán, no le dio, pero iba tan fuerte que se quedó incrustada a la pared. Al día siguiente, le puso un marco alrededor y le ordenó a nuestro publicista que lo enviara a la prensa. Salió a toda página un domingo en un periódico y a la gente le pareció muy gracioso, aunque no tenía gracia alguna.

La verdad es que la idolatraba y, para colmo, era celoso; como todos a esa edad. A mí me costaba mantener la compostura cuando Heather hablaba con algún tío y se notaba que le tiraba los trastos. Con todo, no podía decir nada, y menos si acababa de volver de una gira. Pero eso no significa que no tuviera celos.

Con todo, lo de Keith era otro nivel, los celos eran extremos. En una ocasión le pagó a un tipo 200 libras para que le rompiera los dedos a Ian. Pete se enteró y le dio al mismo tío otras 200 para que no hiciera nada. Fueron los celos de Keith los que provocaron la ruptura con Kim. La vi después de que Keith le rompiera la nariz y me dijo que lo quería y que había aguantado muchos arrebatos de su carácter destructivo, pero que aquella noche no le quedó otra opción. Salió de la casa al instante con Mandy y se fueron a un hotel. Ahí acabó todo y no hubo vuelta atrás. Había perdido lo que más quería del mundo y jamás la recuperaría.

Más o menos a la vez que Keith se estaba instalando en el cartón de huevo de Surrey (supongo que elegido en parte por el pub del final de la calle), yo me iba al sur para acometer un plan mucho más tradicional. En el fondo, Heather y yo no queríamos comprarnos una casa porque no teníamos dinero y éramos felices donde estábamos en la profunda y oscura Berkshire, pero tampoco pasaba nada por echar un vistazo. Me puse a mirar casas con un amigo que tenía una inmobiliaria. Le acompañaba en su trabajo cuando visitaba casas. Un hermoso domingo a finales de primavera, nos llevó a Heather y a mí a Sussex. Vimos un cartel de «se vende» en una curva frente a unos campos. Por encima de un muro, se vislumbraba una casa a lo lejos que despertó el interés de Heather. Mi amigo dijo que le echaríamos una ojeada a la vuelta. Son gente lista estos de las inmobiliarias.

Fuimos a Pashley Manor, una casa de estilo Tudor que perteneció a Enrique VIII, pero me transmitía mal rollo y, cuando me pasa eso, no hay más que hablar. Soy muy sensible a la energía de la tierra. No sé cómo explicarlo pero hay sitios a los que voy de los que, en cuanto llego, tengo que salir huyendo. Es como si alguien apagara las luces y me tuviera que largar.

No íbamos a comprar aquella casa aunque hubiéramos tenido dinero. Vimos un par de casas más y volvimos a la curva con el cartel de «se vende». Mi amigo aparcó junto al acceso principal y allí estaba la casa, Holmshurst. Nos dio un paseo por la casa un chaval, el hijo de una pareja que se estaba divorciando. Se conservaba en buen estado, pero necesitaba una reforma porque se notaba que la habían desatendido durante mucho, mucho tiempo. El salón estaba negro como el carbón, había humedades, y la cocina estaba fatal, aunque tampoco daba miedo. Fuimos a la estancia de la entrada y por primera vez contemplé las vistas.

La casa está ubicada sobre un montículo y orientada al oeste, frente a los valles y pueblos de High Weald, en East Sussex. Puedes ver a lo lejos kilómetros y kilómetros y kilómetros y kilómetros, y sin recurrir a las drogas. La primera vez que contemplé aquello, me quedé boquiabierto y de inmediato me vi viviendo allí. Pensé: «Con esta vista, estoy a salvo».

Le pregunté a mi amigo y me contestó: «39.500 libras. Un chollo. Se la lleva quien primero aparezca con el dinero». Le pedí que aceptara y que ya conseguiría la pasta. Solo tenía que convencer al director de mi banco. Si todos daban por sentado que era millonario, pues seguro que él lo pensaba también, ¿no? Fui directo al banco y obtuve el préstamo. El acuerdo es lo primero que hice el lunes por la mañana y a las cinco de la tarde ya tenía la confirmación.

Llamé a Heather muy contento.

Noté que no echaba las campanas al vuelo y le pregunté qué pasaba.

Me contestó: «Hay muchísimo que limpiar». Nunca está satisfecha.

El 26 de junio de 1971, nos mudamos al que sería nuestro hogar de por vida, y la primera semana fue fantástica. Nos ayudaron los del equipo de las giras del grupo. Cada noche hacíamos una fiesta. Era la mejor sede hippy. Holmshurst es una casa muy especial y me venía como anillo al dedo. Ideal para un puritano. No lo digo en plan chulo, es solo un sitio funcional en el que estoy muy a gusto. No soy puritano, pero me gusta el trabajo, me gustan las cosas funcionales y claras. Y Holmshurst era así. Eso sí, Heather tenía razón, había muchísimo que limpiar.

Unos días después, me llegó la sentencia de divorcio de mi primer matrimonio y, al mes siguiente, Heather y yo nos casamos en el registro civil de Battle. No hicimos convite porque ya lo habíamos celebrado el año anterior: en el verano de 1970 decidimos casarnos y organizamos un gran banquete al que vino todo el mundo, todos los grupos, los peces gordos de la industria y casi todos los del pueblo. Incluso conseguimos que Ahmet Ertegun, presidente de Atlantic Records, cruzara a pie una hectárea y media de prado enfangado con sus botas de agua recién estrenadas. Iba a ser un acontecimiento por todo lo alto.

La parcela era de la señorita Gwendoline Taylor, una dama muy respetable del pueblo, pero la usaba Eric Goody, un tipo bonachón, grande y corpulento de mejillas sonrosadas y ojos azules, que brillaban maléficamente bajo su gorras de tweed.

A Eric lo conocí un día que apareció en nuestra casa al mes de instalarnos en Elder Cottage. Llevaba una camisa blanca, un chaleco rojo brillante y botas grandes y marrones.

«Vengo a conocer al auténtico Roger Daltrey», aseveró. Al parecer, no era el único joven de pelo largo y rizado que vivía en el pueblo. «He conocido al impostor y estoy aquí para conocer al auténtico».

Tenía un acento muy marcado de la zona y hablaba como si estuviéramos todavía en la época victoriana. Hicimos buenas migas al instante y me invitó a su terreno para mostrarme su ocupación. Menudo sitio. Dentro de una enorme nave agrícola, me enseñó todo tipo de carromatos gitanos, organillos, máquinas de vapor y otras lindezas. En lugar destacado exhibía un autobús londinense de 1911 con su piso superior al aire libre y su escalera de caracol exterior en la parte trasera.

Eric y su hermano Harold creo que habían sido los primeros chatarreros que se armaron de valor para llamar a la puerta de las casas señoriales con el noble empeño de ofrecerse a retirar los trastos que tuvieran. Los hermanos acabaron en posesión de una de las colecciones de carretas de caballos y cachivaches victorianos más importantes del país. A Eric lo llamaban a menudo para que hiciera de conductor de carruajes en las películas de época. Disponía de sobrada experiencia, ya que su primer trabajo, décadas atrás, había sido conducir la diligencia de correo entre Reading y Londres.

También era la persona ideal para organizar una fiesta. Gracias a Eric y Gwen, íbamos a montar la boda del siglo.

En mitad del campo había una gran carpa de circo de las de antes, y alrededor del campo estaban los vehículos restaurados a medias. Había barbacoa de cerdo y pollo, anguilas en gelatina y caseta de lanzamiento de bolas. Había puestos para juegos y el maravilloso sonido de los organillos. Se puso un escenario en un remolque de camión con la Bob Kerr's Whoopee Band amenizando la velada. Había de todo. Lo único que faltaba era el papel que certificara el final de mi primer matrimonio, por lo que tuvimos que renunciar a casarnos en el registro civil.

Como era tarde para cancelar la fiesta, Heather y yo hicimos como si nos hubiéramos casado. La gente nos preguntaba en la fiesta por la ceremonia y respondíamos que había salido a las mil maravillas.

A la mañana siguiente, me desperté junto a mi preciosa «novia» y comprendí que lo del casamiento daba igual si habíamos tenido una fiesta espléndida y todos creían que éramos marido y mujer.

«Eres peor que Mick Jagger», me espetó.

Fue oír eso y pensar que mejor nos casábamos. Siempre había sido sincero con ella para que aquello durara, y debido a mi profesión, no tenía que haber secretos. Hablo con conocimiento de causa. Uno se llega a sentir muy solo cuando está de gira varios meses y nosotros, uno de los grupos más grandes del mundo, nos íbamos durante cinco o seis meses seguidos. No podía volver a casa y decirle que me había portado bien.

La infidelidad no debería ser motivo de divorcio. Para un hombre se trata solo de un polvo, excepto si te enamoras. Es un disparate basar el matrimonio en eso. La gente se casa y en seguida cada cual intenta cambiar a la otra persona. Si se va de frente desde el principio y realmente hay amor, no hay problema en ser quien eres porque, de lo contrario, no tiene sentido casarse.

Celebramos la boda y al año nos casamos como tiene que ser. En mi mundillo, son pocos los matrimonios que duran, pero nosotros seguimos juntos después de tantos años y nunca me he arrepentido de casarme. Ni una sola vez. Puede que Heather alguna vez se lo haya pensado, pero yo no. Tuve mucha, mucha suerte de dar con ella aquella noche en el Speakeasy.

Ahora me doy cuenta de que llegó en el momento justo la idea de establecernos en Sussex. Tenía las vistas de los campos, a mi esposa y una familia joven. Tenía vida fuera del grupo.

Pete, por otro lado, tenía su familia pero también contaba con mucha presión. Era el compositor, había escrito *Tommy*. ¿Qué haría a continuación?

Pete estaba trabajando ya en el proyecto *Lifehouse*, que sería disco y película. En términos musicales, era un concepto impresionante, pero un tanto excesivo y difícil de entender. En un mundo ambientado en un futuro no muy lejano,
los elevados niveles de contaminación obligan a la población
urbana a vivir recluida en casa y a llevar trajes sensoriales
que estimulan los sentidos de manera de artificial. La gente
está desconectada de su entorno natural. Tenía un punto vi-
sionario, ¿no os parece?

El resto vive en el campo con lo justo. Los trajes sensoriales están conectados a la Red, que suministra a la gente
comida y entretenimiento a través de tubos de ensayo y una
persona puede sentir al día miles de experiencias de toda
una vida (lo que está muy bien), pero sin rock 'n'roll (lo que
no está tan bien). Aparece un rebelde llamado Bobby, que
hackea la Red. Convierte los datos personales de la gente en
notas musicales que después interpreta.

La música converge en una sola nota y, con ella, la población se libera. Todos se desvanecen en el Nirvana. Fin.

Si hoy suena pretencioso, pues imaginaos lo que parecía en 1971. Y la historia no quedaba ni la mitad de clara.
Las narraciones de Pete siempre han sido imprecisas, y eso
es perfecto cuando estás haciendo música rock, pero no una
película. *Lifehouse* era un proyecto de distopía algo pedan-
torro sin una trama ni un desenlace claros. Un soberano lío.

Le propuse intentar escribirla en forma de guion pero fue labor imposible. Entendía lo que quería expresar: cuando hallemos el sentido de las cosas, cuando se encuentre un ser superior, este será una nota musical. Lo pillaba, pero no veíamos cómo llevarlo al cine, cómo hacer una película de algo intangible.

Cuando lo hablábamos, nos centrábamos en la película y le dábamos mil vueltas. Nos reuníamos durante horas y horas en Track Records, en mi casa, en la suya, con Kit y Chris también presentes. Keith y John sobrellevaban las reuniones con alcohol. Una tarde en que la reunión fue especialmente larga, Keith empezó a desnudarse y después hizo el pino poniendo los huevos en la mesa.

Yo llevaba una actitud más constructiva y no paraba de decirle a Pete que grabáramos las canciones que había escrito pero, para él, lo importante era el conjunto. Un proyecto, una película y un disco, la experiencia multimedia completa. Y no lo entendíamos por tontos.

Ya lo he comentado y no quiero que suene mal, pero a veces hablar con Pete era como andar por un campo minado con zapatos de payaso y los ojos vendados. Cuando tiene fijación por algo y la gente no lo pilla, es intelectualmente aterrador y emerge su frustración con malevolencia. En él habita un lado bueno y amable, y es el que se manifiesta con más frecuencia, pero el otro en ocasiones brota de la nada. Es como un escorpión de buen corazón. La conversación puede ir de buen rollo, pero estás siempre alerta para que no te lance el aguijón.

Igual deberíamos haber ido al estudio a rumiar el proyecto. Las ideas de Pete siempre son muy buenas y podríamos haber desarrollado aquella entre todos. Igual la habríamos materializado. Pero él no era así, asumió toda la presión de ser el autor único de una obra nueva y ambiciosa.

Las horas y horas se convirtieron en meses y meses. Dimos algunos conciertos experimentales en el Young Vic para estudiantes. El plan de Pete era la participación del público.

Lifehouse iba a sería una experiencia participativa. Un espectáculo en cuatro dimensiones. Decía que en algunos conciertos del grupo había sentido unas vibraciones tan puras que creía que se iba a parar el mundo y que echaríamos a volar hacia un Nirvana unificado. Quería recrear eso.

Las cosas no son así y lo dije en su momento. Esas vibraciones suceden a veces en un concierto pero no es algo que se pueda recrear. Pete opina que surge del público. Discrepo. Me encanta el público de los conciertos, te alimenta el ego. Pero eso que dice Pete surge de nosotros y del público es una sincronización simbiótica. Cuando se juntan nuestras formas de tocar se crea un armónico y, cuando sucede, sentimos que el público sube de nivel, lo que nos lleva a subir también a nosotros y se produce algo mágico.

Lo que no sé es si eso se puede conseguir sin público. Supongo que en una sala completamente vacía se antojará complicado porque la energía la transmites y si nadie la recibe, no creo que sea lo mismo. Pero tampoco hace falta tener público para actuar. A Pete le molestaba cuando el público no respondía bien. A mí eso siempre me ha dado igual, como si estaba de lleno de ejecutivos discográficos o si en la primera fila repetían los mismos del día anterior. Me trae sin cuidado. Cuando actúo, me dirijo al fondo de la sala, veo una masa de caras y punto. La música me traslada a otra parte y poco me importa lo demás. Si empiezas a preocuparte por la gente, pierdes la concentración. Les pasa a los futbolistas que a veces le ponen tantas ganas que no dan pie con bola. Cuando se relajan y se dejan llevar, les salen las cosas. En los conciertos es lo mismo.

Pero el tema es que no es algo palpable que se pueda producir interactuando con el público cuando uno quiera. Si te sale, lo sabes. La segunda vez que tocamos en el campo del Charlton Athletic Football en 1976, salió. Esperábamos una asistencia de 70.000 personas, pero aparecieron 120.000 tras arrancar las puertas de acceso. Había llovido todo el día, pero cuando nosotros salimos, solo había caía fina llovizna con niebla. El escenario estaba resbaladizo. «Bienvenidos a los Who sobre hielo», anuncié quitándome las botas y los calcetines (se aprende muy pronto que si quieres conectar con un público empapado, la única vía es mojarte tú también y, aunque para los guitarristas es complicado, Pete se las apañó a la perfección). Acto seguido, empezamos a tocar. El público respondió. Se podía sentir que se llegaba a otro nivel. Y después a otro. Y a otro. Todo el rato así, era verdaderamente simbiótico. Nosotros. El público. Eso resulta imposible encapsularlo.

Aquella fue la primera vez que desplegamos nuestros tres grandes láseres argón. Eran unos cacharros enormes y muy potentes. Para que no se calentaran y explotaran, solo nos quedaba conectarlos a una boca de incendio. El rayo de cada láser pasaba por un prisma que formaba sobre el público una luz verde con la portada de *Tommy*. La luz descendía despacio hacia el público, que tenía la sensación de elevarse hacia un techo de luz. Era todo muy trascendental y encajaba con la música. Sentían nuestra energía y nosotros, la de ellos.

No importa cómo es el público sino que esté allí y cómo conectemos. Pero Pete no se conformaba. Hizo que trabajáramos en el Young Vic para un público específico. Le dábamos la razón como a los locos y lo tratamos como si fuera un ensayo general. Era todo muy confuso.

Mientras aguardábamos que los pensamientos de Pete cristalizaran, se descompusieran y recristalizaran de nuevo en algo comprensible para nosotros, Track Records editó nuestro primer álbum en directo. *Live at Leeds* tenía que ser nuestra actuación emblemática. El *New York Times* lo llamó «el holocausto definitivo del hard-rock». Yo pensaba que no era tan bueno. Lo grabamos en la University Refectory el día de San Valentín de 1970 y no me oía bien la voz por culpa del resto de la banda. Eso ocurría mucho: John tocaba muy alto, Moonie no es que le fuera a la zaga y Pete competía subiendo el ampli. Tenía que bajar el sonido que me llegaba y solo podía oírme si cantaba demasiado alto. Siempre que lo hacía, era consciente de ello, y una de las veces fue en Leeds. Una lástima, sobre todo para lo que constituye nuestro «disco emblemático» desde hace 47 años.

Al día siguiente dimos un concierto que representaba con mayor fidelidad lo que hacíamos. Tocamos en Hull y el balance fue mejor. Me oía la voz. Lo editaron hace algunos años y es mejor disco. Igual estoy demasiado sensible. Es lo que pasa cuando te tiras un montón de años delante de los amplificadores de Entwistle.

John era un bajista excepcional, pero no controlaba el ego. Tocaba a un volumen desmesurado. Incluso Pete, que no es que fuera una monjita en temas de volumen, se quejaba de eso sin parar. Mantuve muchas discusiones con John al respecto. En los años 90, hicimos *Quadrophenia* en directo y trabajé en un solo en «5.15» para darle protagonismo a John, porque raramente lo tenía y no me parecía justo. Toda la vida en el grupo y los demás disfrutando de sus momentos de gloria, mientras él tocaba de fondo. No es lo ideal ni para el ego más equilibrado del mundo. Eso lo entiendo. Así que le metí el solo y le repetí lo mismo por enésima vez.

«Mira, John, lo que cuenta es la evolución escénica. Si estás desde el principio hasta el final tocando a un volumen atronador, cuando te llegue el solo, no se notará nada especial. Lo único que verá el público es que de repente, sin saber por qué, los de iluminación han decidido ponerte un foco».

«Sí, Roger», murmuró.

«John, no tienes que tocar todo el concierto al volumen del solo. Cuando haya que cantar, bájalo un poco y cuando te toque a ti, adelante. Tienes todo el espacio del mundo, pero si suena alguna disonante, lo echas todo a perder».

«Muy bien, Roger».

«Por el amor de Dios, cuando acabes el solo, vuélvelo a bajar».

Dimos el concierto y, milagrosamente, John empezó no suave, pero al menos tampoco ensordecedor. Se oían las voces. Todo se oía bien. Llegamos a «5.15» y al solo del bajo. Sube el volumen y aparece El Buey. Vaya tela. Menudo contraste. Un momento precioso. Solo en ese momento de su solo, con una sonrisa burlona, aumentó el volumen más allá del nivel máximo.

A modo de cachondeo, o por venganza tras años y años y años de volumen, puse a John a tocar con los Chieftains, el grupo más tranquilo del mundo, por mi 50 cumpleaños en el Carnegie Hall en febrero de 1994. Tocamos «Behind Blue Eyes». Buscadlo en internet. Vale la pena ver a John con un grupo al que un simple golpe con los pies puede tapar por completo. Es maravilloso. Siempre que lo miro se me escapa una sonrisa.

El ego. Ese es el problema. Es un componente vital en un grupo de rock, pero también puede ser letal. Creo que a mí se me fue la pinza en la época en la que los del grupo no me hablaban, aunque esta afirmación suena, a su vez, una tanto egocéntrica, ¿no? A mí no me afectaba, en gran medida, porque estaba en primera línea en el escenario. Sobre mis hombros recaía una parte importante de la atención. Pero el ego puede causarte problemas, puede provocar una escalada de las tensiones, y no solo se manifestaba en el modo de los chicos de subir el volumen de los amplis.

Empecé a voltear el micrófono no por exhibicionismo sino porque no sabía qué hacer con las manos durante los solos. Surgió poco a poco en la gira con Herman's Hermits, cuando comenzamos a incluir la miniópera en los conciertos. Contábamos con esa pieza musical más larga y sentía que había que animarlo un poco, ya que me quedaba parado en el escenario sosteniendo el micro, una pose bastante sosa. Ahí con un brazo no es que haya muchas opciones de coreografía, y no puedo competir con Mick Jagger bailando. Así que en los descansos me puse a ensayar lo de los volteos y lo fui desarrollando a lo largo de los meses siguientes. Y ahí es cuando Pete comenzó con sus saltos.

En resumen, yo empecé con los volteos y él con los saltos. John se quedaba quieto, estoico. Keith no paraba de moverse. Pete y yo nos metimos en una especie de carrera armamentista del baile. No estaba coreografiado, surgió sin más de la música. Y quizá de nuestros egos.

A veces se me escapa el micro. En los años 60, lo atrapaba después de lanzarlo sin problema, pero ahora la vista no la tengo tan bien y mi porcentaje de aciertos es más irregular. Cuando no lo atrapo, me da en la pierna o en los huevos y duele de la hostia. Por lo menos, así llego con más facilidad a los agudos.

Solo le he golpeado a una persona adrede y fue en el concierto de Chuck Berry, y se lo merecía. Los golpes accidentales se producen por fallos mecánicos. El micro se sale de la correa y la verdad es que da miedo. Desaparece sin más. Sale disparado y no resulta muy agradable que le dé a alguien en la cabeza. Pensadlo si venís a vernos un día y os ponéis en las cien primeras filas.

No lo ensayaba, solo lo balanceaba unas cuantas veces antes de actuar para acostumbrarme el brazo, porque pesa como medio kilo, y para calcular la energía que tengo que emplear. Y he de estar al tanto, de modo subconsciente, de la posición que ocupan los demás en el escenario para saber de cuánto espacio dispongo. Pino Palladino, el bajista que ya lleva tiempo con nosotros, el pobre, al principio me tenía pánico. Ahora ya lo tolera porque sabe que no hay peligro. Hasta es capaz de estar tocando casi sin apartarse.

Al principio a todos les ponía a parir lo del micro, pero pronto me gané su confianza. Pete se fía al cien por cien, y quiero destacar que nunca le he dado con el micro. Aún nos queda tiempo, pero se ve que no me ha dado motivos de enfado como para merecerse un microfonazo. No habría sido difícil atizarle en épocas pasadas, como aquella que pasamos inmersos meses y meses en los debates en torno a *Lifehouse*.

O cuando tuvimos nuestros desencuentros. Un giro rápido y directo al blanco y sanseacabó. Arreglado. Pero jamás se me pasó por la cabeza.

Al final, el gran proyecto de *Lifehouse*, lo que iba a ser el próximo *Tommy*, feneció y, en su lugar, grabamos *Who's Next*. Es un disco que me encanta, es muy bueno y eso se debe a que Pete nos dejó las canciones varios meses antes de entrar en el estudio.

Él era generoso cuando estábamos metidos en el estudio. Entonces nos dejaba trabajar las canciones, desarrollar ideas a partir de las maquetas. Sin embargo, por su manera de hacer las cosas y de presentarlo todo tan esquemáticamente, nunca nos pasaba las canciones antes.

Supongo que le venía de familia. Su padre, Cliff, tocaba el saxo en los Squadronaires, la orquesta de baile de la RAF. Su madre, la indomable Betty, cantaba con Sidney Torch y Su Orquesta.

Llevaban la típica vida itinerante de los músicos a sueldo. Te decían lo que tenías que tocar y lo tocabas.

Una banda de rock no funciona igual. Una banda de rock tiene que asimilar la canción, probarla de varias maneras y, al principio del proceso, lo más importante es que todos se familiaricen con la canción. Hay que sabérsela hasta el punto de no pensar en ella, hay que vivirla hasta sacarla de la cabeza y que se la apropie el corazón. Nunca lo habíamos hecho así y creo que por ese motivo lo pasábamos tan mal en el estudio. Aquí está la canción sobre X, Y y Z. Adelante, chico. Se me hacía un mundo trabajar de ese modo.

Con *Who's Next*, dimos conciertos y ensayamos todo el material. Lo tocamos en directo durante un mes, aproximadamente. Actuamos por el norte del país y después nos fuimos a Nueva York y grabamos un poco con Kit. A mí las canciones me gustaban, pero la relación entre Pete y Kit empezaba a enmarañarse y las descartó todas.

Volvimos a Inglaterra y empezamos desde cero. Para entonces, ya nos sentíamos muy cómodos con el material y se nota en el disco. Tiene el ritmo adecuado, lo cantas como lo sientes.

Pongamos «Won't Get Fooled Again». Es un tema brillante con una letra brillante.

We'll be fighting in the streets
With our children at our feet
And the morals that they worship will be gone
And the men who spurred us on
Sit in judgement of all wrong
They decide and the shotgun sings the song.

[Lucharemos en las calles
con nuestros hijos a nuestros pies
Desaparecerán los principios que proclaman
Y quienes estaban al frente
juzgan lo que está bien y mal
Ellos mandan y la escopeta canta la canción]

Entonces estábamos en pleno Vietnam. Solo había transcurrido una generación desde la guerra de nuestros padres y nos veíamos en las mismas. Era una canción que te hacía reflexionar, a mí por lo menos.

La grabamos en Stargroves, la casa de estilo gótico que tenía Mick Jagger en Hampshire. Era una mansión antigua y grabé las voces en el hall, una estancia enorme de techos muy altos. Había escuchado la maqueta de Pete y, en el momento en que tenía que empezar la voz tras el riff de batería, es cuando suelta un «yeeah» gritón, delicado y suspicaz. En plan, mola, hombre.

Me conocía la canción, sabía que expresaba ira, pero de la fuerte, así que solté un grito de rabia. Me salió del corazón, no de la cabeza.

Los demás estaban en ese instante cenando en la cocina. Oyeron el grito de terror y debieron de pensar que se les había muerto el cantante. Keith se asomó por la puerta para ver si me había pasado algo.

Yo estaba bien y el disco salió aún mejor. Nos encontrábamos en buena forma. Y encima nuestro contable nos convocó a una reunión para decirnos que el año había sido fantástico, que es la mejor noticia que te puede dar el contable. Comentó que habíamos hecho todas esas giras, *Who's Next* y *Live at Leeds*, y que habíamos ganado un montón de pasta. Y que se congratulaba de anunciarnos que solo debíamos 600.000 libras.

Los que pensaban en 1969 que éramos millonarios seguro que creían que ahora éramos multimillonarios, pero seguíamos gastando más de lo que ganábamos. Pero no era por nuestro tren de vida. John vivía en Popes Lane, en Acton. Yo hasta ese verano estaba en una casa modesta. Se iba mucho en las giras y, como iríamos descubriendo con los años, se lo metían todo Keith y Kit por la nariz. «La prosperidad sin lucro», es como lo describía Chris Stamp, que resulta gracioso viniendo de él, que sí estaba ganando pasta. Como saltaba a la vista que con las giras aumentaban las deudas, decidimos parar.

Tras muchos años a toda mecha con los Who, en 1972 nos tomamos las primeras vacaciones. Un sabático de seis meses alejados del circo del rock 'n' roll.

Estuvo bien lo de descansar un poco. Llegas a conocer tanto a tus colegas de grupo, te unes tanto a ellos en las giras (como es lógico), que meses después acabas también un poco quemado. Según te haces mayor, resulta más fácil gestionarlo. Ahora es todo mucho más relajado, es genial porque somos todos amigos. Pero en 1972, aquella pausa supuso un desahogo enorme.

Imagino que creeréis que me tiré seis meses tirado en mi preciosa mansión vagueando con mi preciosa esposa. Como he dicho antes, no soporto estar parado sin hacer nada, no le veo sentido al mero hecho de la existencia.

Primera semana: raspar la capa de pintura negra con que los victorianos habían recubierto las vigas de madera.

Segunda semana: raspar las vigas.

Tercera y cuarta semanas: raspar las vigas.

Quinta semana: cansado de raspar vigas, me construí un estudio.

Sexta semana: estaba haciendo el tonto en el estudio cuando me llamó Adam Faith. Me comentó que estaba buscando un sitio para grabar a un cantante nuevo llamado Leo Sayer, de modo que los invité a que se pasaran. Siempre he tenido a Adam por hermano y en Leo había encontrado un artista genial. Era un cantante maravilloso, maravilloso. Único por completo. Sin embargo, nadie les ofrecía un contrato discográfico que valiera la pena.

Leo escribía sus canciones con Dave Courtney. Les sugerí medio en broma que me compusieran algunas para mí, así grabaría un disco en solitario y si salía medianamente bien, igual le servía de ayuda a Leo para firmar un contrato. La única condición es que fuera radicalmente diferente a los discos de los Who. Leo aceptó y se puso a ello. La verdad es que nunca pensé que de allí surgiera algo, pero, a la semana siguiente, mientras me mentalizaba para una nueva sesión de trabajo con las vigas de la casa, vinieron Leo y Dave con diez canciones nuevas. Así sin más. Tenía que elegir entre la música y las vigas, así que nos metimos a grabar de inmediato.

Daltrey salió a la venta en la primavera de 1973 y vendió más que cualquier disco de los Who. Llegó a alcanzar las 40.000 copias diarias. De forma deliberada, era distinto en lo que respecta a la música.

Los discos en solitario de John y Pete estaban mucho más cerca del sonido de los Who, pero yo siempre he tenido claras mis prioridades. Lamentablemente, Kit y Chris, y la compañía discográfica, no lo veían igual. Más tarde me enteré de que frenaron su lanzamiento en Estados Unidos a propósito porque los Who eran su producto más importante y les preocupaba que triunfara y que abandonara el grupo. Jamás tuve esa idea en mente, y eso que hay gente que me animaba constantemente a dar el paso. Pero no quería hacer carrera en solitario, no quería ser como Rod Stewart.

A veces echo la vista atrás y creo que sí, que debería haberme ido a solas. No le veía sentido porque formaba parte de una banda mágica. Puede que no fuera el grupo más famoso del mundo, pero hacíamos cosas importantes y con eso tenía más que suficiente.

Pete y yo nunca hablamos de mi disco, aunque estoy convencido de que pensaba que era una mierda sentimental. Sé que para John era una porquería porque cuando sonó en la radio, hizo una pedorreta. Keith me apoyó de manera similar. Mi primo, el fotógrafo Graham Hughes, me sacó la foto en la que estoy con un halo de rizos, y desenfocada para acentuar su aire angelical. Me pareció que seguía el rollo de *Tommy*, por lo que la elegí como portada de *Daltrey*. La imagen apareció a doble página como chico del mes en una revista de adolescentes. A la mañana siguiente, recibí una carta de Keith: había arrancado la foto, había rayado con bolígrafo mi cara angelical y había escrito «puaj». Esa fue su reseña.

Evidentemente, me traía sin cuidado. Sabía que no les gustaría nada el disco, pero ese era el quid. Para grabar un disco que le gustara a John, tendría que haber hecho uno depresivo de death-metal. A él le habría encantado, pero a mí no me iba ese rollo.

Lo único que me molestó de la experiencia fue la reacción de Kit y Chris. Eran los gerentes de Track Records y, ante todo, eran nuestros mánagers. Mis mánagers. Cuando les llevé el disco, lo tiraron al aire y tuvimos una bronca fuerte en el sótano de la empresa. Decían que era muy suave y amable y yo les contestaba que por supuesto, que no quería usar elementos de los Who. Solo quería añadir una nueva dimensión a mi trabajo. Para ellos era una basura absoluta.

Aquello me sentó fatal. Me puse de muy mala leche, pero cuando me calmé, por fin tomé una decisión que debería haber asumido mucho antes. En el fondo, no compartían mis intereses porque solo querían proteger su gallina de los huevos de oro. Después de aquel episodio, opté por cambiar de aires. Adiós muy buenas. En seguida le pedí a Bill Curbishley que fuera mi mánager.

12
CAMBIO DE MÁNAGER

Las semanas anteriores a la discusión, ya me había fijado en un tío que andaba por la oficina. Era un hombre alto y grandote con barba y pelo corto, lacio (veréis la importancia de este detalle un par de páginas más adelante). Me cayó bien, había empatía. Le pregunté por él a Mike Shaw, el responsable de producción.

«Es Bill», dijo. «Uno de nuestros viejos colegas».

«¿Y de dónde es?»

«De Canning Town».

«Me cae bien. Lo ficharé de mánager».

«Lo hará mejor que nadie».

«Háblame de él».

«No lo comentes por ahí», dijo Mike. «Se va por las noches a Pentonville. Duerme en la cárcel de allí».

En todos los artículos y entrevistas sobre Bill Curbishley, se mencionaba siempre sus siete años en la marina mercante. Pero Bill, que sería mi mánager desde 1972 en adelante, nunca estuvo en la marina mercante sino en la cárcel. Lo de la marina era una tapadera para proteger a sus hijos, pero les contó la verdad cuando se hicieron mayores. Y aquí va la historia real.

Había nacido en Forest Gate y se crio en Canning Town. Era el mayor de seis hermanos y su madre lo escolarizó un año antes para tenerlo ocupado y poder trabajar. Fue, como yo, al instituto (era listo, ya que iba un año por delante) y, también al igual que yo, no venía del entorno acomodado habitual del resto de chavales. Su padre había servido durante la guerra como ingeniero de la marina real reparando submarinos en Sri Lanka. Por cada submarino arreglado, recibía en agradecimiento una botella de ron.

Al regresar, encontró trabajo en el puerto y empezó a beber más. Entonces iba más apurado de dinero y las huelgas de la posguerra dejaron a la familia al borde de la indigencia. Bill tenía que ir los sábados por la noche a la panadería del barrio con un carrito de bebé a robar carbón para que su familia no muriera de frío.

«Fue el primer peldaño a la rebelión», decía. «A los once años había aprendido que, para salir adelante, tenías que pelear con todo y si había que delinquir, se delinquía».

El delito por el que atraparon a Bill fue el robo del furgón de un banco en Erith, Kent, en 1963, uno de los atracos más importantes de la época a un furgón blindado, aunque él no tuvo nada que ver. Todo el mundillo de los bajos fondos del East End sabía quiénes lo habían hecho pero imperó el silencio y Bill también se calló. Por desgracia, el sargento a cargo de la investigación le tenía manía (por otra historia sobre impresión de billetes falsos y una pinta tirada) y Bill pagó el pato.

En el juicio, las pruebas contra él eran poco sólidas. La policía alegó que tenía relación con un miembro de la banda que había cometido el robo. Una testigo aseguró haber visto a una persona parecida a Bill al volante del coche de los atracadores y un policía uniformado describió a un hombre de 1,75 con el pelo frondoso y rizado corriendo del furgón al vehículo de los atracadores.

Pero Bill medía más de 1,80 y era *mod*, llevaba el pelo corto al estilo *mod* y en absoluto lo tenía rizado. Sin embargo, en las conclusiones, el juez Thesiger dijo: «Consideren, miembros del jurado, que, al correr, Curbishley podría ir encorvado y parecer más bajo y que el pelo al viento podría parecer rizado y también largo». Menuda forma de dirigir al jurado.

Lo declararon culpable y fue a la prisión de Durham, donde le tocó en el mismo bloque que los atracadores del tren postal de Glasgow.* Eso podría haber sido su perdición porque, si se tontea con la vida delictiva, si te encierran joven, es difícil rehabilitarte. Pero Bill se pasó casi todo el tiempo incomunicado, así que se puso a estudiar, se sacó el bachillerato, hizo cursos, sin llamar la atención.

Al cabo de unos años lo trasladaron a Leicester. Y entonces Reggie Kray habló con el alcaide de su cárcel y le contó que lo de Bill había sido un montaje, y ese alcaide hizo la gestión para que fuera trasladado a Wormwood Scrubs.** Así que estaba de vuelta en Londres y seguía proclamando su inocencia. Al final, la historia de Bill salió en la portada del *Sunday Mirror*. «¿Son inocentes estos hombres?», rezaba el titular, seguido por un artículo que relataba la falsa acusación de Bill y Billy Stuckle, otro supuesto ladrón. Como por arte de magia, la junta de tratamiento lo convocó unos días después de la navidad de 1970.

Le dijeron lo siguiente: «Te hemos recomendado para un programa de trabajo de Pentonville durante tres o cuatro meses y después se te concederá la libertad provisional». «¿Por qué?», preguntó. «Pensamos que tu caso se adecua a este régimen», le contestaron.

«Los cojones», dijo Bill. «Sabéis que soy inocente». Sin cesar en sus objeciones, salió en libertad y puso fin a su temporada en la «marina mercante». El otro preso, Stuckle, no tardó en salir también y murió pocos meses después. «Para mí que lo mató la prisión», aseguraba Bill. Tiene que ser duro

* El «Great Train Robbery» sucedió en agosto de 1963 y pasó a formar parte de la cultura popular, con la realización de canciones y películas sobre el atraco.
** Reggie Kray y su hermano gemelo Ronnie fueron dos célebres gánsteres de Londres, condenados en 1969 a cadena perpetua por asesinato. Fallecieron en 2000 y 1995, respectivamente. El autor desarrolla su historia más adelante, en el capítulo 17.

lo de pasar por la cárcel pero, encima siendo inocente, ya ni me lo imagino. Bill lo superó, pero se perdió los años 60. Estuvo siete años haciendo trabajos forzados e incomunicado y luego lo soltaron sin apenas una disculpa. Llamó a Mike Shaw, uno de sus viejos amigos de Canning Town, y al día siguiente estaba trabajando en Track Records. Tuvo suerte, y de paso yo también.

Pocos meses después, se produjo aquella bronca con Kit y Chris en el sótano de la empresa y tomé la decisión de buscarme un nuevo mánager. Bill había intentado convencerlos de que me apoyaran con mi disco en solitario. «Si nos volcamos con él y tiene éxito, será lo mejor para todos porque ganará autoestima. Hay que mostrarle que se le trata bien», les dijo entonces, y hoy todavía recuerda su reacción: «Se me rieron en la puta cara y me dijeron que, si tanto le quería, me encargara yo». Bill les contestó: «Pues genial, de acuerdo».

Desde que lo nombré mi mánager, empecé a ganar más dinero que nunca. Es mérito suyo porque, cuando entró en Track Records, Kit y Chris ya estaban descontrolados. Y todo se habría desmadrado más si Bill no se hubiera puesto tan rápidamente al día. No le quedaba otra, nadie gestionaba nada. Era un caos.

Yo no iba mucho por Track pero, según Bill, llevaban aquello como si fuera su cajero automático. Kit llegaba a mediodía, pillaba el dinero que había en la caja y, si quería más, se extendía un cheque y se iba por ahí a pillar droga.

La estructura general era un reparto al 50% de los beneficios discográficos de Track con Polygram. Eso estaba bien. Gestionaban los grupos, las giras, producían los álbumes y los publicaban. De cada paso ganaban dinero. No obstante, también controlaban las regalías de los artistas, que estarían alrededor del 15 por cierto de las ventas. Cuando comenzaron a firmar a otros artistas (Marc Bolan, Jimi Hendrix, Arthur Brown, Thunderclap Newman), todas las regalías se metían en una cuenta aparte de Mammoth Records. A veces repartían un poco con Jimi y el resto, pero siempre se quedaban con la mayor parte. Y con la mitad del dinero del acuerdo con Polygram.

Ya he comentado que en realidad éramos socios. Kit y Chris nos habían prometido a los cuatro un diez por ciento de Track a cada uno. Todavía conservo la carta. Está mordisqueada por el perro, pero la guardo de recuerdo. Eso representaba un montón de pasta y jamás vimos un duro ninguno de nosotros.

Eso sí, Kit se había comprado un palacete del siglo XV en el Gran Canal de Venecia. No he estado, pero me han dicho que es muy bonito. Monet lo retrató. Ruskin admiró sus óculos incrustados. Perteneció a condesas, diplomáticos y a la realeza veneciana. Y también a Kit Lambert. Kit y Chris contaban también con casas enormes en Knightsbridge.

A principios de los años 60, Kit y Chris estaban enganchados a la heroína, y los heroinómanos tienen pánico a quedarse sin dinero. Cuando firmaban contratos con promotores, preferían cobrar por adelantado, aunque fuera menos, que esperar al beneficio final. Como cualquier adicto, solo querían meter la mano en la caja. Estoy convencido de que no era premeditado, que no planificaban que iban a robar dinero, sino que se convencían a sí mismos de que solo lo tomaban prestado, pero poco cambia la cosa. Era fruto de la desesperación.

Bill lo ve de otra manera. Para él, Lambert y Stamp siempre creyeron que estaban por encima de nosotros; Moon era el payaso, Entwistle era el ancla y Townshend era el genio al que mimaban. Yo era al que había que soportar.

Si hubiera dependido de mí, nos habríamos deshecho de ellos mucho antes, en el mismo momento en que me enteré de buena tinta de que nos estaban estafando. Llevaba años sospechándolo, pero el asunto se pone serio cuando tienes pruebas concluyentes de que tus dos mánagers, que han de velar por ti, te están robando.

Esa prueba concluyente la tuve al poco de regresar de la gira con mi disco en solitario. Kit y Chris me dijeron: «Tenemos un acuerdo de tres discos de los Who con MCA por un millón de dólares por disco». Genial. «Y vuestro porcentaje de cada álbum es de 529.325 dólares». Un momento.

Nuestro porcentaje por contrato de grabación era del 60 por cierto. Hasta ahí llegaba y no hace falta usar una calculadora para saber que 529.325 dólares no es el 60 por cierto de un millón. Era todavía más ridículo porque en la cantidad se detallaba hasta los céntimos. Puede que sea de Shepherd's Bush, pero no imbécil. Les llamé, les pedí que lo repasaran y me vinieron con la misma cifra. Les pregunté si estaban seguros y asintieron, por lo que llamé a Ted Oldham, nuestro abogado, que me confirmó que el contrato que nos tocaba era del 60 por ciento del millón de dólares por disco. Mis matemáticas de Shepherd's Bush no fallaban. No había ninguna duda. Kit y Chris nos estaban jodiendo bien.

Hablé con Keith y John y les dije que no quería que nos llevara nuestra carrera una gente en la que no podía confiar. No era ya por el dinero y, aunque teníamos familias que mantener, nunca fue por el dinero. Siempre he sido consciente de la suerte de tener lo que teníamos, por habernos conocido y haber conocido a nuestros mánagers. Siempre valoré su creatividad y lo que habían hecho por nosotros, pero no quería que siguieran llevando el grupo. Quería romper el contrato de gestión, pagarles un diez por ciento y tenerlos como asesores creativos. Quería que siguieran con nosotros, pero no quería a drogadictos administrando el dinero. Keith y John me dieron la razón, aunque Pete no estaba de acuerdo y no iba a apoyar que rompiéramos el contrato. Le dije que teníamos que hacer algo, pero se cerró en banda y punto. El dinero de los Who era calderilla para él.

Las cosas siguieron igual hasta que se fue a Estados Unidos un año o dos después y descubrió que también habían metido la mano en sus derechos de edición. No sé cuánto le quitaron, no es asunto mío, pero ahí sí que se armó la de Dios.

En lugar de mantener algún tipo de vinculación, prescindimos por entero de sus servicios. Pete los sentenció. En 1976, el resto del grupo le pidió a Bill llevarlos también a ellos. Habían visto cómo me gestionaba las cuentas y querían contar con él. Me mantuve al margen. Habría preferido quedármelo solo para mí, pero supongo que era inevitable. Cuando se llegó al punto crítico, Bill se desveló como la opción evidente para ser el mánager de los Who. Kit y Chris se fueron a la calle. Perdieron Track, nos perdieron a nosotros y nosotros a ellos. Siempre he tenido remordimientos con esta historia porque el cabrón que instigó la ruptura fui yo, aunque la ruptura final fue más radical de lo que habría deseado.

Nunca he sido rencoroso. Siempre he mirado adelante, perdonando, aunque no siempre olvidando. Pero las cosas hay que dejarlas claras y con Chris y Kit era todo muy opaco. Kit murió en 1981 y se fue a la tumba pensando que el grupo le había tratado de forma injusta. Lo vi unos meses antes de fallecer. Se vino un día a comer a Sussex y tenía un aspecto muy melancólico. Bill lo vio justo antes del final y Kit seguía diciéndole: «Asegúrate de que te pagan». Tenía la paranoia de los drogadictos. Bill le dio algo de dinero y le firmó un cheque. Volvió al cabo de una hora, lleno de moretones y llorando. Se había ido a por droga y le habían sacudido un poco. Bill le dio más dinero y le llamó un coche que lo llevara a casa. Fue la última vez que lo vio uno de nosotros.

Solo tenía 45 años. Sufrió una hemorragia cerebral tras caerse por las escaleras de la casa de su madre. Fue el final horrible de un hombre que significó mucho para el grupo. Chris salió adelante, se limpió y se hizo terapeuta de adicciones en Nueva York. Recuperamos la amistad en 1992 y, al recordar su amor por la industria del cine, le propuse coproducir una idea que tenía para una película sobre Keith (sigo con la idea pero, en aquel entonces, antes de Tarantino, nadie entendía nuestro guion por los saltos temporales).

Seguimos siendo muy amigos hasta su muerte en 2012. Me daba consejos cuando le preguntaba por cosas del trabajo. Me animó mucho a salir adelante con mi proyecto de mi próxima gira en solitario de *Tommy* y la gira de *Quadrophenia* con los Who. En 2008, cuando nos entregaron el Premio Kennedy en Washington, Chris estuvo a mi lado en la Casa Blanca y en el Ministerio de Exteriores, junto con Calixte, su hermosa mujer. Se había ganado el derecho de estar allí por todo lo que nos habían ayudado Kit y él.

Pasamos las vacaciones juntos durante muchos años en las Antillas y allí es donde Calixte, Amie (la hija de Chris), Heather y yo le dimos un entierro vikingo. No sé por qué, pero esa mañana me sentía con muchas ganas de ofrecerle una despedida especial. Hice un bote con hojas de palma y con lo que me encontraba por la playa, mientras las chicas recolectaban flores de los parques cercanos para cubrir sus cenizas. Luego le hicimos un bote fúnebre de estilo tropical-vikingo con una hoja de banana reseca por mástil. Recurriendo a un poco de gelatina inflamable, Chris tuvo un funeral en el mar, en una playa de la isla de San Cristóbal.

No obstante, pese a todos los años de amistad, nunca reconoció habernos perjudicado en lo más mínimo. Ni una sola vez. Hicieron una película sobre ellos hará un par de años, *Lambert & Stamp*. Puse todas las facilidades a los productores de la película, les di entrevistas y acceso completo a las filmaciones del principio que conservo. Y en ninguna entrevista de la película aparece Chris explicando el motivo real por el que los despedimos. Tendría que haber sido un reportaje riguroso, pero solo contaron de la misa la mitad. La versión que da el film es que los echamos porque no eran buenos mánagers. Jamás he dicho yo que fueran malos porque, de hecho, eran los mánagers más productivos del mundo, pero tenían un problema serio con la droga. Ojalá hubiera dicho algo así como «estábamos fuera de control... había mucho dinero y, sí, nos pusimos a gastar también el vuestro». Con eso se habría cerrado el asunto, pero es que ni siquiera por asomo. La verdad a medias que cuenta la película me evoca aquella historia y me deja mal cuerpo.

Sí, fueron fundamentales para nuestro éxito. Sí, estuvieron en la cima con nosotros. Y sí, fueron pioneros absolutos de la industria del rock. Pero cuando llegaron la pasta y las drogas, los años 70 fueron como el salvaje oeste de los estafadores y se equivocaron por completo. Nunca se recuperaron. Kit murió muy joven y Chris vivió durante 40 años con ello.

13
LA FAMILIA

En 1972, Heather y yo tuvimos nuestra primera hija, Rosie. Con el caos y la inestabilidad que imperaban en mi vida profesional, resultaba una bendición que lo familiar fuera tan bien. Con mi primera familia no llegué a tener apenas relación. Más tarde, sí. Ya he comentado que nos íbamos juntos de vacaciones: se venían con nosotros Jackie y su marido, sus dos hijos, y nuestro hijo Simon. Nos fuimos juntos a Florida y Portugal. Y a las Antillas. Con todo el tinglado. Durante los primeros años, mi hijo no me veía como su padre. Y con razón.

Mi segundo matrimonio fue diferente. Era feliz con Heather, la mujer de mi vida, y estábamos en los primeros compases del matrimonio cuando empezaron a llegar los críos. Y pese a que pasaba mucho fuera de casa, me quedaba algo de tiempo para estar con ellos. Era duro lo de viajar tanto. Al volver de una gira, y aunque fuera corta, siempre me encontraba muy cambiados a Rosie y a Willow, que nació tres años después. Cuando tuvimos a nuestro hijo Jamie en 1981, sí pude pasar más tiempo en casa. Con todo, aquellos años, por muy locas que fueran las giras, sabía que a mi vuelta disponía de la estabilidad del hogar. Tenía una suerte inmensa. Las relaciones de los demás eran un tanto turbulentas y, como ya he indicado antes, es lo normal en mi mundo. Me podría haber pasado lo mismo por la dificultad que entraña encontrar una chica que no solo soporte todas las miserias del rock 'n' roll sino que, además, te apoye, esté contigo, te diga las cosas claras y te ayude a no perderte en esa locura. Heather es mi alma gemela. Era y sigue siendo mi compañera en todo.

Estábamos rodeados de vecinos con hijos, de modo que era una vida en comunidad, siempre rodeados de críos y de otros padres ayudando y compartiendo la responsabilidad. Teníamos a una persona en las cabañas con dos hijos y era una vida al aire libre. Era idílico.

Sin embargo, no se puede estar siempre de vacaciones, ¿verdad? Mi período sabático concluyó con *Quadrophenia*. Para empezar, quiero decir que, en cuanto a las grabaciones, éramos un grupo con un repertorio que gustaba cuando le dedicabas tiempo. Pero también creo que era una obra innovadora por lo que contaba Pete, por su manera de verbalizarlo y por su punto de partida. Aunque se apreciaba ya en su momento, los sentimientos que expresaba en su música eran atemporales, nada efímeros. Hoy en día, un chaval de 16 o 17 años puede escuchar *Quadrophenia* y sentir que las letras le hablan, se dirigen a él. Lo veo en la actualidad en los conciertos, que están llenos de vejestorios dándolo todo como medio siglo atrás, pero también vienen sus nietos.

Y se lo pasan en grande.

En segundo lugar, la realización de *Quadrophenia* no fue un camino de rosas. El proyecto de Pete, su nueva gran idea, le llegó cuando estábamos construyendo los estudios Ramport en una antigua iglesia en Thessaly Road, Battersea. Construimos un montón de cosas en los años 70. No tenía mucho sentido ahorrar cuando el gobierno se llevaba el 98 por ciento en impuestos. Pusimos varios proyectos en marcha, como Ramport. El plan era levantar un estudio cuadrafónico, con sonido envolvente, muy futurista. El único problema era que no sabíamos mucho de construcción de estudios. Todo parecía en orden y, cuando tocábamos en nuestro estudio, sonaba genial pero, cuando lo reproducíamos, era una distorsión del sonido real.

Cuando lo poníamos en otro estudio (construido por alguien que sabía del tema) no sonaba tan bien.

No obstante, esto le sirvió de inspiración a Pete. «La historia es de un tío con esquizofrenia doble», dijo. «Son los cuatro miembros del grupo y la música es la persona».

Lo pillé. Lo pillé al instante, antes que el resto. Se fue a desarrollarlo por escrito y, dado que Ramport no estaba terminado, volvimos a Stargroves a grabar al cabo de unas semanas. Pero no tardaron en aparecer los problemas.

El primer día, vino Kit trayéndonos todo tipo de manjares a modo de fiesta. Era típico de Kit, esas cosas llamativas y generosas, aunque seguro que lo pagábamos nosotros. Había asumido que no despediríamos a Kit, me estaba haciendo a la idea. Pero Pete iba por otro lado. Cuando llegó Kit con su comilona, montó en cólera. Igual es que, en el fondo, estaba enfadado o quizá se debía a la sesión de grabación en Nueva York de *Who's Next*. Eso era lo que más le preocupaba a Pete, la música, el proceso de creación musical. Podía aceptar que Kit nos robara, pero jamás pasaría por alto su interferencia en la grabación. Nunca explicó qué fue lo que le mosqueó tanto, pero no volvimos a ver a Kit en el estudio. Lo sustituyó Ron Nevison, que no sé de dónde había salido. Tendríamos que haber metido a Glyn Johns, que había hecho una labor excelente en *Who's Next*. ¿Por qué arreglar lo que estaba bien?

De todos modos, no me quedé satisfecho con las mezclas originales de *Quadrophenia*. Las pistas vocales no tenían solución. Se añadieron ecos y efectos que no se podían eliminar. Cuando intentábamos remezclarlo, no quedaba mucho mejor. Recuerdo que cuando lo escuché por primera vez en nuestro flamante estudio cuadrafónico de Ramport, me pareció magnífico, pero luego en el disco lo vi muy plano. Sé que no era por mí y siempre lo he achacado a la mezcla. Aquel estudio molón no daba buenas vibraciones.

Llegué a comentarlo en público. A un periodista se lo conté así: «Desde *Tommy*, hemos perdido muchos matices, no me resulta tan satisfactorio lo que hacemos. Es demasiado ruidoso». Ni que decir tiene que a Pete no le gustó mi comentario, pero no lo dije por nada, solo expresé lo que pensaba. Para mí, habíamos perdido fuerza porque se habían suavizado las voces y nuestra respuesta a esta pérdida de matices era tocar más fuerte.

Por eso creo que estaba en lo cierto, porque todos tocaban en plan desesperado: si no suena bien, sube el volumen.

Pete sabía a lo que me refería, aunque no lo reconociera. Aguantaba una presión enorme y bebía más que nunca. Para un concierto se podía tomar una botella entera de brandy y un músico, si va ciego, no toca bien. Tendría que volver a escuchar las grabaciones de aquel período y ver si mis recuerdos casan con la realidad. Porque lo que oigo es desde la parte delantera del escenario, un sitio bastante peculiar, donde estás desnudo ante el público. Desde ahí nunca ves al grupo. Puedes girarte durante un solo a moverte con ellos, aunque no con John porque se quedaba más quieto que una estatua. No podías acercarte a Keith porque iba a todo trapo y te quedabas desconectado del resto del grupo y, con Pete, pues dependía de la noche.

También iban mejorando los amplificadores. A finales de los años 60, cambiamos de Marshall a Sound City. Después Pete y John trabajaron en 1968 con Dave Reeves en la creación de un Hiwatt personalizado. En 1970, lo actualizaron a un modelo Super Who 100 y, en 1973, a un modelo DR103W, lo que significaba, en resumidas cuentas, que no se oían las voces.

Fue una época disparatada, muy disparatada. Estábamos peleados incluso antes de sacar *Quadrophenia* de gira. Los ensayos en Shepperton fueron agotadores y derivaron en una pelea que acabó con Pete inconsciente en el suelo y yo pidiendo a grito pelado una ambulancia. En plenos ensayos, se me hincharon los huevos con el equipo de la película, que tenían que grabar una promoción para MCA y ni siquiera habían conectado las cámaras. «¿Cuándo vais a filmar algo?», pregunté. «¿Cuando me quede sin voz? Esta pieza es difícil y solo voy a grabarla una vez». ¿No era lógico lo que planteaba?

Pete, con el ánimo de llevar casi una botella de brandy en el cuerpo, saltó como un cohete y se me puso cara a cara desafiándome. «Cierra la puta boca y no rechistes», me soltó. No me gusta que me hablen así, pero no le hice caso. Los técnicos sabían cómo me lo podía tomar y se metieron en medio para apartarme.

«Apartaos», gritó Pete. «Te voy a matar, enano de mierda». Y se apartaron.

Acto seguido, me atacó con una guitarra Les Paul de 10 kilos, que me rozó la oreja y me dio de rebote en el hombro, a punto de ponerle punto final al grupo. No contraataqué, pero poco me faltaba: no olvidemos que me había insultado llamándome *enano* de mierda.

Al final, tras diez años pacíficos y tras esquivar por poco un gancho de izquierda, le solté un buen golpe en la boca. Pete retrocedió aturdido y cayó desplomado, golpeándose la cabeza contra el suelo. Pensé que lo había matado.

Por si fuera poco, nuestro publicista, Keith Altham, había elegido ese momento para traer al estudio al gerente de la compañía discográfica norteamericana con la que acabábamos de firmar. Lo primero que vio el jefazo de su nuevo fichaje fue al cantante noqueando al guitarrista.

«Por Dios», dijo espantado. «¿Esto siempre es así?»

«No», respondió Keith. «Hoy están de buenas».

Me subí a la ambulancia hecho polvo para agarrar a Pete de la mano. Solo me había defendido, pero me sentía responsable. Era como retroceder a los tiempos de Acton.

Menos mal que acabó en nada, pero he tenido que aguantarle toda la vida echándome la culpa de un zona pelada que se le quedó en la cabeza. Y aún me dice que empecé yo. A veces recuerda lo que quiere.

Fue la presión y el alcohol lo que provocó la pelea y las cosas no mejoraron en la gira. Por primera vez intentamos trabajar con cintas grabadas. Todo muy futurista y pionero, pero tenías que ser capaz de oír el tempo y el ritmo porque, de lo contrario, se iba todo a la mierda. Pobre Keith, no sé cómo se las apañó porque tener que seguir pistas de audio con metrónomo era una pesadilla, como si nos hubieran esposado.

El punto crítico llegó en el Odeon de Newcastle la noche de Guy Fawkes de 1973,* justo dos semanas después de la pelea. Pete atacó a Bobby Pridden, nuestro técnico de sonido de toda la vida. Seguía yendo de gira con nosotros, algo digno de mención porque es, después de mí, quien está más cerca de Pete durante los conciertos y, si el concierto no sale bien, uno quiere estar lejos de Pete. Bobby ha sido la diana humana que ha recibido más guitarras y amplificadores y magnetófonos de todos los tiempos. Nadie, ni siquiera los de sonido, se merecen eso y esa noche, encima, el fracaso del concierto no se debió a él sino a que estábamos siendo demasiado ambiciosos.

Entonces no era sencillo hacer lo que hoy se da por sentado. En la actualidad todo es digital, todo está numerado. Tienes un botón aquí y otro allá, lo aprietas y listo. En aquellos tiempos, tenías que alinear la cinta que, para que se enteren los chavales, eran cintas de verdad y tenías que cuadrarlo en el momento exacto. Y a veces la cinta se rompía. Era una pesadilla. Podían fallar muchas cosas, y fallaban. A principios de los años setenta, estábamos en temas de sonido al mismo nivel que mis guitarras de finales de los cincuenta. Cinta adhesiva, parches, improvisaciones y rezos. Y el peligro constante de que todo se doblara por la mitad.

* Cada 5 de noviembre se conmemora en Gran Bretaña el atentado católico frustrado de 1605, en el que Guy Fawkes intentó quemar el Parlamento y matar al rey Jacobo I.

Está claro que eso era lo que definía el rock. Teníamos una ambición desmesurada porque en el rock de los años 70 no había límites. Los Beatles eran un grupo de cuatro músicos que tocaban en medio de un estadio, lo que resultaba ridículo, pero funcionaba gracias a la histeria. En cuanto las chicas dejaban de gritar, parecían poco más que cuatro puntitos pequeños. Nosotros no podíamos refugiarnos en la historia, teníamos que hacer algo más, teníamos que llenar el estadio. No podíamos fiarnos de las pantallas porque entonces no existían. Solo teníamos luz y sonido. Ahí está el motivo de la locura con que actuábamos en los conciertos, de que probáramos cosas en las que no podíamos confiar y la razón por la que Pete y yo, ya septuagenarios, tengamos que pediros que repitáis lo que nos decís, pero más fuerte.

Y por eso aquella noche en Newcastle le tiró un magnetófono a Bobby. «Los Who: un alarde ridículo de violencia gratuita». Ese fue el titular al día siguiente del *Evening Chronicle* de Newcastle.

Los ánimos se encendieron tras los problemas que tuvo Keith Moon con los auriculares. Les tiró las baquetas a los técnicos de sonido que intentaban arreglárselos. Entonces intervino Townshend. Arrancó las cintas y las lanzó a los equipos situados en los telones laterales. Los otros miembros del grupo (el cantante Roger Daltrey, el guitarrista John Entwistle y el batería Keith Moon) se quedaron mirando. En mi opinión, se trató de un truco publicitario tremendamente infantil, con efecto potencialmente pernicioso en los jóvenes que siguen a pies juntillas lo que hacen sus ídolos. Desde el punto de vista musical, estuvieron, como siempre, impecables.

Para mí, ahí se ve cómo los críticos, aunque fueran buenos, nunca captaban lo que hacíamos. Podría parecerles «musicalmente impecable» pero, en lo que a nosotros respecta (y especialmente a Pete) el mínimo fallo técnico causado por un magnetófono de mala calidad era un problema de primer nivel.

No se trataba de un truco publicitario, ni de lejos. Era la pura frustración, que nos superaba. Los dos conciertos siguientes en el Odeon transcurrieron sin problemas. Y después de tres conciertos en el Lyceum de Londres, nos fuimos a Estados Unidos y continuaron los desastres.

Martes, 20 de noviembre de 1973. El Cow Palace, San Francisco. Primer concierto de la gira de *Quadrophenia* en su tramo por Estados Unidos y Canadá. La promesa que había hecho el grupo en 1965 de no tomar drogas hasta que acabara el concierto, digamos que estaba un tanto desvanecida. Antes de aquel concierto, Keith se bebió una botella de brandy, seguida de un puñado de sedantes para caballos y algo más que nunca supimos lo que era. Aquello se debía en parte a la adicción, y en parte al pánico escénico. La gente da por sentado que alguien como Keith, un artista de raza, un fanfarrón por naturaleza, no se ponía nervioso. Pues se ponía histérico y algunas veces lo oía vomitar durante las horas previas en la habitación contigua a la mía. A veces era porque se había pasado tomando cosas, sí, pero también se debía al miedo sin más. En muchas ocasiones se quedaba al límite de sus fuerzas y aquella noche fue más allá.

El concierto empezó más o menos bien. Las pistas grabadas funcionaban y Bobby no se tenía que proteger del lanzamiento de objetos. Pero entonces Keith empezó a flaquear tocando «Drowned». Se recuperó con «Bell Boy», aunque cuando le tocaba el solo en «Won't Get Fooled Again», se desplomó.

«Vamos a golpear a nuestro batería en el estómago para reanimarlo», dijo Pete con su simpatía natural. «Está inconsciente. Creo que es porque ha comido fuera. Esto es por vuestra comida».

No se puede imaginar uno lo que sientes cuando estás en

el escenario ante 15.000 personas, todos gritándote de forma desenfrenada, y con tu batería con la cara aplastada sobre el tambor. Al final, se cayó y se quedó boca arriba. No había nada que temer. Aunque te veas bien jodido, sabes que saldrá adelante. Eso es lo bonito del rock, que es tan irreverente que todo, incluso ese desastre inexcusable con Keith, puede convertirse en un espectáculo. Si tu batería está tumbado boca arriba durante toda la actuación y con gente echándole agua, aun así puedes lograr una actuación digna. El público de rock es diferente, lo perdona todo, agradece la improvisación.

Pero el caso es que no estaba de más contar con algún batería. Los técnicos sacaron a Keith, que estaba inmóvil y con los ojos en blanco, y lo metieron en una ducha fría. Un médico le puso una inyección y salió de nuevo a actuar. Esta vez aguantó hasta el final de «Magic Bus» y a partir de ahí era evidente que no podía continuar.

«¿Alguien sabe tocar la batería?», preguntó Pete. «Pero que sea bueno». Subió Scot Halpin, un chaval de 19 años de Muscatine (Iowa) y tocamos «Smokestack Lightning», «Spoonful» y «Naked Eye», momento en el que arrojamos la toalla. Salimos airosos, y Keith, milagrosamente, también, pero yo lo habría matado, igual que el resto.

Al día siguiente apareció en la recepción del hotel languideciendo en una silla de ruedas. No se le veía muy arrepentido. Lucía una amplia sonrisa y un gorro de piel aún más grande. Evidentemente, el gorro tenía cuernos. Pese a los medicamentos que se hubiera tomado, estaba paralizado de cintura para abajo. Como si fuéramos sherpas, cargamos con él para subirlo al avión.

Teníamos un día de descanso antes de actuar en el Forum de Inglewood, pero Keith no sabía quedarse quieto. El médico le había dejado grogui. Le costó cuatro días recuperar la sensibilidad al completo. Lo primero fueron los brazos, importante para tocar en directo. Luego, sintió la cintura, luego sus partes íntimas y, por último, las piernas.

Los médicos estaban siempre allí, al lado del escenario, dispuesto a suministrarle lo necesario en cualquier situación. Sí, doctor, queremos anfetas. Sí, doctor, ahora calmantes. Todo desde la más estricta legalidad. Que fuera ético ya era otro cantar.

Casi todo lo que se tomaba Keith era con receta. Yo a veces me fumaba algún porro de maría entre las giras pero lo dejé hasta que me lastimé los hombros y me enganché a los analgésicos. Eran horribles y tardaban en hacer efecto. Después me pasé a los somníferos, que eran peores. No podía dormir por la adrenalina ya que, cuando acabas un concierto, es imposible conciliar bien el sueño. Ni por asomo. Al principio me quitaba el estrés con tías y alcohol, pero no pensaba recurrir a eso, así que me pasé a los Quaaludes, o Mandrax, como se llaman en Inglaterra. Se empezaron a fabricar a principios de los años 70. Eran unos calmantes espantosos derivados de los barbitúricos. Tenían efectos secundarios horribles: depresión, fatiga, pesadillas, ataxia, dolor de cabeza, entumecimiento, visión doble, mareos. Los retiraron y prohibieron cuando se vio lo potentes y adictivos que eran. Pero yo tenía que dormir.

Nuestros conciertos cada vez duraban más. Tocábamos durante tres horas, y eso supone un alto nivel de energía y concentración, y me obsesioné con la idea de dormir. Se convirtió en lo más importante y, como corroboraría cualquier insomne, si piensas en dormir, te preocupas y tardas más. Me pasaba las noches tumbado y pensando en que tenía que dormir. Si no duermo, mañana no podré actuar. Se va a hacer muy tarde. Tengo que dormir ya. Venga, duérmete. Ojalá hubiera contado ovejas.

El Mandrax me lo recetó mi médico de forma inocente, en lugar de uno de esos misteriosos asistentes de las giras, que bastante tenían con mantenerme en pie. El médico no quería darme pastillas, pero ya no sabía qué hacer. Le dije que no aguantaría la gira si no tomaba nada y al final cedió.

Por eso hay tantas bajas en nuestro mundillo, porque es tan intenso que la tentación de tomarte algo para mantener el equilibrio está siempre presente. Primero te tomas unos calmantes para pisar tierra después de un concierto. Después necesitas estimulantes para volver a estar a tope de cara al próximo. Nunca necesité los estimulantes, no seguí por completo el sendero marcado por Elvis. Pero fue horrible la experiencia con el Mandrax. Cuando lo dejas, el mono te dura dos semanas y te despiertas cansado en las noches interminables y sintiendo que te caes por un precipicio. A día de hoy, todavía tengo problemas para dormir. Me cuesta hasta cuando no estoy de gira. Hay veces, normalmente a altas horas de la madrugada, en que lo daría todo por tener la capacidad de dormirme con rapidez. No creo, por cierto, que haya muchos artistas que duerman bien después de un concierto, y quien concilie el sueño con facilidad es porque no cumple del todo con su cometido.

Cuando la gira llegó a Canadá, Keith había recuperado el uso completo de las extremidades. Un Keith con libertad de movimiento es un animal peligroso y su coqueteo con la parálisis no le había vuelto más prudente. El 2 de diciembre, nuestra compañía estadounidense, MCA, dio una fiesta post-concierto en el hotel Bonaventure de Montreal. A la noche siguiente teníamos actuación en Boston y, como me dolía mucho la garganta, me fui a la cama abatido, con mi Mandrax y todos sus efectos secundarios. Dejé allí al resto del grupo.

En algún instante de la noche, a Keith le dio por redecorar el salón de reuniones con su arte abstracto de kétchup antes de que Pete le ayudara a atravesar una pared con una enorme mesa de mármol. Después de tirar ambos algunos elementos del mobiliario a la piscina, se largaron a dormir. A las cuatro de la mañana, llegó en bloque la Policía Montada del Canadá y nos llevaron a la trena a dieciséis de nosotros. De nada sirvió decirles que yo no tenía nada que ver en aquello. Saltaba a la vista que no estaban para pensar en cuestiones de procedimiento, pero les intenté decir que también habían detenido a la enfermera de Mike.

Mike Shaw llevaba con nosotros desde 1964. Era amigo de la infancia de Chris Stamp y había trabajado de director de iluminación teatral antes de encargarse de las luces de los Who. Era un *mod* muy vigoroso, con un sentido del humor muy irónico, y un miembro importante del equipo de gestión. Pero en 1965, cuando empezábamos a despuntar, iba conduciendo la furgoneta después de un concierto y colisionó con la parte trasera de un camión, justo al sur de Stafford. No murió, pero se rompió el cuello y se quedó de por vida en silla de ruedas. Nos volcamos para que estuviera bien atendido y nunca se quejaba, aunque la procesión iba por dentro. Siguió trabajando para Track y se venía a todas partes con nosotros, pero no podía hacer nada sin su cuidadora. Se lo expliqué a los agentes aquella noche de diciembre en Montreal, pero como si oyeran llover. Solo querían darnos nuestro merecido, fuéramos o no en silla de ruedas. Las autoridades detestaban a la gente como nosotros y estas autoridades eran las peores con las que nos encontramos jamás.

Nos metieron en varias celdas. A mí me tocó con Bill Curbishley y, como era de esperar, no se alteró nada, era un tipo que se tomaba con calma esas situaciones. Nada más encerrarnos, se tumbó en la litera y se quedó inmóvil, como si estuviera meditando. Menudo profesional. Yo no paraba de dar vueltas como un animal enjaulado, que no es la mejor actitud dentro de una celda. Los otros estaban en las celdas adyacentes con pintas de hechos polvo. Solo faltaba una persona. El Keith Moon de los cojones. Hubo un momento, pasado un rato largo, en que se produjo un follón considerable y Moon se puso a pavonearse haciendo de Noël Coward con su abrigo de piel de tigre.

Miró a un policía con el pelo rapado, el que tenía más pinta de bruto, y con un ligero gesto de desdén con la mano, le soltó: «¿Me preparas el mío con dos terrones de azúcar, cariño?» Después se giró a otro agente y le dijo: «Verás que he alquilado una suite». Seguro que eso no nos ayudó a agilizar nuestra salida de allí.

Al final, nos tuvieron ocho horas y nos soltaron porque el promotor local accedió a pagar 6.000 dólares en metálico por los desperfectos. Era absurdo porque solo había que arreglar una pared, una ventana y un par de piezas del mobiliario. Ya os decía que los hoteles nos veían como la mejor ocasión para redecorar.

Perdimos el vuelo que teníamos a primera hora de la tarde, pero tomamos el siguiente unas horas después y llegamos al Boston Garden con solo diez minutos de retraso, un auténtico milagro, visto lo visto. Recuerdo que ofrecimos uno de los mejores conciertos de la gira. Hay que ver el subidón de energía que da salir libre después de ocho horas en la cárcel.

Lo malo es que no podemos hacer eso de ir a la trena antes de cada concierto. Fuimos renqueando el resto de la gira: Pennsylvania, Maryland, y cuatro noches más en Londres, en el teatro Sundown de Edmonton. Cuando por fin regresé a Sussex la nochebuena de 1973, estaba agotado y aliviado a la vez. Necesitaba tranquilidad y tenía a mi familia esperándome en casa.

Y no solo Heather y Rosie: el clan Daltrey al completo nos invadió aquella navidad. Alquilamos un autocar para que recogieran en Shepherd's Bush a todos los tíos y tías, sobrinos y sobrinas, primos segundos, terceros y más lejanos aún. Alrededor de la hoguera organizamos una fiesta y nos pusimos a cantar las canciones cockney más cutres, como en los viejos tiempos.

A algunos de mis amigos músicos les costaba desconectar de las giras, volver a la vida familiar tras la locura de tres meses yendo por ahí. Yo me adaptaba en seguida, era joven y vivía cada momento. Si ese momento consistía en estar frente a miles de personas mientras el batería está inconsciente, pues lo afrontaba. Y si había que acoger a un centenar de tías y tío, sobrinas, primos terceros y sobrinos segundos, sin problema. Había épocas mejores que otras y esas navidades fueron de las buenas. Mis padres estaban allí y un día en aquella semana festiva, mi padre me miró a los ojos y me dijo: «Qué maravilla todo, ¿verdad?». Era feliz y no había nada más importante para mí.

14
Y ACCIÓN...

Llevaba mucho tiempo sobre la mesa. *Tommy: La película*.
Desde que se había ido al Amazonas con dos amigos y una
cámara en 1961 para hacer un documental de la expedición,
a Kit le apetecía producir películas. Chris padecía la misma
afección. Más que el disco, los conciertos y las produccio-
nes en teatros de ópera, veía *Tommy* como la oportunidad
de convertirse en un productor de verdad, con lo que presentó por ahí y por su cuenta su propio guión. Conocía a
gente del cine proveniente de Estados Unidos y parecía que
el proyecto iba adelante. Luego se paraba, luego se retoma-
ba y luego se paraba de nuevo. En realidad, los proyectos en
la industria del cine siempre empiezan a trompicones, pero
al tratarse de Kit y al no ser una película al uso, me daba a
mí que no llegaría a buen puerto.

Y entonces, en algún punto de 1973, Robert Stigwood se
convirtió en el productor, Kit tuvo varias reuniones y aquello se fue concretando. En la trastienda, el ambiente estaba
enrarecido. El talento iba acompañado de muchas drogas y,
por lo tanto, de muchos malentendidos. Estábamos viéndo-
noslas con *Quadrophenia*, intentando asimilarlo, el mismo
proceso que seguimos con *Tommy* en su momento. Lo de
hacer una película era una especie de tarea pendiente a largo plazo. Y entonces, de repente, llegó Ken Russell, se ace-
leraron los acontecimientos y me tocó interpretar el papel
de Tommy.

No me lo esperaba, la verdad. Sí, llevaba los últimos años cantando *Tommy*, pero eso no implica que supiera encarnarlo, especialmente con Ken en la dirección. Cualquiera mínimamente importante en los años 70 se consideraba fan de Ken Russell. Era un icono, un héroe, nuestro ídolo. Y ahí estaba yo no solo reuniéndome con él sino también comiendo con él y su mujer, la diseñadora de vestuario Shirley Kingdon, en la casa megapija que tenían en Holland Park. Le gustaba la música, y también *Tommy*: decía que era «la mejor ópera moderna desde *Wozzeck*, de Berg». Fui muy sincero con él y le dije que nunca había actuado. Lo intenté para una obra del colegio, pero me echaron por follonero. Carecía de experiencia, igual no daba la talla.

Ken ni siquiera dudó. Me dijo que haría de Tommy, y punto. Le expliqué que sabía actuar ante el público en directo, pero que ni idea de ponerme ante la cámara. Lo bueno es que sería sin diálogos, no tendría problemas. Solo tenía que cantar. Bien, de haber tenido que hablar, habría cambiado el cuento.

Pues ya estaba. Actuaría en una película y, en cuanto lo pensé con calma, llegué a la conclusión de que me apetecía probar la experiencia. Suponía un cambio radical en mi carrera y la oportunidad surgía en el momento justo. La gira de *Quadrophenia* había transcurrido con dificultades. Habíamos tenido problemas dentro del grupo y con el mánager. Sabía que nunca nos separaríamos, pero, cuatro años después de nuestro disco más importante, no pasaba un día sin que algún agorero de la prensa musical pronosticara nuestra inminente defunción. Necesitaba aquel cambio.

De la noche a la mañana, cambié los hábitos del músico (te acuestas tarde y te levantas muy tarde) por los del actor (te levantas muy temprano, pero te acuestas tarde). Estuve casi todo el tiempo en el rodaje con los técnicos y me lo pasé genial. Si un grupo de música es como una familia pequeña que se pelea mucho, estar en una película es como una gran familia que solo se pelea alguna vez. Te tiras dos meses con las mismas cincuenta o sesenta personas.

Están los actores, los técnicos y las maquilladoras. Nos alojábamos en el mismo motel de Hayling Island, por Portsmouth, y se vivía con tanta intensidad lo de rodar con Ken Russell, que rápidamente nos hicimos muy amigos. Cuando he dicho que me comentó que no tendría problemas al no tener que recitar diálogos, pues en todo hay matices. Mi primer cometido fue meterme en la piel de un chico sordomudo y ciego. Me pasé mucho tiempo con los extras discapacitados que había en la película y aprendí un montón. Ya sabía, por Mike Shaw, de lo complicado que es vivir en silla de ruedas. Con un día basta para darte cuenta de la importancia de los pequeños detalles. Cosas como agacharse para hablar con un paralítico a su misma altura. Deberían educarnos para eso en el colegio, ¿verdad? Como no nos lo enseñan, se crea una barrera. No sería pedir mucho sustituir una clase de trigonometría, solo una clase, por una sesión con un discapacitado que explicara qué podríamos hacer los demás para facilitarles la vida. Todos los chavales lo llevarían a la práctica, incluso los más gamberros. Y comportaría una enorme mejora para la sociedad.

El caso es que me pasé tiempo con estos chicos y eran increíbles. En serio, increíbles. Aprendí mucho de ellos, y no solo para mi papel en la película sino para la vida. Me enseñaron a sentir las cosas que sienten.

Al comenzar el rodaje, estaba completamente metido en el papel, asumí las carencias sensoriales de Tommy. Me hallaba en un trance absoluto, hasta el punto de que apenas recuerdo la mitad de las cosas que viví en el plató. Eso a veces es bueno, y otras no tanto.

Por ejemplo, estuve un día entero tumbado en el suelo entre las piernas de Tina Turner, mientras esta se contorneaba. Era muy fan de ella desde hacía años, pero de verdad de la buena que no recuerdo nada de aquel día. No sabría decir tampoco de qué color eran sus bragas, o si se las había puesto. No recuerdo si hablé con ella. Tina Turner. Un día entero.

Nada. Seguro que he sido el mejor actor del método de todos los tiempos.

Hubo otro día de trabajo en la misma parte de «Acid Queen», en que estaba allí de pie con Ken eligiendo las criaturas tropicales que me introduciría en el sarcófago. No llevaba más ropa que un taparrabos. Menos mal que les preocupaba que calificasen la película como no apta para menores, porque habrían sido capaces de dejarme desnudo. Y yo que me creía que había progresado desde aquel baño con alubias y salsa de tomate en 1967.

Ken empezó probando con serpientes. Comprobé al instante que las serpientes no solo sueltan heces y orina, sino también un almizcle muy fuerte por su glándula odorífera. Para hacernos una idea, ese almizcle es menos potente que el olor de la mofeta, pero dura mucho más. Las serpientes lo tiran para marcar territorio, independientemente de que el territorio sea un sarcófago. Es alucinante la peste que hace. A Ken le traía sin cuidado, solo quería que la toma quedase bien y, tras un par de horas con las serpientes, las descartó y probó con bichos. Y luego con mariposas.

Recuerdo la sensación de alivio cuando empezaron a revolotear las mariposas. Craso error. No se trataba de mariposas normales. Eran gigantescas: del tamaño de un plato y el cuerpo era como un puño. Dentro del sarcófago las tenía por el cuerpo, a oscuras, calmadas. Al cabo de un rato, alguien gritaba «¡Acción!» y se abría el sarcófago. Siempre, en cada ocasión, las mariposas se asustaban y se iban del estómago. Acabé la sesión recubierto de mierda de serpiente y mariposa. El olor me duró días, pero lo sobrellevé con mis brillante método interpretativo: el total desapego de la realidad. Apenas notaba el olor. Estaba en las nubes, lejos de las mariposas. Por cierto, Ken no llegó a usar ese metraje. Se decantó finalmente por amapolas, y las amapolas no sueltan nada.

El otro gran reto consistía en convencerme a mí y al público de que Ann-Margret, la despampanante actriz de Hollywood de origen escandinavo que solo me sacaba tres años, era mi madre. Lo conseguí manteniéndome alejado de ella en el rodaje porque no te puedes sentir atraído por tu madre, aunque sea de ficción. Era un sol de mujer, siempre sonriente, sin dárselas de nada, sin pizca de superioridad.

No creo que se quejara ni cuando rodaron la parte apoteósica en la que le tira la botella al televisor y recibe un baño de espuma y alubias. En una de las tomas, cuando se está retorciendo, la espuma se estaba volviendo rosa y después roja. Se había hecho un corte en la muñeca con un trozo de cristal. Se veía sangre por todas partes. Ese día, yo no estaba en el plató, pero vi a los técnicos por la tarde y les duraba la impresión. No dejó de actuar con toda la sangre saliendo, y eso que era una herida que necesitó después 21 puntos de sutura.

Los buenos actores tienen la misma mentalidad que los buenos músicos: que no se pare la función. Ann-Margret era muy profesional. Y también Oliver Reed. A Ken le gustaba llevar al límite a los actores. No era por sadismo, sino para conseguir la actuación perfecta. Sin embargo, es una política arriesgada y Ollie jamás iba a mostrar que estaba al borde de ningún límite. A ver un ejemplo. Cuando rodábamos la escena final en el campamento de verano, hacía un día especialmente caluroso. Los escenógrafos habían llenado el sitio de boyas plateadas, que eran como espejos que reflejaban e intensificaban la luz del sol. Cuando paramos, estábamos todos achicharrados. Pero lo de Ollie era peor. Tenía la escena en la que una multitud furiosa mataba al malvado tío Frank. Ken lo puso haciéndose el muerto tumbado en un charco.

Después de varias tomas, le dijeron que era la hora de comer y respondió: «Id vosotros. Si ese capullo se cree que va a poder conmigo, la lleva clara. Me voy a estar aquí tumbado todo el día».

En efecto, se pasó el día entero en el charco, que estaba casi seco al final. Ollie y Ken se llevaban bien, confiaban el uno en el otro y no querían decepcionarse entre sí. Ken era muy querido. Siempre se mostraba abierto a las ideas de los demás. Cuando se quedaba atascado, pedía consejo y si le gustaba, lo seguía. Usaba cámaras muy grandes, nada de steadicams ni esas GoPro de hoy en día. Sus movimientos de cámara eran geniales. Aprendí mucho con él. Me caía de maravilla y confiaba en él a ciegas, pese a que con frecuencia parecía que tenía el objetivo de matarme.

Todo era más o menos sencillo hasta que Tommy recuperaba los sentidos.

En ese punto, la narración se complicaba un poco, era aburrida desde una perspectiva visual. Sucedía lo mismo que con *Lifehouse*, el problema de cómo filmar un sentimiento. Ken era un maestro en el manejo de la cámara porque le encantaba asumir riesgos, pero todavía le encantaba más que los actores asumieran riesgos mayores. Me decía constantemente: «Quiero que hagas esto y no te pasará nada». Y siempre me lo tragaba.

«Quiero que bajes por esa zona de rocas, te esperes a que dé la orden y vuelvas a subir. Tranquilo, que no te pasará nada».

Bajé, descalzo y sin camisa, intentando no pensar en la caída de 600 metros y aguardé sus instrucciones. Y esperé más, pensando: «Vamos, Ken, vamos, Ken».

Al rato, dijo: «Cinco minutos, que necesitamos luz». El cielo estaba muy oscuro y con nubes de mal aspecto. Así es el Lake District en julio. Me quedé allí parado en el saliente durante los 25 minutos más largos de mi vida y enfriándome más y más y más.

El sol salió finalmente y Ken me gritó: «¡Date la vuelta, rápido y acción!» y me encaramé a la montaña como una cabra asustada. Lo bueno es que no se me olvidó la letra. Cuando ves la película, no se nota lo mal que lo estaba pasando. Menudo actor estoy hecho.

«Lo repetimos...»

Rezaba para no oír esas palabras y las oía continuamente. En esto, Keith tenía un problema, iba a su bola. A la hora de montar una película, tienes que rodarlo todo un montón de veces. Después de un plano largo, hay que hacer primeros planos. Ha de estar todo planificado para que cuadre, para que no se note el cambio de plano, y Keith era incapaz de recordar lo que había hecho en el plano anterior.

Además, es que él y Oliver Reed eran más obtusos que dos ladrones borrachos. Durante el rodaje, no estaban en el mismo motel barato que nosotros. Se alojaban en el más caro. Me acuerdo porque en el hall había una fuente con carpas doradas y Keith se lo pasaba pipa escupiendo supuestos trozos de pez, como si los hubiera agarrado de allí y se los hubiera llevado a la boca. Evidentemente, en realidad eran tiras finas de zanahoria (bueno, eso creo), pero había que oír los gritos de las señoras mayores.

No sé si era bueno que los dos fueran tan amigos. Keith era el único que aguantaba más el alcohol que Ollie. Una noche se apostaron a ver quién podía beber más brandy. Después de tomarse cada uno dos botellas, Ollie se desmayó sentado.

Keith lo miró y le dijo: «No molas, colega».

A mitad de rodaje, casi nos quedamos sin los tíos Frank y Ernie. Keith y Ollie se subieron a un barco de pesca tras otra competición etílica y zarparon hacia el estrecho de Solent. A saber lo que ocurrió (fue imposible enterarse después con exactitud) pero terminaron sin barco a un par de millas de la costa de Hampshire y tratando de volver a nado. Como he comentado de aquella vez que probó suerte con el surf en Hawái, no era un nadador de primera. Recuerdo que aparecieron cuando estábamos en el desayuno. Keith siempre se tomaba las cosas, incluso las más graves, a la ligera, excepto en aquel momento. Supongo que se salvó por poco.

Superamos todos el verano y, al llegar el otoño, el rodaje épico estaba a punto de finalizar. Solo faltaba la parte del

vuelo con ala delta. Imagino que la dejaron para el final por
si la palmaba. Saldría una escena aérea emocionante y, si el
actor se moría, la película tendría más éxito. Después me
enteré de que el motivo radicaba en que ninguna compañía
había asegurado aquello.

«Tranquilo», me dijo Ken. «No te pasará nada».

¿Era la primera vez que me montaba en una ala delta?
Por supuesto, no es algo que practique la gente en Shepherd's
Bush. Bueno, el caso es que un instructor me dio una lección rápida en los Marlborough Downs un buen día frío y
ventoso de octubre.

Tema 1: Una colina a 30 metros de altura. «Vale, empu-
ja la barra para subir, y la tiras hacia ti para bajar», me dijo.
«Tienes que llevar un casco de protección. Ponte este». Daba
cosa confiar en la efectividad de un casco antiguo de repar-
tidor de telegramas de correos para salvarme de una caída
a 150 metros. Igual era una señal. «Sobre todo, no te pares.
Te caerías abajo como una piedra. Mejor ir muy rápido que
muy lento». Perfecto entonces, porque siempre he ido muy
rápido por la vida. Tomé carrerilla, empujé el triángulo como
me había dicho, y despegué a uno o dos metros del suelo.
Volé unos 50 metros y aterricé de culo.

Tema 2: 20 metros más arriba de la montaña. «Vamos
con otro salto y luego, a la cima». De nuevo carrerilla, empu-
jar el triángulo, sentir que te elevas y a volar. Arriba, arriba,
arriba. Había dado con una corriente térmica y, de repente,
me vi a 60 metros de altura.

No te pares, no te pares. No podía pensar en otra cosa.
Al final, volví a descender, a toda pastilla, y aterricé sobre
un arbusto con pinchos.

«Excelente aterrizaje», dijo el instructor. «Vamos ahora
arriba del todo». Ya estaba plenamente capacitado.

Y examen final: ahora estaba en la cima de la colina con
el uniforme de Tommy. Vaqueros, sin camisa ni zapatos ni
casco. Había otros aficionados con sus alas delta que me miraban boquiabiertos. Menudo idiota. Me daba igual, era una

aventura. Miré abajo, miré al cielo, inspiré fuerte y me lancé. En cuanto estuve en el aire, empecé a cantar. Y corten. Realicé un aterrizaje perfecto sobre un campo en la falda del monte. El campo estaba lleno de cardos pero no me importó. Prueba superada. Trabajo hecho.

Y, claro, allí estaba Ken con una amplia sonrisa.

«Vamos a repetir».

Cuando Ken me propuso interpretar a Franz Liszt en *Lisztomania*, su siguiente película, pensé que estaba de coña. Acepté en cuanto me percaté de que lo decía en serio. Esa fue la única vez que antepuse mis intereses a los de los Who. La decisión obedecía no solo al deseo de seguir trabajando con Ken (sacaba cosas de mí que me ayudaban a mejorar mi propia manera de cantar), sino también porque quería aprender a actuar. Me apetecía explorar esa faceta y no pasaba nada por intentarlo. *Tommy* me había supuesto casi una escuela de actuación, pero apenas sabía nada del oficio. Quería adquirir más experiencia, aprender bien. A lo largo de los años sucesivos, asistí a todo tipo de clases y trabajé mucho con la Film Foundation. Para la posteridad quedará mi papel en la película de terror *El legado*, dirigida por Richard Marquand en 1978, donde interpreto al segundo invitado que muere cuando le practican una traqueotomía chapucera.

Pero en 1975 era un novato absoluto. Únicamente me atraía la idea de tener una carrera paralela, no porque pensara en abandonar el micro por el cine, sino porque nunca se sabe cuándo te puede abandonar el micro a ti.

Los grupos se separan con frecuencia. El hecho de que los Who siguiéramos juntos sorprendía a todo el mundo, incluso a nosotros mismos. Las referencias que hacía Pete sobre el grupo (en las revistas y en los conciertos entre canción y canción) me hacían pensar que nos quedaba un mes, o dos a lo sumo. Y si rompíamos, ya era tarde para volver a la fábrica. Llevaba desde la adolescencia con grupos de música. Había cumplido los 30, que son muchos años en el mundo del rock. Necesitaba un colchón. Además, trabajar en el cine era mucho más sencillo que dejarte la piel cantando por el mundo. Sí, había que madrugar y eso nunca ha sido lo mío. Pero si te metías en un rincón donde no te viera Ken, podías dormir entre las tomas. Era el trabajo más cómodo que había tenido en la vida.

En aquel entonces, declaré que *Lisztomania* sería o un enorme éxito o un monumental fracaso, y sucedió lo segundo. Lo cierto es que no era lo mejor de Ken. El guión tenía solo 57 páginas (el resto estaba dentro de su cabeza aterradora) y los diálogos eran espantosos. Entendía lo que Ken buscaba visualmente, pero no me veía a la altura. Sabiendo hoy lo que sé, le habría cambiado los diálogos de arriba abajo y mi personaje habría funcionado mejor. El problema es que entonces apenas sabía expresar una línea de diálogo. Creo que he mejorado con los años y mucha práctica y, aun así, a día de hoy, soy incapaz de interpretar algo que tengo que leer. Me ha de salir desde el corazón. Cantar me resulta mucho más natural. La vida no es una obra de teatro, sino una ópera. Mi canto proviene del corazón. Pronunciar las palabras de otros proviene del cerebro.

Pues sí, mi segunda película con Ken Russell no fue un gran éxito que digamos. La Liszt Society mandó cartas a los críticos de cine antes de ver el film, señalándoles que la historia contenía escenas de «violaciones, chupasangres, exorcismos y castraciones».

«La Liszt Society se ha quedado corta», escribió el crítico del *Sunday Times*. «El film es insolente, vulgar, rozando lo pornográfico. Y me gusta». El resto de críticas fueron, por el contrario, casi todas negativas, pero, para mí, la película tenía algunas partes estupendas. La escena con Fiona Lewis en el chalet suizo es extraordinaria. Y saqué de aquello dos cosas muy valiosas: una experiencia inmejorable como actor y un pene de dos metros y medio.

El falo gigante de poliestireno que metí en casa tras acabar el rodaje había formado parte del atrezo en una de las escenas imaginarias. Allí guardado en el almacén de Shepperton, se le veía solo y triste, aunque más triste se quedó el segundo pene, al acabar guillotinado en una de las escenas más inquietantes del film. Me dio por llevármelo a casa para una buena causa.

Tommy se había convertido en una película importante y el estrellato cinematográfico me estaba generando problemas de privacidad con el vecino metomentodo de al lado de casa. Se oponía constantemente a cualquier cosa que hiciera en mi parcela de 14 hectáreas. A pesar de que nos separaba un seto de 3 metros de altura, con frecuencia lo sorprendía espiándome. Por eso, pensé en darle un buen espectáculo para su deleite visual.

Una tarde como otra cualquiera, erigí el miembro erecto en el centro del camino circular de nuestro jardín delantero. A primera hora de la mañana siguiente, me llamaron a la puerta. Tenía allí a un fornido sargento de policía, acompañado de otro agente. Ambos se esforzaban por mantener los rostros serios.

«He venido por una queja por ese miembro erecto, señor», me dijo, aguantándose la risa.

«Ah, sí, la polla», contesté.

Un poco más, y el sargento se traga la lengua.

«¿Quién se ha quejado?», pregunté.

«No se lo podemos decir».

«La queja carece de sentido, agente. No lo puede ver nadie».

«En eso tiene usted razón», sonrió el sargento. Se acercaron a examinar el falo de cerca, después se subieron al coche y se fueron. Durante los cuatros días siguientes, creo que todos los coches de policía de Sussex se acercaron a nuestra casa para mirar aquello. Jamás he visto sonreír a tantos policías, hombres y mujeres. Al quinto día, me volvieron a llamar a la puerta. Tenía la visita del jefe de la policía de Sussex, con cara de que le hubieran quitado una muela y sin ganas de andarse con rodeos.

«Sr. Daltrey, ¿podría por favor quitar el miembro erecto de su parcela?»

«Pero si nadie lo ve, para verlo tienen que entrar o espiarme».

«Técnicamente, tiene razón», contestó, «pero su vecino me está amargando la vida. ¿Podría quitarlo para tener la fiesta en paz?»

Debería haberse ido a la casa de al lado a detener al vecino, pero ya me había divertido bastante y me dio un poco de lástima. Así pues, retiré el pene de dos metros y medio, y en su lugar puse el guillotinado, de un metro de alto.

Tommy se estrenó en marzo de 1975 y, mientras Tina Turner, Elton John, Ann-Margret, los Stones, los Beatles, Dean Martin, Pete, Keith y John asistieron a diversas fiestas a lo grande para promocionarla por Estados Unidos, yo estaba terminando el rodaje de *Lisztomania*.

Heather estaba en el hospital Pembury para dar a luz a nuestra segunda hija, Willow. En su primer año de vida, no pude pasar con ella el tiempo que habría querido. Nos buscamos una niñera. Nos la recomendó John Paul Jones, una niñera Led Zeppelin, pero era más Mary Poppins que la propia Mary Poppins. Sin embargo, en las breves temporadas que me pasaba en casa, todo era idílico. Contemplaba los montes de Sussex y sentía de nuevo la calma. Si me hubiera faltado aquello (la familia, la tranquilidad, el tiempo donde me olvidaba de los problemas), aquel año habría sido peor, dado que no fue un año fácil. La película me consumió mucho tiempo y energía, a un nivel diferente al del resto de proyectos de los Who. Recuerdo estar en un centro comercial de Texas para promocionar *Ride a Rock Horse*, mi segundo disco en solitario. Había una muchedumbre y estaban todos ahí por *Tommy*. Cuarenta y pico años más tarde, puedo ironizar sobre la vida imitando al arte. En ese momento, daba miedo, mucho miedo. La histeria acojonaba y no la llevaba bien. Me perdí un poco.

Nada más estrenarse *Tommy*, recibí una llamada de Hollywood. Me habían nominado para los Globos de Oro. Para la categoría de mejor actor revelación, vaya. No gané, fue para Brad Dourif (que interpretaba a Billy Bibbit en *Alguien voló sobre el nido del cuco*), que aquel año era, evidentemente, mayor revelación que yo. Ann-Margret consiguió el de mejor actriz y a Pete lo nominaron a los Oscar por la banda sonora.

Y, de repente, empezaron a entrevistarme en los programas de la televisión estadounidense. Aquello me pilló desprevenido. No sabía desenvolverme ante ese nivel de escrutinio y esos interrogatorios. Llevaba años dando entrevistas, pero estas eran más personales e intensas. Digamos que mi acento no se había adaptado al público estadounidense. No les entendía ni yo a ellos, ni ellos a mí, tanto cultural como literalmente. Los artistas norteamericanos tienen para eso un arte especial. Le hablan a un público de un modo... es una clase diferente que muestra confianza y comodidad. A mí me resurgieron los viejos nervios y, por consiguiente, el t-t-t-tartamudeo.

Parecía un cuento de hadas: el chico de Shepherd's Bush que triunfa en la meca del cine. Y máxime en una época bastante funesta en Gran Bretaña. Estábamos en 1975, el punto álgido de la Gran Bretaña socialista. El primer ministro era, de nuevo, Harold Wilson, los que más ganaban tenían que pagar un 98 por ciento de impuestos y todos los grupos se exiliaron (fuimos de los pocos que nos quedamos). El país entero llegaba a un punto muerto, un momento ideal para darse el piro a Hollywood. Pero muy pronto descubrí que era todo de mentira, un cuento de hadas. Bajo aquella capa de sonrisas brillantes y elogios efusivos, se escondía la hipocresía más absoluta.

La gente se cree que cuando subes de escalafón social, te mueves en esos círculos exclusivos. ¿Conocía al actor Fulanito de tal o al músico Menganito de cual? Para empezar, cuando me hacían esa pregunta, si conocía a este o aquel, siempre respondía, por instinto, que no. Se trata de un hábito que adquirí en mis tiempos en las calles del oeste de Londres. No, señor. No lo he visto en la vida, no vaya a ser que le incriminara de alguna manera.

En segundo lugar, no conocía a todos los del mundillo. Sí me los había encontrado varias veces porque es un mundo pequeño, pero conocer-conocer... Al principio, tocamos con los Beatles, los Stones, los Kinks, pero no era amigo de ninguno de ellos. Nos saludábamos y poco más. Ellos daban su concierto y nosotros, el nuestro. Cuando compartíamos cartel, tampoco había mucho más contacto. De Robert Plant sí que me hice amigo y, más tarde, también de Eddie Vedder, de Pearl Jam. En la industria musical, solo de unos pocos. El grupo era mi familia más cercana y, por otro lado, tenía mis amigos, los colegas de verdad. Conocer a alguien requiere tiempo y de eso andábamos escasos. Además, nunca me ha fascinado ir a fiestas pijas con famosos petulantes. Me ponía nervioso entonces y ahora. No llevo bien esos saraos. Acabo siempre en un rincón, subiéndome por las paredes.

No se me da bien mantener conversaciones triviales. Serán los efectos colaterales de haber estado años viéndomelas con gente a la que no conocía ni quería conocer. En la actualidad, prefiero una cena, con seis personas máximo. Si hay más gente, no oigo nada. Mi oído ya no es el mismo, el límite lo tengo en seis. Y con seis personas, dejas de lado la conversación banal con rapidez. El caso es que Hollywood era y es la versión extrema de todas las relaciones sociales de relumbrón, y me sentía como un pulpo en un garaje.

Los mismos que dan por sentado que estás siempre con la farándula son quienes también te preguntan si has cambiado. La respuesta es que no. A pesar de la vorágine ridícula en la que vives, a pesar del cambio drástico de situación (de los grupos de *skiffle* de la adolescencia a uno de los grupos de rock más grandes del mundo), no cambias. Es todo lo mismo, solo que más grande. Pero la gente que te rodea sí cambia, y creo que eso te provoca inseguridad, porque piensas que nunca sabes a ciencia cierta si la gente con la que te cruzas es como parece o se comportan de manera diferente contigo. En todas las clases sociales es igual, pero cuando eres famoso, es como si te fijaras más en todo, como si le pusieras una lupa a todo. Aumentan y se magnifican las cosas pequeñas. La gente piensa que eres distinto, y no es cierto. No tengo ni idea de cómo se las apañarán cuando se hagan mayores esos famosillos de hoy en día, porque algunos no saben buscarse la vida en otra cosa. Tras sus 15 minutos de fama, caen en el olvido. O se meten en un «reality».

Visto a través de la lupa, todo el ruido de fondo y las luces del estrellato cinematográfico me superaban. Así pues, regresé desde la Tierra del Sol Permanente a la Tierra de la Tributación Permanente, respiré hondo el bendito aire de Sussex y volví a la cordura relativa de la vida en un grupo de rock.

15
BY NUMBERS

Pete había tenido el mismo conflicto con la fama cuando compuso «How Many Friends». Dijo que escribió la canción «hasta las cejas en el salón de mi casa, con los ojos hinchados de llorar, indiferente a mi trabajo y al proyecto. Me sentía vacío». No es como debería sentirse una estrella del rock a punto de ser nominada para el Oscar. Grabamos ese tema y el resto del disco *The Who by Numbers* en Shepperton en la primavera de 1975, justo en medio de toda la locura. *NME* lo describió como «la nota de suicidio de Pete Townshend». Pete dio entrevistas largas y repletas de desprecio, hacia sí mismo y en general, y dijo que nuestro público no valía una mierda, y que nosotros también habíamos estado fatal en la última gira.

Siempre nos expresaba sus sentimientos a través de los medios. Era de locos que no lo habláramos a la cara o al menos por teléfono. No había por dónde agarrarlo, pero supongo que cada uno es como es.

No me gusta abrirme a las primeras de cambio (si no, a santo de qué iba a tardar tanto en escribir esta autobiografía), con lo que me sentó muy mal que me criticara con luz y taquígrafos en la prensa. Hoy quiero pensar, que de repetirse esa situación, hablaríamos, descolgaría el teléfono. En los momentos críticos de nuestras vidas, nos hemos dicho las cosas con claridad y a la cara. Le fui a ver cuando estaba enganchado a la heroína y hay que reconocer que se metió en rehabilitación. Salta a la vista que me escuchaba. En ese sentido, estábamos muy, muy unidos. Cuando venían mal dadas, nos apoyábamos mutuamente. Somos amigos. No de los que quedan para salir a comer. No nos van los rollos sociales. Sin embargo, tenemos un vínculo especial. Me resulta difícil describirlo, pero era así.

Mucha gente no se atreve a hablar con él porque vive en un plano diferente al de los demás y tiene un punto imprevisible. A veces, sin avisar ni venir a cuento, te puede dar un corte de los buenos, puede resultar muy hiriente y, como ya he comentado, hasta rencoroso, pero en el fondo no es así. No es de esas personas a las que les deseas ningún mal. Yo nunca he querido hacerle daño, ni siquiera cuando lo tumbé de un golpe. Pero nunca he tenido miedo de hablarle y decirle lo que pienso (aunque me aparto de él cuando percibo las señales de que va a saltar).

Por otro lado, Pete solo podía transmitir sus conflictos musicales a través de la prensa. Nunca acudía nosotros cuando no sabía por dónde tirar, nunca compartía sus dudas. Igual le habríamos dado algunas ideas, podríamos haberle ayudado. En el estudio se resuelven muchas cosas, pero nunca nos vimos en esa situación. Se limitaba a decirles a los periodistas que éramos lamentables.

Yo también había estado en los mismos conciertos que tanto criticaba. Había visto cómo una noche, en el Rainbow Theatre, John y Keith intentaban por todos los medios seguir el ritmo de Pete, que estaba borracho como una cuba, descontrolado y tocaba de forma incoherente. Y encima, una semana después, creo que se chutó heroína o algo parecido. Estaba completamente ido, inmerso en algún viaje salvaje, sin avisos ni señales. Era una pesadilla. Y va y meses después leemos que el problema somos nosotros. Los malos eran John y Keith, no Pete.

Parece increíble que les diese la espalda y les dijese, a través de *NME*, que no valían una mierda. Todo lo contrario, eran magníficos y se dedicaban a bailar sobre la cabeza de un alfiler.

Los tres nos dejamos los huevos esa noche. Los Who no fueron una mierda en ese concierto, solo Pete. Bueno, siempre era bueno, pero estaba ciego, o en las nubes. Podría haberlo asumido, haber reconocido que se había emborrachado por la presión, pero no, nos echó la culpa a nosotros y yo salí en defensa del grupo. Huelga decir que a la prensa musical le encantaba la bronca. Estrellas de rock peleándose, eso aumentaba las ventas. Yo estaba cabreado de verdad.

En la parte de gestión, nuestra relación con Kit y Chris se encontraba bajo mínimos, al extremo de llegar a los juzgados, con denuncias cruzadas.

Habíamos completado un círculo horrible desde aquella reunión, llena de optimismo y promesas, en 1964 en el Railway Tavern, hasta sentarnos en una sala de juntas con dos enemigos acompañados de abogados que se frotaban las manos. Se derrumbaban nuestros cimientos y nadie se habría extrañado si nos hubiéramos separado ese verano por la implosión del propio éxito. Es lo que sucedía con grupos menos inestables que nosotros.

Con todo, en octubre volvimos a salir de gira. Pete había pasado el verano en Estados Unidos con su familia, desnudándose el alma ante Murshida Ivy Duce, la confidente de Meher Baba, el maestro espiritual indio. Ivy Dude le aconsejó «seguir tocando la guitarra con los Who hasta nueva orden». Estaba cien por cien de acuerdo. En medio siglo de carrera con el grupo, solo ha habido un periodo en el que no me he sentido bien con los Who, y sería cuatro años más tarde.

Pete decía que nos dedicábamos a la nostalgia, que no le gustaba nada ir de gira. Ya he señalado que él hablaba desde una posición distinta. Yo no podía quedarme con el culo quieto y vivir de los derechos de autor. Tenía familia y dos hijos que mantener. No obstante, había más motivos que me empujaban a seguir adelante. Hay que salir gira porque si no, estás muerto, desapareces. Todos los vaticinios al respecto de nuestra defunción inminente se habrían cumplido si nos hubiéramos quedado en casa. Son contadas las excepciones de grupos que se separan, regresan diez años después y como si nada, retomándolo desde el mismo punto en que lo dejaron. Pero lo normal es que no vuelvan, o vuelvan con la llama extinguida. Afortunadamente, o quizá por intervención divina, Pete aprendió a perdonarnos la vida y salimos de gira otra vez con nuestro disco nuevo, brillante y taciturno.

En algunos aspectos, *The Who by Numbers* es mi disco favorito. Era nuestro séptimo álbum de estudio y recuerdo que no teníamos ni idea de lo que estábamos haciendo.

Pete solo nos soltó un montón de canciones, elegí las que me gustaban y se quedó sorprendido por mi selección. Para mí, temas como «Imagine a Man», «How Many Friends» y «However Much I Booze», exponen nuestros puntos débiles y, por esta razón, me parece un disco estupendo que trata sobre la incapacidad en un sitio amplio. Cuando vi las letras, pensé que había que cantarlas, que esas canciones les llegarían directas a la gente, a cualquiera de nuestra edad en este periodo vital que pudiera escucharlas. No paraba de pensar en eso.

Empezamos con once conciertos en Gran Bretaña y, tras un comienzo poco fino, las cosas fueron encajando. Nos sentíamos todos muy a gusto, el ambiente era apacible. Después de actuar en Holanda, Alemania y Austria, llegamos a Estados Unidos a finales de noviembre para tocar por el sur del país. John Wolf, nuestro responsable de producción, estaba como un niño con zapatos nuevos. Experimentó cosas con láseres y hologramas, todo tecnología puntera, y, a finales de 1975, desplazábamos cantidades nunca vistas de equipos de concierto a concierto. Disponíamos de tres láseres argón (uno para la parte trasera del escenario y dos a cada lado) tan potentes que tenían que conectarse a la boca de incendios más próxima para que no se calentaran. Valía la pena. La gente no había visto nada igual. Se quedaban todos con la boca abierta. Eran unas luces impresionantes.

Entonces no lo sabíamos, pero estábamos en nuestro apogeo. Cuando nos juntamos de nuevo a principios de la primavera siguiente, Keith tenía problemas. Habían transcurrido un par de años desde que Kim se había ido de casa y él se había mudado a California. Estaba distante. Nunca habíamos sido amigos muy cercanos... sí, éramos amigos, aunque no salíamos juntos por ahí fuera del trabajo, pero por ninguna razón en concreto. Eso cambió un poco en el rodaje de *Tommy* y entonces, intentando que estuviera más con nosotros, nos veíamos más.

Fui a visitarle una vez a su casa para hablar con él y menuda experiencia. Era como volver a los tiempos de su adolescencia en Wembley. Ahora todo era real, pero la realidad no era como el sueño del adolescente. Se había comprado una casa en la playa pegada a la de Steve McQueen en Colony, la parte más cara de Malibú. Annette, su nueva novia suiza, era clavada a Kim, la viva imagen de una surfista californiana. Llegué con unas expectativas muy altas, pero, al entrar en aquel salón con un ventanal que ocupaba toda la pared con vistas a los atardeceres del Pacífico, me di cuenta de que las cosas no iban bien. La estancia estaba vacía, excepto por dos sofás y una enorme alfombra persa. Sobre la alfombra había una docena de zurullos de perro, y dos llevaban tiempo, igual pasaban de recogerlos.

El sueño de vivir al lado de su ídolo del cine tampoco le había supuesto nada. La señal evidente es que ambas propiedades estaban separadas por árboles, y no setos, sino frondosos árboles tropicales.

McQueen había encargado que llevaran en grúas enormes unas palmeras enormes para mantenerse bien separado de Keith. Se podrían haber llevado genial porque compartían cosas importantes. Ambos provenían de clase trabajadora, eran muy mediáticos y tenían sus conflictos con la fama. Se podrían haber ayudado entre sí. Pero cuando Keith fue a casa de McQueen para presentarse, enfadó al hijo de 16 años de McQueen y, cuando el perro guardián le mordió, le devolvió el bocado.

Aquello derivó en una reunión con McQueen en el despacho del fiscal del distrito de Malibú, una oportunidad para empezar de cero, pero Keith se presentó con su uniforme de Rommel y la reunión no fue muy bien. Entonces instaló focos orientados a la casa de McQueen para sorprender desnuda a Ali McGraw, la mujer de McQueen, y de ahí el trasplante de palmeras.

Fui a hablar con él porque era evidente que en California estaba descontrolado. No tenía dinero, y el poco que le llegaba a las manos se lo gastaba. Cuando nos negamos a darle más pasta, le pidió diez mil dólares a nuestro agente, Frank Barsalona. A la semana siguiente, le pidió más. Frank, lógicamente sorprendido, le dijo que nadie, ni siquiera Keith Moon, debería tener problemas para sobrevivir con diez mil dólares a la semana, y Keith le explicó, también con una lógica aplastante, que tenía que alquilar una avioneta para volar con una lona en la que pusiera «Feliz cumpleaños, Ringo».

El 9 de marzo de 1976, cuando llevábamos dos canciones en el Boston Garden, Keith se desplomó. La versión oficial fue que tenía gripe. El motivo real era el de siempre. Brandy y barbitúricos, y a toda prisa al Hospital General de Massachusetts. Esta vez no había entre el público ningún Scot Halpin de Muscatine (Iowa) para salvarnos la noche. Apenas había empezado el concierto y tuvimos que cancelarlo. A la noche siguiente, estábamos en Nueva York. Keith se alojaba en el Navarro y yo, en el Plaza con Heather. Nos llamaron para decirnos que se había hecho un corte profundo en el pie. Recuerdo que le dije a Heather: «Está en plan autodestructivo». Y, en mitad de la noche, me fui a verlo.

Keith me esperaba tumbado en la cama con gesto apenado. Las paredes de la suite estaban decoradas con lo que parecían pinceladas de pintura negra. En realidad, eran manchas del accidente de Keith. Se había cortado una arteria de la pierna y la sangre había salpicado las paredes. Tenía suerte de seguir vivo. Bill Curbishley, que nunca perdía los nervios, se lo había encontrado y le había hecho un torniquete para que no se desangrara. A la vista de las muestras de arte abstracto esparcidas por las paredes, la ambulancia había llegado justo a tiempo.

«Lo siento, Rog», fue lo único que pude decir.

«No te preocupes», le dije. «Pero cuéntame qué te pasa. ¿Por qué estas machacándote así? ¿Es por Kim?»

Pues claro, saltaba la vista. Con todas las chicas con las que salía, hacía que se vistieran como Kim. Incluso recurría a prostitutas y las vestía igual. Tenía incluso una peluca rubia para que no faltara detalle. Cuando la pregunté lo que ya sabía, asintió con la cabeza y rompió a llorar.

«Jamás volverá conmigo», me dijo. Se produjo un silencio largo, interrumpido solo por sus sollozos. No sabía qué decirle, me quedé sin más sentado en la cama.

«Sí», le dije al final, «igual no volvéis juntos, pero si la quieres y se lo demuestras, estará siempre a tu lado. Así son las cosas con los amores de verdad. Las cosas no serán como antes, pero no tiene sentido que lo mandes todo al garete».

Me miró con la mirada perdida y regresó el silencio. Entonces le pregunté: «¿Es también por Neil?»

Rompió a llorar otra vez: «Soy un asesino», dijo. «Soy un asesino».

«Para nada, Keith. Son cosas que pasan, le podría haber ocurrido a cualquiera».

Le dije que había hecho lo que consideró lo mejor en aquel momento y que no le diera demasiadas vueltas. Y que buscara ayuda. Al rato se incorporó y se sentó en la cama y, como siempre hacía, me dio un abrazo. El que debió haberle abrazado soy yo.

Cuando me fui de la suite, parecía un poco más animado. Estaba contento, o intentaba estarlo. Y no volvimos a hablar de estas cosas. Durante los próximos 18 meses, los que le quedaban a Keith de vida, me llamaba en ocasiones. Creo que era el único que le respondía el teléfono. Me llamaba a las cuatro de la mañana a mi casa con los niños durmiendo, y siempre sabíamos que era él. Heather le trató con cariño a lo largo de aquella época sombría, e hicimos lo que pudimos. Evidentemente, he deseado muchas veces, en estas últimas cuatro décadas, haber hecho más.

Regresó a Londres, eso sí. Abandonó su deslucido sueño en California, dejó en paz a Steve McQueen, le pidió dinero a Pete y alquiló un apartamento de tamaño más sensato en Curzon Street, Mayfair.

Esa era la fase uno. La fase dos consistía en ponerse en forma. Era necesario para seguir el ritmo impuesto en el grupo. No paraba de darle la lata con eso y un día apareció en el estudio vestido con chaqueta y pantalones de hípica.

Se había apuntado a clases de equitación por Rotten Row, en Hyde Park. Para hacer ejercicio. Seguro que el culo le dolería de lo lindo esa noche, pero era un buen síntoma. Por lo menos lo intentaba. Por desgracia, cuando empezamos a trabajar en nuestro octavo disco de estudio, *Who Are You*, en el otoño de 1977, no podía ocultar la pérdida de cualidades físicas y de destreza con la batería por culpa de los últimos cinco años de excesos. El talento se tiene o no se tiene y, en aquellos meses restantes de vida, le estaba abandonando el talento natural que le caracterizaba. Cuando empezó a faltarle a también eso, quedó atrapado en una espiral descendente.

En mi tiempo libre, yo iba a lo mía. Mientras Keith lo invertía en putas y drogas, a mí me obsesionaban cosas más tediosas. La casa me absorbía las energías que me quedaban. Empecé con el lago. Al instalarnos allí, ni siquiera era un lago porque, tras años de abandono, parecía poco más que un charco lleno de lodo. Contraté de ayudante a Herbert, el hijo del dueño de nuestro pub, el Kicking Donkey. Su pasatiempo preferido era jugar con excavadoras grandes. Él tenía los juguetes y yo, el parque infantil, con lo que nos pasamos juntos semanas, semanas muy felices, sacando el cieno y levantando un dique hasta que me hice un lago de verdad. Hay que ver el placer que da, como pocas cosas en la vida, cavar un pedazo de agujero en la tierra y luego contemplar cómo se llena de agua, contemplar los contornos de la tierra formando un lago nuevo, quitar el lodo y sustituirlo por algo más bonito. Quizá por eso acabé haciendo cuatro lagos interconectados al otro lado de la casa. Una vez que te pones...

Con aquellos lagos, podía invitar a mis viejos amigos de la fábrica a que se vinieran a pescar casi todos los fines de semana que no estaba de gira. Se sentaban junto al agua y se ponían de palique diciéndome que debería estar prohibido, Rog, que te quedes todo esto para ti. Porque hay muchas personas como nosotros, Rog, que viven en pisos y que matarían por venir a pescar a un sitio así. Tenían razón, por supuesto, de modo que lo abrí al público. A principios de los años ochenta, la pesca de la trucha con mosca era el deporte emergente para la gente trabajadora, y me dio la oportunidad de conocer a un montón de gente interesada más en la pesca que en Roger, la estrella del rock. Me siento orgulloso de lo que hecho en aquellas tierras. Si se hubieran dejado baldías, el valle entero se habría echado a perder. Lleva mucho trabajo conservar el campo en buenas condiciones. Para mí es importante haber puesto de mi parte. Parecerá un tópico, pero solo soy un inquilino temporal y lo cuido para las próximas generaciones, y espero dejarlo bien.

Me costó diez años decorar la casa. Con la ayuda de otro excelente, leal y sufrido amigo limpiamos toda la madera con decapante de pintura. En algún momento del periodo victoriano, los antiguos propietarios pintaron las vigas de negro y tardé siete veranos en recuperar su color miel original. Allí estábamos embutidos en nuestros monos de trabajo y guantes de goma, sudando como cerdos. Pero me relajaba mucho aquello. Era un trabajo sencillo y monótono, lo contrario de lo que hacía con los Who. Acababa con las vigas y me ponía a cavar, y luego a hacer otras cosas.

O a tareas de restauración. Durante años, por ejemplo, estuve coleccionando carromatos antiguos de gitanos y calesas victorianas. Me había hecho muy amigo de John Carter, que formaba parte anteriormente de la Slade School of Fine Art y que se había convertido en un gigantón imponente y barbudo, aficionado a acumular coches antiguos, motocicletas, tragaperras y atracciones de feria. Incluso había conseguido un conjunto de caballitos a vapor (nadie se atrevía a llamarlo tiovivo delante de John... eso era demasiado norteamericano).

John iba bastante mal de pasta. A mediados de los años setenta, poca gente tenía una situación boyante, de manera que le compré algunas piezas de su colección por el mero placer de restaurarlas por mi cuenta. El problema radicaba que, cuando estaban terminadas, no eran más que objetos (que además ocupaban espacio). Al final, vendí dos a un museo y el resto a John... por un precio justo, claro está. Y en 1977, pusieron en marcha la Carters Steam Fair, su feria ambulante de máquinas antiguas. A día de hoy sigue recorriendo, como negocio familiar, toda Gran Bretaña con sus traqueteos y explosiones.

En algún momento de los años 70, entre los lagos y los carromatos y la música, le construí a las niñas una casa de muñecas. Tardé tres meses. Un lado de la casa, con todo recogido y limpio, es el de Rosie y el otro es el de la vecina descuidada, Willow. Aún la conserva Rosie en su habitación. A veces la miro con el mismo cariño que le tengo a nuestros discos. La hice con madera contrachapada y una sierra, sin instrucciones y dándole a la cabeza. Menuda satisfacción cuando la terminé. Esa es la clave: necesito trabajar. Y creo en serio que ahí está parte del motivo que me mantiene en pie a día de hoy. Pete, que posee una ética del trabajo impresionante, ha salido adelante a base de crear cosas en la cabeza y en las cintas, y yo, haciendo cosas con las manos. Si no hubiera tenido ningún proyecto durante nuestros períodos de descanso, no sé en qué habría ocupado el tiempo libre.

La mala pata también impidió que me desviase del camino recto. En 1975, en la época en que recibía llamadas de Hollywood, nacía nuestra hija, lanzaba mi segundo disco en solitario y terminaba *Lisztomania*, me cayó una enorme bola de piedra en el pie. Es uno de los riesgos de comprarse una casa grande, que hay un montón de columnas y pedestales y algunas tienen bolas de piedra en la parte de arriba. Estaba moviendo una y se me escapó. Dos años después, empecé a tener gota en el dedo del pie sobre el que me había caído la bola. La cura fue por dos vías: dejé el alcohol y la maría. A mis treinta y pico años, me había vuelto lo opuesto al roquero hedonista, y no porque me obsesionara la longevidad, sino porque tenía que estar bien de salud para poder cantar.

Mis cuerdas vocales han modulado mi modo de vida, y, gracias a esos cuidados, sigo pateándome los escenarios de medio mundo. Voy con cuidado al patear, eso sí. El dedo del pie aún me da guerra.

16
EL FIN, UN COMIENZO
Y UN NUEVO FIN

El jueves 7 de septiembre de 1978, Jackie Curbishley, la mujer de Bill, llamó a Pete y Pete me llamó a mí. «Se nos ha ido para siempre», me dijo.

«¿Cómo? ¿Quién?»

«Moon».

Keith Moon murió mientras dormía después de la hora del desayuno, a la mañana siguiente de haber asistido un rato con Annette a un fiesta en Covent Garden organizada por Paul McCartney para dar inicio a la Semana de Buddy Holly. No habíamos salido de gira ese año porque no habría aguantado. Ya le costó mucho grabar *Who Are You* en Ramport. «Music Must Change», el quinto corte del álbum, casi no lo terminamos porque a Keith no le salía el compás de seis por ocho. Siempre era muy perfeccionista con la música, pero esta vez pasaba algo serio. Después de cuatro tomas e innumerables disculpas, se levantó de golpe de la batería y gritó: «¡Soy el mejor batería tipo Keith Moon del mundo!»

Y lo fue hasta el final. Murió de sobredosis de 32 pastillas de clometiazol, unos sedantes que le recetaron para la abstinencia de alcohol. Decía que quería dejarlo sin ayuda de nadie. Se había vuelto a Londres, iba a clases de equitación y quería continuar con el grupo. No obstante, se trataba de una batalla perdida.

Su muerte era una noticia que nos esperábamos desde hacía cinco años, o incluso más. Le podría haber llegado cualquier día. Pero fue una conmoción cuando nos enteramos. Es raro, cuando llevas mucho tiempo esperando algo, te choca más que si sucede de improvisto. Nos habíamos acostumbrado tanto a esperar la noticia, que parecía que no iba a ocurrir. A mí me dejó, y sé que a Pete también, completamente traumatizado.

Al día siguiente, sacamos un comunicado diciendo que teníamos más claro que nunca que íbamos a seguir adelante, y que el grupo, al que Keith le había dado tanto, continuaría su rumbo. Nos encontrábamos aturdidos, por supuesto, pero no hablábamos por hablar, lo decíamos en serio. Me había propuesto que el grupo no desapareciera, únicamente por la música. Cómo no, también había una parte de interés porque se trataba de mi trabajo y mi vida.

Más tarde, Pete diría que la muerte de Keith detuvo la extinción de los Who, que nos prolongó la carrera unos años más. Visto con objetividad, nos trajo libertad. Jamás podríamos reemplazar a Keith, pero ahora que no estaba, también se nos ofrecía una oportunidad. Siempre habíamos sido un cuarteto, un cuadrado, una estancia de cuatro paredes. Ahora había desaparecido una pared y la habitación se abría al infinito, teníamos infinitas opciones, se nos abría un mundo de infinitas posibilidades. Y entonces, de repente, cerramos de nuevo la habitación.

En enero de 1979, Pete invitó a Kenney Jones a ser nuestro batería. A todos nos caía muy bien Kenney. Éramos amigos desde tiempo atrás y es un tío estupendo. Durante las giras que hicimos juntos, me entendí mejor con él que con el resto. También era un batería excelente, pero no encajaba, para nada, con nosotros. Estaba hecho para los Faces.

No lo digo en plan despectivo. En aquel momento, la gente entendió que yo decía que, como batería, era una mierda. Jamás dije eso de Kenney. Era mal batería para los Who, igual que Keith tampoco habría encajado en los Faces. A nosotros no nos pegaba nada de nada. Ellos tenían su estilo y nosotros, el nuestro. Eran un buen grupo, Chas y Dave con

Rod Stewart, con un sonido antiguo y alegre para cantar en los pubs, y requerían un batería como Kenney, ortodoxo, de los de metrónomo. Los Who eran completamente distintos. Nosotros íbamos a saco, hacíamos un rock más bestia. Si Keith hubiera tocado en los Faces, el estruendo que armaba habría tapado al resto.

Con todo, nos pareció bien fichar a Kenney. Lo contratamos pagándole una cuarta parte de los beneficios, vamos, una tremenda estupidez, pero era lo que quería Pete y acepté para no montar follón. El 2 de mayo de 1979, tras muchos ensayos en Shepperton, llegamos al Rainbow Theatre, en Finsbury Park, para inaugurar nuestra primera gira con Kenney, sin Keith.

Al principio, no fue mal. De hecho, era bueno actuar de nuevo, un gran alivio, una terapia. A ninguno le resultó fácil seguir adelante. La ausencia de Keith era palpable. Aquellos años salvajes juntos, noche tras noche, no regresarían más y los sentimientos estaban ahí. Daba la sensación de que corríamos una maratón cada noche, pero volvíamos a la realidad y nos centrábamos en la música. No decíamos nada entre las canciones pero tocábamos bien. Y Kenney, que conste bien clarito, lo hacía genial, llegaba a los niveles de energía que le exigía estar en los Who. En esa gira interpretábamos mucho material del último disco, y las cosas iban sobre ruedas, el grupo cuajaba a la perfección. No obstante, cuando pasábamos a los temas antiguos, sonaba hueco.

Salimos de gira por Gran Bretaña, Francia y Alemania y fuimos aumentando el tamaño de los conciertos. Actuamos en Wembley, en el Campo Zeppelin de Nuremberg (con aforo de 65.000 personas), y llenamos cinco noches el Madison Square Garden. En todas partes se quedaba mucha gente fuera. Los promotores tenían que adjudicar las entradas por sorteo y todos los recintos estaban a reventar. Y entonces, en diciembre, llegamos al Riverfront Stadium de Cincinnati.

Fue un buen concierto (fabuloso, de hecho), con lo que resultó aún más amargo el contraste cuando nos dijeron, al acabar de tocar, lo que había pasado. Hacía mucho frío y las butacas no estaban numeradas: se sentaba delante quien llegaba primero. El promotor abrió tres de las once puertas del estadio, con lo que todos fueron corriendo a esas puertas, con ganas de huir del frío de la calle y sentarse en las primeras filas. Debió de ser como meter un litro de cerveza en un vaso de media pinta. Once fans murieron aplastados al entrar. Los organizadores tomaron la decisión sensata de permitir que se celebrara el concierto para que no cundiera el pánico y se evitó así una desbandada con la gente pasando por encima de los muertos y heridos. En definitiva, dimos el concierto entero sin conocer la tragedia. Imaginaos cómo te sientes cuando acabas, sales del escenario eufórico, contento y alegre, y te enteras de que ha habido personas que han muerto porque querían verte en directo.

No recuerdo si reaccioné siquiera. En seguida me vi rodeado de gente metiéndome el micrófono para preguntarme: «¿Cómo te sientes?» Es para morirse las preguntas estúpidas que hacen los periodistas antes de que la gente tenga tiempo de procesar nada. ¿Pues cómo me iba a sentir? ¿Tocando palmas? Aquello era horrible y me encontraba en estado de conmoción. Bloqueado. No concilié el sueño en toda la noche y, al día siguiente, teníamos que viajar a Buffalo (Nueva York) para dar el próximo concierto, que fue complicado. No hubo comunicación entre nosotros ni con el público. Sin embargo, tocamos con el veneno que nos brotaba del dolor que sentíamos.

Supongo que podríamos habernos apeado ahí, pero ni nos lo planteamos. Tras la muerte de Keith y ahora esto, de las peores tragedias sin sentido, podríamos haber recogido los trastos y habernos ido a casa para siempre. No obstante, yo pensaba de verdad que parar no habría solucionado nada, y que habría hecho más doloroso el duelo, a mí por lo menos. Igual era egoísmo puro, no sé. O igual la única terapia posible era sumergirse en la música y centrarse en los conciertos. Y sí, nos ayudó. Terminamos la gira y tocamos. Los diez conciertos que quedaban después de Cincinnati fueron de los más intensos de mi vida. Desde un punto de vista musical, la gira estuvo genial, pero desde una perspectiva emocional, vivimos una pesadilla.

Nos mantenemos en contacto con los amigos de quienes murieron, pero no puedo devolverles la vida. Ojalá, en serio. Nunca me he sentido responsable por lo que ocurrió en Cincinnati. No me culpabilizo. Me provoca tristeza, una tristeza tremenda por quienes perdieron familiares allí. Fue muy difícil superarlo.

La parte más dura fue la vuelta a casa justo antes de navidad para ver a los amigos y la familia, y reincorporarse a la normalidad después de aquel suceso. Me sentía como si me hubieran golpeado de lo lindo. El asunto había tenido eco en los medios británicos pero nadie sabía lo que era estar allí. No había nadie con quien pudiera hablar o compartir la pena. Me daba largos paseos por mi campo y hablaba conmigo mismo. Soy agnóstico, bordeando el ateísmo. En mi opinión, todo lo relacionado con Dios ha causado la mayor parte de los problemas de la humanidad. Pero aquel invierno sombrío, habría estado bien poder hablarlo con alguien, fingir que existía un plan divino y que lo acontecido en Cincinnati formaba parte de él.

Cuando salimos de nuevo en 1980, era evidente que no nos iba bien. Kenney había suavizado la energía de la banda. Estaba empujando a los Who hacia conciertos del estilo de pub de los Small Faces más convencionales y a mí me resultaba imposible expresar las letras. Tocábamos las canciones, pero como si fuéramos un grupo de pub haciendo versiones. No encajaba nada. Los Who se habían esfumado y las canciones maravillosas de Pete eran ahora temas normalitos. Pensé en serio comprarle un par de escobillas a Kenney para «My Generation», por la falta de energía que mostraba. Y no resulta agradable afrontar en esas condiciones actuaciones de tres horas cada noche. Dependes de la adrenalina y la energía de la música y, cuando no la encuentras, te quemas.

Así que me reuní con Kenney y le dije, lo siento, compadre, no puedes seguir con nosotros. Se quedó sin palabras, como es normal. Lo complicado es no tomártelo como algo personal, pero no hubo nada personal. Para que un grupo triunfe, tienes que ser implacable. La mediocridad no tiene cabida. Un grupo puede ser espantoso o magnífico, no hay término medio, por lo que hay que tomar decisiones difíciles. Ya me había pasado con Harry Wilson, mi mejor amigo, a quien sustituimos por Doug Sandom. Y ahora tenía que dar el mismo paso con Kenney.

Convocamos, así pues, una reunión, una cumbre, en casa de Bill Curbishley, en Chigwell. Pete y Kenney se sentaron en un sofá; John y yo, enfrente, y Bill en medio, mediando entre las partes. No expresé tono agresivo porque me caía muy bien Kenney, aunque no nos servía para el grupo. Lo tenía muy claro y sé que Pete también. Sabía que Pete se arrepentía de haberlo metido, pero no podía hacer ahora de malo, de manera que fui yo quien dijo lo que había que decir. Si tienes el volante del coche roto y vas haciendo eses, tienes que cambiarlo. Les lancé un ultimátum: o Kenney o yo.

Kenney se quedó callado, al igual que Bill y John. Pero Pete no dudó ni un segundo y respondió que no había discusión posible, que se quedaba Kenney. Me tendría que haber ido entonces de allí. Me pareció fatal que Pete lo convirtiera en un asunto personal, pero ¿cómo podía elegir a Kenney en lugar de a mí? Bueno, tendréis que leeros el libro de Pete, pero yo esperaba un poco más de apoyo. El caso es que Kenney siguió en el grupo y, aunque lo lamentaría, yo también. Y nos metimos en otra gira intensa.

La actitud de Pete de no asumir mi decisión condenó al grupo a una muerte larga y lenta. Además, creo que también fue el detonante de que se metiera más en la heroína. Arrastraba un sinfín de problemas (su matrimonio, Cincinnati, la presión, siempre, componer) pero cuando el grupo empezó a descarrilar fue cuando entró en la devastación total.

Recibí una llamada, no recuerdo de quién, pidiéndome que fuera a verle. Yo estaba en Sussex pero se decía que Pete andaba armándola por los clubs de Londres, y tenía que ir. A pesar de todo, era el único a quien escuchaba. En aquellos tiempos, resultaba complicado hablar claramente con él. Hoy ha cambiado, nos sinceramos mucho más. Pero entonces, en seguida se levantaban muros de protección.

Pero fui a verle. Me tragué el orgullo y me dirigí a su estudio de Eel Pie en Twickenham y allí estaba, medio adormilado, rodeado de la parafernalia de la droga. Me senté y empecé a hablarle. No sabía si me podía oír. Durante la primera hora, estaba ausente. Pero seguí tres o cuatro horas más. Le dije que aquello no valía la pena, que era muy inteligente como para acabar así, que casi siempre había estado en contra del caballo, que no tenía sentido cambiar ahora de opinión. Intentaba que hablara, que reaccionaria, pero no articulaba palabra. No me contestaba a nada de lo que preguntaba, así que yo seguía y seguía. Me fui a última hora de la tarde dudando de si le había servido de algo mi charla. Al día siguiente, se metió en rehabilitación.

Cuando salió, hicimos nuestro décimo disco, *It's Hard*. Y Dios santo, resultó ser de lo más difícil. Pete se tiraba de los pelos intentando sacar canciones nuevas y aunque al final lo consiguió, a mí me parecía que no estaban a la altura. Todo salió mal. Al escuchar el disco, cada golpe de tambor es un auténtico bajonazo. Una y otra y otra vez. Tas tas tas t-t-t-t-tas. Me ponía a parir.

Todo cristalizó para mí en septiembre de 1982. Me encaminaba a la presentación de la gira del disco. Otra tanda de 42 conciertos. Otro viaje de tres meses recorriendo Estados Unidos. La presentación la iba a hacer yo solo, para variar. Pete no quería saber nada de promociones, no quería dar entrevistas ni participar en sesiones de fotos. Nada. Pues allí estaba en mi coche, intentando poner al mal tiempo buena cara, y, de pronto, me planté. Hasta aquí habíamos llegado. Esta sería la última gira.

Lo anuncié ante la prensa y vi que era lo mejor. Suponía la solución a todos nuestros problemas: Pete se liberaría de la presión y adiós al asunto del batería. Pilló al grupo a contrapié, pero sabía que, de haber seguido, habríamos acabado con Pete.

Así que esa fue nuestra gira de despedida y la hicimos a regañadientes. No obstante, incluso entonces, no era el final de la pesadilla. Estábamos obligados a cumplir con dos tercios de un contrato de grabación de tres discos.

Unos seis meses después de concluir la gira, Pete vino a verme a casa. Quería contarme que, pese a los intentos, no podía componer los temas del próximo disco. Se sentía acabado, era el final de verdad.

«No me sale nada», me dijo. «No puedo seguir».

Y creo que se quedó parado ante mi respuesta. «Vale», le respondí.

Aunque yo ya me había gastado el anticipo y John también, daba igual. Nos las apañaríamos y apoyaba sin reservas la decisión de Pete. Necesitaba espacio para respirar, para recuperarse. Era el punto final. Aparte del Live Aid de 1985 (me convenció el elocuente y persuasivo de Bob),* se había acabado. Durante casi un década, no hubo más Who.

---

* Bob Geldof, organizador del *Live Aid*, el concierto benéfico celebrado el 13 de julio de 1985 para combatir el hambre en África, en el que participaron numerosos grupos y artistas como Bob Dylan, Paul McCartney, Mick Jagger, Eric Clapton, Neil Young, David Bowie, Madonna o Led Zeppelin. En el siguiente capítulo, vuelve a referirse a él como «Sir Bob», por su condecoración de la Orden del Imperio Británico.

No estaba contento de haber disuelto el grupo. Cosas del destino. Tampoco era ningún drama. Si no nos volvíamos a juntar, pues bueno. Y si nos juntábamos, sería tras encontrar un buen batería. Sabía que Pete no lo echaría todo a perder. Es un hombre muy inteligente. Éramos conscientes de su genialidad y, aunque veces lo negara, reconocía la suerte que había tenido al dar con nosotros. Pensaba que de algún modo encontraría a otros tres músicos para interpretar su obra, y ahora ya solo le bastaban dos. Con todo, nunca vi aquello como el final definitivo.

El tema es que yo de algo tenía que vivir, así que en los años 80 me dediqué a mi trabajo de actor, a sacar discos en solitario y a la piscicultura.

En 1980, interpreté a McVicar, un preso fugado de la prisión, que cumple condena por atraco a un banco a mano armada.* Este papel era diferente a los que anteriores, me apetecía porque había tenido muchos amigos que habían sido ladrones de banco. Lo llevaban como si fuera algo que molara, igual que las bandas de hoy en día. Es la máxima aspiración cuando vives en las calles más complicadas o las estás pasando canutas. La delincuencia parece una salida fácil.

Yo eso lo tenía muy claro porque, al final, siempre los

* En el film *McVicar, el enemigo público número 1* (*McVicar*), dirigido por Tom Clegg.

atrapan. Que se lo digan a Bill Cursbishley. O a George Davis, al que le cayeron 20 años por asalto a mano armada a la Compañía Eléctrica de Londres en 1974. Y encima es que no lo hizo. Su mujer Rose organizó una gran campaña para que lo liberaran, en la que tuve el placer de participar. Salí al escenario con una camiseta en la que ponía «George Davis es inocente» y lo celebré cuando lo soltaron. Y entonces, como un año después, lo pillaron en la puerta de un banco, al volante del vehículo de huida de un atraco. Se pasó siete años en la trena.

Me alegré de que saliera libre por lo que no había hecho, y también de que lo encerraran por lo que había hecho. Así es la vida. Cero glamour. Había perdido la libertad y a su esposa maravillosa. Se creían todos muy listos y, al final, descubrían que no lo eran tanto. John McVicar lo reconoció abiertamente. Escribió un relato muy poco glamuroso de la vida delictiva. Yo quería mostrar precisamente eso en la película y, en mi opinión, es bueno concienciar a la gente que está en la calle para que no caiga en ese mundillo.

No le dimos ninguna pátina de glamour a la vida de McVicar, solo contamos su historia. Y acababa bien, como en el caso real. Dio un giro radical a su vida cuando salió de la cárcel. Se convirtió en un escritor de éxito y no se ha vuelto a meter en problemas.

Me sumergí por completo en la realización de la película. Al cabo de varias semanas, me costaba dejar de comportarme como McVicar. Me movía en plan chulesco como los mafiosos. Quizás a Heather no le hacía mucha gracia, pero aprendí un montón. Casi todas las escenas de la cárcel las hice con Adam Faith, que interpretaba (de forma brillante) al compañero de celda de McVicar, Wally Probyn «Cara de Ángel». Me ayudó a relajarme y a que me dejara llevar. No tienes que sentir que estás actuando, tienes que sentir que no estás haciendo nada. Es raro. El diálogo es lo de menos.

Salta a la vista que todavía no le había pillado el tranquillo cuando interpreté a Macheath en la adaptación de *La*

ópera del mendigo para la BBC en 1983.* No tenía ni idea
de cómo decir el diálogo, cómo hacer que sonara creíble. No
modulaba bien porque lo hacía como en el cine, donde los
pequeños movimientos son importantes, pero en la televisión no es igual y yo todavía estaba aprendiendo.

No me pensaba rendir, y no ya por el dinero sino porque,
para mí, era mi forma de restregárselo al capullo de mi profesor de lengua. No conseguí el papel en la obra del colegio.
Nunca iba a llegar a nada. Esas cosas.

La ocasión para resarcirme me llegó cuando me hicieron una prueba, nada más terminar *La ópera del mendigo*,
para *La comedia de las equivocaciones*. Hablamos de Shakespeare, era mi gran oportunidad. Me indicaron los pasa-
jes que íbamos a leer en la prueba y me tiré un montón de
tiempo memorizándolos porque no se me da bien lo de leer
en voz alta. Me lo preparé mucho. Al llegar a la audición, estaba sentado allí con gesto impasible James Cellan Jones, el
prestigioso director. Empecé a recitar y, al tercer o cuarto
verso, se puso a reír, y la carcajada fue aumentando poco a
poco. Cuando acabé, estaba descojonado de la risa. Di por
sentado que me había salido fatal.

Y por si fuera poco, acto seguido me pidió que leyera otro
papel. No me lo había aprendido y no lo sabía hacer. Fue un
desastre. Con todo, al acabar, me dijo: «Bien, ¿entonces te
ves capaz de interpretar ambos papeles?» No me lo creía,
me quedé sin respuesta. No daba crédito. Me asignaron los
papeles de Dromio de Éfeso y Dromio de Siracusa.**

Estaba encantado, feliz de trabajar con un texto de Shakespeare, entendiéndolo, captando las bromas. Nadie me
trataba con condescendencia, me metí de lleno y fue una
experiencia extraordinaria. Al final de la obra, cuando los

* La obra homónima adaptada se trata de una ópera del siglo XVIII, con li-
breto del poeta y dramaturgo John Gay.
** Hermanos gemelos en la obra de Shakespeare *La comedia de las
equivocaciones*.

dos Dromios se ponen uno junto al otro, se percibe la implicación que puse en ese trabajo. El hermano al que el maestro trata con respecto medía cinco centímetros más que el otro. De modo subconsciente, había encogido para interpretar al gemelo menos afortunado.

No creo que los gemelos Kray contactaran conmigo por mi divertida caracterización de los gemelos en *La comedia de las equivocaciones*. Más bien, *McVicar* estaba más en su línea. Sea como fuere, me llamó un día Big Joey Pyle por si me interesaba comprar los derechos para hacer una película sobre los Kray. Me acabaría cayendo bien Joey. Era un malo respetable, honorable.*

La policía llevaba tiempo tras él. Lo juzgaron en los años 60 por el asesinato del portero de un club, pero salió absuelto. Finalmente lo atraparon en 1992 por «organización de una enorme red de narcotráfico» y fui a visitarlo a la cárcel de Belmarsh. Me gustaba ir a verle para darle ánimos. Nunca hablamos de sus fechorías. Entendía de qué lado estaba y no quería averiguar nada más.

John no era de los más conocidos, pero actuaba de mediador entre las grandes familias del crimen. Era el que se reunía con las partes para limar asperezas. Menudo trabajo, aunque se le daba bien. Cuando murió en 2007, al funeral fueron miembros de las familias de los Kray y los Richardson. Para él debió de antojarse de lo más chupado lo de la mediación de los Kray conmigo.

Me pareció una idea estupenda hacer una película sobre los gemelos. Guste o no, forman parte de la historia de la sociedad de la Gran Bretaña contemporánea. Siempre habrá en las calles gente como ellos. Los apartas de la circulación y otros pasan a ocupar su lugar. Así era y así será siempre. Pero ellos tenían algo más, presencia, imagen, y sabían usar-

---

* Al igual que los hermanos Kray (v. capítulo 12), era un miembro del hampa de Londres.

la. Con la ayuda de la fotografía de David Bailey, le dieron glamour al oficio de gánster. Lo de la imagen era fundamental en los años 60. Twiggy, por ejemplo. Nosotros, por ejemplo. Los Kray, por ejemplo.*

No simpatizaba para nada, ni con ellos ni con lo que representaban, pero cuando los conocías, no cabía otra que reconocer que eran fuera de lo común. Si Ronnie no hubiera estado loco, igual les habría ido mejor. Tenían clubs y casinos, ganaban una fortuna. Pero Ronnie tenía esquizofrenia paranoide y un hermano gemelo idéntico a él. Yo no quería hacer una película sobre su carrera violenta sino sobre cómo les funcionaba la cabeza.

No los conocía pero me había visto en negocios con ellos. En 1965, poseía un precioso Austin Westminster con asientos de cuero y motor de tres litros. Me apreciaba mucho aquel coche. Un día iba con él por Salisbury Plain (la larga carretera recta que, en los años sesenta, la gente la recorría a toda velocidad) y de repente, me topé con un tractor girando a la derecha y otro coche parado detrás bloqueando el paso. Solo me dio tiempo a respirar hondo y lamentar el vigor juvenil que me hacía correr tanto. Al salir trepando de mi adorado y arrugado Austin, parecía como si hubiera atropellado a un grupo de gente en silla de ruedas. Todo estaba lleno de tubos metálicos y ruedas dobladas. Tardé un rato en comprobar que el coche contra el que choqué llevaba bicicletas en la parte trasera. El desastre era fino. Desde entonces, soy más prudente al volante.

La bromita me salió por un pastón. El coche me había costado 1.200 libras y la reparación ascendió a 400. No tenía tanto dinero ni posibilidad de conseguirlo. Los bancos

---

* El fotógrafo David Bailey, que sirvió de inspiración para el personaje principal de *Blow-Up* (la película de 1966 de Michelangelo Antonioni), retrató a numerosos artistas y celebridades de la escena londinense de los años 60. Twiggy (Leslie Lawson) despuntó como modelo también en el Londres de esa década y posteriormente se dedicó al cine y la canción.

no me daban ningún préstamo. El mánager nunca tenía un clavo. Así que me quedé sin medio de transporte para ir a los conciertos. Me alquilé un coche durante un par de semanas, pero era muy caro y me costaba más de lo que ganaba. Al final, uno de los roadies me dijo que conocía a una persona que me prestaría el dinero.

«Genial, ¿quién?», le pregunté.

«Eso da igual. Te dejará el dinero y se lo tienes que devolver a los tres meses con un interés del diez por ciento. Solo una cosa: si quieres conservar las piernas, asegúrate de pagar a tiempo».

Me lo tomé como una fanfarronada, pero al día siguiente me trajo un cheque con 400 libras, firmado por Charlie Kray.*

Le pagué a tiempo pensando que se habían portado de maravilla, me habían ayudado, me habían salvado. Y ya no tuve más noticias de esa familia hasta que Big Joey me llamó en los años 80.

La primera vez que me reuní con Ronnie en el hospital de Broadmoor,** estaba sentado en una mesa redonda. Me senté al lado de Joey y Ronnie se acercó a darme la mano.

«Hola, Roger, encantado». Hablaba casi en susurros. «¿Cómo está tu madre? ¿Le gustan los bombones?»

Se sentó junto a mí, se acercó arrastrando los pies y puso la rodilla en mi muslo, apretando fuerte. ¿Qué se puede hacer cuando Ronnie Kray te aprieta la pierna con la rodilla? Muy sencillo: nada. No moví la pierna en dos horas. Era su manera de ponerme a prueba, de desafiarme, de ver si tenía agallas.

Mi muslo y yo salimos ilesos de la reunión y, unos días después, Don Boyd, mi compañero en este proyecto, y yo preparamos el acuerdo, un contrato en condiciones. Ron-

---

* Hermano mayor de los gemelos.
** Debido a su enfermedad mental, Ronnie cumplió la condena confinado en un centro sanitario.

nie firmó la cesión de derechos delante de dos médicos del hospital. Lo que no sabíamos, tampoco Ronnie, es que los Kray llevaban años viviendo de esos derechos. Los vendían, el proyecto se iba a pique, y los volvían a vender. Pero nuestro contrato estaba blindado. No podían hacer nada sin mi beneplácito.

A Ronnie eso no le gustaba y a mí no me gustaba que no le gustara. Quería salirse siempre con la suya y era una persona difícil. Él tenía en mente a Ray Winstone para que le interpretara, pero yo pensaba en otro tipo de película y prefería a Hywel Bennett, que tenía la voz adecuada y podría representar la homosexualidad sin mostrarse amanerado. Eso era lo que definía a Ronnie, un tipo muy particular. No era gay, era homosexual.

Conseguí que lo entendiera (e incluso había encontrado a un actor llamado Gerry Sundquist, que era clavado a Hywell para hacer de su gemelo) pero al final no me aclaraba con él. Vi que empezaba a cambiar de opinión. Se enfadaba. En una reunión, me apretó todavía más la rodilla, hablaba más y más bajito y luego tuvo una discusión acalorada con Don. Le dijo: «Si no haces mi película, te vas a enterar». Don salió muy preocupado aquel día. Decía que detrás de esa mirada había otra persona. Estaba aterrorizado.

Poco después, apareció otro equipo de producción y, con todo el placer del mundo, les cedí el proyecto. No quería esas cosas en mi vida, me parecía muy peligroso. Hicieron la película con los hermanos Kemp.* No estaban mal, pero el film glorificaba la violencia en detrimento de la trama, ya que no hablaba de sus vínculos con Bob Boothby o de los espías.** Eso es lo que les hizo pasar 30 años en la cárcel, no el he-

* *Los Krays* (*The Krays*), dirigida en 1990 por Peter Medak e interpretada por Gary y Martin Kemp.
** Boothby era un político conservador británico, protagonista en los años 60 de un escándalo sexual con Ronnie Kray (la celebración de orgías con jóvenes homosexuales), y que fue espiado por Scotland Yard y el MI5.

cho de cargarse a dos tíos. ¿Dos personas que se sientan en el mismo banquillo por dos asesinatos cometidos en distintos lugares en fechas diferentes? Tenía toda la pinta de una condena montada por el sistema. No los estoy defendiendo, pero eran algo más que unos tíos con la voz rasposa y creo que es una pena que no se haya contado bien esa historia. Podría haber sido la versión británica de *El padrino*.

Sin trabajo desde 1982, John Entwistle empezó a quedarse pelado a finales de los años 80. En el fondo, yo también. Te sale muy caro vivir como una estrella de rock sin ganar lo que gana una estrella de rock. Llevaba mucho tiempo sin pensar en los Who. Sir Bob, tras mucho insistir, había logrado que dejase de lado mis reticencias con respecto a Kenney y tocamos en el Live Aid, pero después volvimos cada uno a lo nuestro. Las necesidades financieras nos juntaron de nuevo.

Regresamos en 1989 con Simon Phillips a la batería y nos metimos en nuestra primera gran gira desde hacía siete años. Era una producción a lo grande, con sección de metales, coristas, percusionista y teclados. Pete tocó durante la mayor parte de la gira la guitarra acústica y tenía a otro tío para la eléctrica. Se planteó incluso tocar dentro de una cabina de cristal para cuidarse el oído. Ya me gustaría tener a alguien que cantara por mí y participar yo de vez en cuando con algunas armonías, sería genial. Era lo que quería Pete y acepté sin más. Viendo lo bueno, Simon Phillips suponía una mejora increíble en el ritmo. Salió mejor que la gira anterior, pero tampoco fue como para meternos a toda prisa en otra gira.

Por primera vez en mi vida, no tenía muchos planes laborales. Disfruté, eso sí, de más tiempo con Heather y los niños. Me apetecía, desde hacía tiempo, estar con las tareas rutinarias del hogar. No me supone ningún problema lo de sacar la basura y lavar los platos, y me gusta llevar a los niños al colegio. Cuando vives en el campo, no te queda otra porque el transporte público brilla por su ausencia.

En 1992, un día que volvía con los chavales del colegio a casa, resurgió con fuerza una cosa que llevaba 20 años desaparecida de mi vida: ¡el fútbol! Había recogido a mi hijo Jamie y a un par de amigos suyos, y vi que Jamie llevaba una bufanda roja y blanca.

«¿Qué es eso que llevas al cuello?», le pregunté.

«La bufanda de mi equipo», contestó.

Hostia, espero que no sea del Manchester United, pensé.

«¿Y qué equipo es?»

«El Arsenal, papá».

Menudo alivio...

«Papá, ¿cuándo me vas a llevar a verlos?»

Cuando tu hijo de diez años se tira semanas preguntándote lo mismo a diario, no te puedes escapar.

Yo había sido de los Queens Park Rangers hasta principios de los años 70, cuando empeoró la violencia en el fútbol. Un buen día, pasé del fútbol. Estuve veinte años sin ver un solo partido. Tuve la suerte de que Robert Rosenberg, el ayudante directo de Bill en la gestión de mi carrera, era del Arsenal de toda la vida, de modo que no me quedó más remedio que llevar a Jamie a Highbury a ver un partido. El ambiente era estupendo, festivo y con cánticos muy buenos. Me enganché de nuevo al fútbol, y esta vez no fue porque el padre le pasara la afición al hijo, sino al revés. Me hice del Arsenal, además de muy buen amigo de Robert.

18
REFORMÁNDONOS

Pasaron los años. Los proyectos iban y venían. Continué con mi modesta carrera de actor y, cuando sonó el teléfono, contesté. En julio de 1991, tuve la suerte de recibir la llamada de Paddy Moloney, de los Chieftains. Me invitaba a actuar en un concierto con ellos en el Palladium de Londres.

Accedí. Siempre acepto los retos. Es una de las pocas reglas que sigo. El reto radicaba en que no habría ningún ensayo, lo que comporta su estrés. Simplemente, tenía que salir al escenario y adaptarme al que considero, como ya he comentado, uno de los grupos acústicos más tranquilos del mundo.

Me había aprendido la letra de «Raglan Road», y tres minutos después de saludar al público, se pusieron a tocar la introducción y empezamos. Por primera vez en mi carrera actuando en el escenario con un grupo, por primera vez en miles de conciertos, me podía oír al cantar. Os he dicho ya que no me gusta oírme mi voz, pero la verdad es que te facilita la vida a la hora de cantar. La canción salió sin contratiempos, como un reloj suizo. Entonces, propuse que intentáramos «Behind Blue Eyes», mi canción favorita de los Who.

«Pues vamos a probar», obtuve como respuesta y resultó una pasada oír de forma tan distinta una canción que había cantado tantas veces. Unas semanas más tarde, volví a por más, y grabé un disco en directo con los Chieftains y Nanci Griffith, la excelente cantante folk estadounidense, en la Gran Ópera de Belfast. Se anunció como una Velada Irlandesa y esta vez ensayaríamos, pero a la media hora de la primera sesión, vino una persona para decirnos con mucha serenidad que se había recibido una amenaza de bomba y que si no nos importaba salir del recinto.

Así que salimos al parking de la parte trasera del teatro de la ópera y, unos minutos después, la misma persona nos pidió que nos alejáramos un poco. Terminamos en la puerta trasera de otro edificio y jamás olvidaré lo que vimos, un salón de bingo en pleno apogeo vespertino, con filas repletas de señoras con la permanente hecha, fumando como bestias y cada una con seis cartones a la vez. Todo un caso de concentración y anticipación digno de estudio. Había tanto humo que apenas se vislumbraba el fondo de la sala. Ni un aviso de bomba las habría sacado de allí. No se moverían de sus cartones ni locas.

La revisión del teatro de la ópera tardaría tres horas, pero como la función no se puede parar, nos trasladamos a una sala encima de un pub en una calle cercana para terminar el ensayo. Por la noche, la función vaya si no se paró y fue un gran éxito. Me fui a casa al día siguiente, dándole más vueltas a la preciosa atmósfera que a la tarde accidentada. De hecho, no volví a pensar en la amenaza de bomba hasta unos meses después, cuando el IRA explotó un coche con 500 kilos de bomba en Glengall Street, volando en pedazos aquel precioso teatro operístico. Nadie resultó herido de milagro. Si la bomba interrumpió el bingo o no, eso ya es otra cuestión.

El 1 de marzo de 1994, cumplí 50 años. Fue un día ajetreado y no porque sintiera que el medio siglo había pasado muy rápido sino por una carta que recibí. Me encontraba fuera, por el terreno de la casa (construyendo algo, no recuerdo el qué) y llegué a la hora de comer. Heather siempre abre las cartas y se limitó a entregarme esta en concreto. «Aquí tienes otro regalo», me dijo. «Feliz cumpleaños».

Era de una chica judía llamada Kim. Venía con una fotografía de ella con su hijo y, de inmediato, vi el parecido. Tenía la mirada de los Daltrey. En ella veía a mi madre y a mi hermana. Estaba claro que era mi hija.

Me senté, albergando dos sentimientos abrumadores y contradictorios. Para empezar, alegría, porque allí estaba esa persona, ya crecida y feliz. El padre adoptivo de Kim era un ortodoncista de prestigio en el Guy's Hospital y le había proporcionado una educación excelente. Las cosas le habían ido bien. Pero también tenía como una punzada de tristeza. No tuvo que ser fácil para ella crecer sin conocer a su padre y sabiendo que su madre la había abandonado. También debió de ser horrible para la madre.

Visto en retrospectiva, podría haber hecho yo las cosas de otro modo, haber sido más responsable, y lo mismo vale para el caso de Jackie. Como he dicho, era joven, arrogante e ignorante. Y sí, lo reconozco, prefería pasármelo bien. Además, nunca me enteré del embarazo de la madre de Kim, y ni siquiera recuerdo haber estado con ella. Recuerdo a las madres de mi hija escocesa, mi hijo suizo y mi hija que vivía en Yorkshire.

Sin embargo, de esta no tenía ni idea. No me arrepentía y tampoco me iba a arrepentir de las consecuencias, ya que eso significaría arrepentirme de mi hija. Lo que hay que hacer es asumirlo.

Ese día llamé a Kim. No tardamos en quedar en un restaurante italiano de St. John's Wood y conectamos en seguida. La primera vez que intentó averiguar quiénes eran sus padres biológicos fue a los 18 años, pero el asistente social le dijo que su partida de nacimiento no se leía bien porque se había mojado. A los 27 volvió a probar suerte, lo que le habían dicho era una idiotez y obtuvo la respuesta. Tu padre es este. Dice que supuso «una conmoción» y es normal. Miró algunas fotografías y un par de películas mías y llegó a la conclusión de que era verdad.

«Sinceramente», reconoce ahora, «no era muy fan de los Who, pero había visto *Tommy* y luego me entero de que

Tommy era mi padre. Fue un momento extraño». Aguardó dos meses y luego me escribió la carta. Me alegro de que me la enviara.

Unos días después de mi primer encuentro con Kim, mi hija de 27 años, la llevé a casa para que conociera a Heather y al resto de la familia. Supongo que no fue una situación fácil para Kim, ni tampoco para Heather, pero recibió a Kim y todo transcurrió con normalidad. No ha habido ningún problema con los hijos que he tenido con otras mujeres, pero lo cierto es que no los quiero igual. Me perdí su infancia, tienen otros padres, y el vínculo es distinto.

No obstante, es bonito, los veo a menudo. Hago mini giras todos los años para visitarlos. Se podría haber dado la circunstancia de que no nos hubiéramos llevado bien, por su parte o por la mía, las cosas podrían haber ido por otro lado. Cada uno de ellos me ha agradecido, en un momento u otro, haberlos traído a este mundo y me alegro, la verdad. Soy un capullo afortunado.

Había también aspectos de mi vida que no iban tan estupendamente. Desde hacía uno o dos años, mi carrera de cantante había entrado en declive. La llegada del rap y el hip hop implicó, en la práctica, la desaparición de la música rock de la radio. Todo lo que sonaba era Eminem y Ice Cube. Mi octavo disco en solitario, *Rocks in the Head*, había salido a finales de 1992 y no quedaba ni rastro de él. Lo consideraba un buen álbum, pero era casi imposible que lo emitieran en ninguna emisora. En aquel entonces, la radio era el único medio para promocionar un disco, con lo que estuvo condenado de antemano.

La música no se para (no le queda otra), pero estaba de capa caída y solo me faltaba ponerme a rapear, lo que, con todos los respetos del mundo, ni se me pasaba por la cabeza. Estaba decepcionado con la gestión de mi carrera. Bill se había ido a vivir a España con su encantadora esposa argentina y sus dos hijos pequeños, y, aunque me alegraba por él, me sentía solo, abandonado y sin representante. Iba a cumplir los cincuenta. Eso me daba igual, es una fecha más, pero había llegado el momento de hacer algunos cambios.

Tomé dos decisiones. La primera, celebraría mi 50 aniversario con un concierto. Llevaría una banda de rock con orquesta al Carnegie Hall de Nueva York. «Daltrey Sings Townshend». Se trataba de algo que quería hacer con la música de Pete desde tiempo atrás, explorar una nueva forma de presentarla. ¿Por qué no?

En segundo lugar, que Bill se quedara tranquilo en la tumbona al sol español, que yo me buscaría a un mánager más dinámico y creativo. Richard Flanzer venía recomendado por diversas personas de Nueva York. Era un valor al alza en la industria y, según decían, de los que pinchan y cortan. Y si había algo que requería muchos pinchazos y cortes era mi carrera.

Lo de incorporar una orquesta no supuso mayor problema. Recurrí a una formación compuesta por estudiantes de la Escuela Juilliard.* Eran músicos jóvenes, muy buenos y con ganas, ingredientes esenciales para acometer la música de Pete. Michael Kamen, el prolífico compositor de bandas sonoras, se encargaría de la orquestación y la dirección. Recluté, además, a un plantel fabuloso de artistas invitados, como Eddie Vedder, Sinéad O'Connor, Lou Reed, Alice Cooper, los Spin Doctors y, de nuevo, los Chieftains (por fin, como mencioné antes, se iba a cumplir mi maquiavélico plan de juntar en el escenario al Sr. Entwistle con mis apacibles amigos irlandeses).

Como era de esperar, el grupo de rock requirió un poco más de trabajo. Flanzer había empezado a pinchar y cortar, y consiguió un acuerdo para editarlo en DVD y cubrir así los costes de producción. La única condición era que Pete participara en el concierto, y la única condición de Pete, que también estuvieran los músicos con los que pensaba salir de

---

* Conservatorio ubicado en el Lincoln Center neoyorquino.

gira después. Me pareció bien, acepté y mi concierto de aniversario estaba ya montado.

A las dos semanas de ensayos, todo sonaba de lujo y todos los invitados se portaron maravillosamente, excepto uno. Pete era la mosca cojonera. Ignoro el motivo. Un día, tenía el perro enfermo. Otro día, no quería tocar con una orquesta. Otro día, ni siquiera quería tocar. Yo solo necesitaba que tocara una canción para cumplir el contrato y pagar los costes de producción, que se estaban disparando. Pero dos días antes del concierto, no las tenía todas conmigo sobre si vendría al concierto.

Al final vino y estuvo genial, como siempre, pero yo tenía el estómago más revuelto por los nervios que una hormigonera. El concierto se celebró el 23 de febrero de 1994 y la noche siguiente, pero no salió bien. Entonces no me di cuenta de que Kamen, nuestro apreciado encargado de llevar la batuta, le daba a la farlopa. Un director de orquesta encocado implica a una cosa: que la música va acelerada. El grupo también tocó el doble de alto que en los ensayos: a doble velocidad, doble volumen. Fue una lástima. En los ensayos, la orquesta y el grupo encajaban a la perfección, dos sonidos compenetrados, desvelando los matices de la música de Pete. En los conciertos, competían entre sí y, a consecuencia de la cacofonía, no me oía bien y canté demasiado alto. Las críticas no fueron buenas, y con razón. No canté bien. Era imposible.

A pesar de todo, Flanzer me llamó al poco tiempo para decirme que tenía muy buenas ofertas para repetir el concierto en distintas ciudades de Estados Unidos. Los promotores pasaban de las críticas, se centraban en el hecho de que el especial *Daltrey Sings Townshend* había reventado durante dos días la taquilla del Carnegie Hall y había batido el récord de velocidad en agotar las entradas en los 103 años de historia del recinto. Los promotores solo pensaban en el beneficio económico y ahí había negocio seguro. Como estaba cansado ya de mi estado depresivo, acepté hacer una gira estival.

En las grandes ciudades como Detroit, Las Vegas y Los Ángeles, las orquestas eran de primera categoría y los conciertos tuvieron buena acogida. En las más pequeñas, los músicos no eran tan buenos y la música no salía tan fina pero, con todo, no quedaba mal. Sin embargo, mi prometedor mánager no se había estudiado la lección sobre las particularidades de la gestión económica de una gira. Solo había programado tres conciertos por semana y necesitábamos cinco o seis para amortizar los gastos generales y los elevados costes de los músicos. Lo que sí se había empollado bien era en cargarme los gastos a mí. Acabé la gira con una deuda aproximada de medio millón de dólares y con un pleito por los derechos del espectáculo. Ahí acabó mi experimento con el nuevo mánager, que me hizo ver lo bueno que era Bill, incluso desde su tumbona en España. La suerte que tuve es que volvió conmigo encantado.

Habría sido un verano para olvidar, excepto por un descubrimiento, pequeño en apariencia, pero que sería un elemento crucial en las décadas venideras. Al iniciar la gira, me vi en la tesitura de hacer ajustes en el grupo de rock por los gastos. Uno de estos ajustes era encontrar un nuevo batería. Transcurridos quince años de la muerte de Keith, nos faltaba uno que le sustituyera de forma más o menos adecuada. Probé a siete u ocho hasta que apareció Zak Starkey. Fue como hallar un diamante en un estercolero. Por fin aparecía alguien capaz de suministrar los ritmos endiablados que habíamos perdido con la muerte de Keith.

Se podría decir que Zak lo llevaba en la sangre. Era el hijo de Ringo y el ahijado de Keith. De hecho, Keith lo acogió, de adolescente, bajo su manto protector. Menudo manto protector. Había tocado con John y, en 1985, lo usé para un solo de batería de mi disco *Under a Raging Moon*. Lo malo es que tenía cierta fama de bala perdida. Eso también lo llevaba en la sangre y yo no quería más preocupaciones, no creo que pudiera soportar a otro Keith Moon. No obstante, ganó la música, y después de una charla seria y un pacto entre caballeros, contraté a Zak. Estuvo con nosotros ese verano y fue muy bien.

En mayo de 1996, Pete me llamó para ver si me interesaba dar un concierto al mes siguiente en Hyde Park para el Prince's Trust.* Le pregunté sin rodeos si eso significaba que finalmente quería volver a reunir a los Who. No me dio una respuesta clara, ni que sí que no. Solo me contó que había escrito una adaptación teatral de *Quadrophenia*, que tendría de narrador al protagonista, Jimmy, y a varios cantantes interpretando a los otros personajes.

«¿Y de qué hago yo?», le pregunté. «¿Del cerebro de Jimmy?»

«Algo así», contestó.

«¿Y cómo hago de cerebro?»

Introduje varios cambios escénicos y una profunda revisión de los diálogos, pero al llegar a la prueba de sonido de la víspera del concierto, el proyecto me pareció que era una recreación pretenciosa de su ego. Ade Edmondson haría de Ace Face, Gary Glitter, del Padrino, también estaba Stephen Fry de gerente del hotel, Trevor McDonald, de presentador de las noticias y Phil Daniels, de narrador. Había una sección de metales, coristas, percusión, de todo. A la hora de elegir los músicos del grupo, insistí en Zak y, gracias a Dios, Pete lo vio bien. Necesitábamos otro guitarrista porque Pete todavía arrastraba problemas en el oído y solo tocaría la acústica.

Dada la cantidad de gente que había, aquella prueba en concreto resultaba crucial. Una prueba de sonido no es un ensayo, sino una ocasión que tienen los artistas para asegurarse que se oye bien lo que van a hacer. Pero Glitter eso no lo entendía y, mientras el grupo tocaba el tema inicial y yo me movía por el escenario escuchándolo, él se puso

---

* Organización benéfica fundada por el Príncipe Carlos de Inglaterra para facilitar la inserción laboral de los jóvenes.

como si estuviera actuando y empezó a darle vueltas al soporte del micro alrededor de la cabeza. Y entonces, todo se volvió negro.

A continuación, oí una voz preguntándome si sabía mi nombre. Era solo una voz sin rostro ni cuerpo y repetía la pregunta sin cesar. «¿Cómo te llamas? ¿Cómo te llamas? ¿Cómo te llamas?» Al final me cansé de la insistencia y contesté:

«Joder, no soy Mick Jagger, ¿no?»

Había estado 15 minutos inconsciente. Una de las patas del trípode del soporte me dio de lleno en la cuenca del ojo izquierdo. Una persona me tapaba el ojo con una compresa fría y me salía sangre de la nariz. Lo veía todo rojo oscuro, casi negro.

La escena sucedió delante de Heather y, mientras me llevaban despacio al camerino, intentaba llamar una ambulancia. Una hora después, seguíamos sin ambulancia. Estaba sentado y tenía algunos temblores. Cuando intentaba sonarme, era como si se me fuera a salir el ojo.

«A la mierda», soltó Bill Curbishley, agarrando las llaves de su coche. «Nos vamos». Jamás he cruzado Londres en hora punta con tanta rapidez.

Los médicos me dieron una noticia buena y otra mala. El ojo estaba bien, pero la cuenca se había fracturado. Me hicieron un TAC el día de la actuación a las nueve de la mañana y, cuando me dijeron que no había ningún derrame interno, me fui del hospital con un montón de analgésicos y un concierto por delante. Para evitar que me saltara del ojo del sitio (una performance desagradable para el público de las primeras filas), me procuré un parche relleno de algodón. El hermano de Pete, Paul, le pintó una diana, y el público llegó a pensar que aquello formaba parte del espectáculo.

Di aquel concierto temblando como unas maracas, hecho polvo por los analgésicos, y cuando acabó y volví al camerino, tenía una nota de Pete escrita a máquina en la que ponía: «Has actuado en Pete Towshend's *Quadrophenia* [*Quadrophenia*, de Pete Townshend]». No tenía tiempo de pensarlo, había que cumplir con la realeza. Por lo menos, el príncipe Carlos me preguntó por el ojo.

Al cabo de unos días, tenía de nuevo al teléfono a los promotores y a Bill preguntándome si haría Pete Towshend's *Quadrophenia* en el Madison Square Garden. De nuevo, pregunté por el papel de los Who y Bill contestó que los Who serían el reclamo y que yo me llevaría un buen pellizco. Tras dos años de trabajos dispersos como actor, acepté. En 1974, habíamos tocado durante cuatro noches en el Madison Square Garden; en 1979, subimos a cinco. El 5 de julio de 1996, iniciamos una ronda de seis conciertos en siete noches.

Nos llegaban ofertas de promotores por todo Estados Unidos, pero esta vez señalé que solo accedería si se acometían algunos cambios. La parte del cerebro de Jimmy costaba mucho y la narración interminable entre las canciones le quitaban la energía a la obra. Parecía una carrera de coches con alumnos de autoescuela. El ritmo se paraba continuamente, había que solucionar eso. Pete dijo que sí a algunos cambios. Acordamos grabar la narración para los conciertos, lo que nos ahorraba dinero, y seguro que así lo oían mejor los que estaban al fondo. También le pareció bien recortarlo e incluso me permitió reescribirlo, algo que no me esperaba para nada.

Quince días después de sacar a la venta las entradas de Pete Towshend's *Quadrophenia*, el nombre también cambió y pasó a ser The Who's *Quadrophenia* [*Quadrophenia*, de los Who] y al final se agotaron. Aquel otoño, dimos 25 conciertos por Estados Unidos y, al llegar la primavera, nos embarcamos en nuestra primera gira por Europa desde 1975. Los números seguían sin salirnos. Ganamos algo de la gira norteamericana pero, incluso con los cambios introducidos, al concluir los conciertos en Europa, nos quedamos con la astronómica suma de 16.000 libras. Cuando terminó la gira, todo cobró sentido. Aquella nota en el camerino en Hyde

Park era la manera de Pete de tomar posesión del trabajo de la banda. Era fácil concluir que nos habían utilizado, a mí y al resto de la banda, pero también es verdad que representaba un avance. Y aunque no habíamos hecho *Quadrophenia* como me habría gustado, y aunque tardaría 16 años en que nos saliese a la perfección, aquello era el principio del resurgimiento oficial del grupo. Pete comenzó a tocar más la guitarra eléctrica y, poco a poco, parecía que volvíamos en serio. Muchos grupos no se recuperan de una ruptura larga, pero siempre confié en que nosotros regresaríamos. No sería un camino de rosas, pero, con los Who, ya me había acostumbrado a eso.

Al final, el grupo regresó a las giras gracias a un estafador y un montón de pasta. Claro, entonces no sabíamos que era un timador. Lo único que sabíamos era que un agente había llamado a nuestra oficina para decir que Michael Fenne, responsable de Pixelon (una empresa puntocom) quería que diésemos un concierto en Las Vegas en octubre de 1999. Era un fanático absoluto de los Who. Sería un honor para él. Y nos pagaría dos millones de libras.

El acuerdo incluía una condición importante. Uno de nosotros tenía que ir a un evento tecnológico de Cannes para promocionar Pixelon. Y, cómo no, ese tenía que ser yo. Así que me fui con Harvey Goldsmith* y un extenso dossier que tenía que presentar de forma convincente. Igual no os lo creéis, pero no soy experto en tecnología. No sé mucho de ordenadores ni de internet, y no sé nada de cómo funciona todo eso. Pero, ¿qué cojones? Soy actor, me puedo aprender un papel.

Mi charla duró unos 25 minutos. Expuse que el software de Pixelon permitiría a los usuarios ver películas en in-

---

* Promotor de conciertos, organizador de eventos como el Live Aid con Bob Geldof y de actuaciones de numerosos artistas y grupos de rock de primer nivel.

ternet. Por supuesto que hoy en día, con las fibras ópticas, es lo más normal del mundo, pero en 1999, tenías que conectarte a internet con el sonido de marcación telefónica. Lo de descargar algo más que un par de emails breves suponía una revolución. O al menos eso ponía en las notas que me habían pasado.

Creo que resulté convincente, nadie me abucheó. Y entonces, sin avisar, se abrió un turno de preguntas. Podría haber fingido un infarto, pero llevaba algunas horas allí escuchando a gente de marketing con su cháchara absurda y, la verdad, parecía que también se lo inventaban. Estábamos en el apogeo de la burbuja de las puntocom, cuando se podía vender lo que fuera si estaba relacionado con la tecnología. No importaba que el producto fuera ridículo, solo había que saber venderlo.

En la información que tenía, había una sección sobre «anchos de banda». Si hay que hablar de bandas (aunque sea de su anchura), puedo enrollarme hasta aburrir. Me puse a largar y salí de rositas. Me aplaudieron incluso (igual era por cortesía). Y luego volamos a Las Vegas a ganar una pasta gansa.

La verdad salió a la luz unas semanas después del concierto. Todo había sido un fraude. No existía esa tecnología y, encima, Fenne no era Fenne. Se llamaba David Kim Stanley, era un artista de la estafa y llevaba fugado de la cárcel desde 1996. Había recaudado más de 28 millones de dólares para su empresa, de los que se había gastado 16 en la fiesta de presentación. Y no estábamos solo nosotros porque el programa contó con Tonny Bennett, la Brian Setzer Orchestra, las Dixie Chicks, Natalie Cole y KISS. Y todos cobramos. Me dio la impresión de que Stanley solo quería organizar la fiesta más grande del mundo para aficionados al rock y sus acompañantes. Sin embargo, lo más raro fue que Stanley, alias Fenne, el mayor fan mundial de los Who, no apareció por nuestro concierto. A lo mejor iba disfrazado o es que, en el fondo, tampoco era tan fan de los Who.

El caso es que ese concierto (y otros dos que dimos después en California, en el Bridge School Benefit de Neil Young)* marcó nuestro reencuentro. Era la primera vez desde 1983 que tocábamos con una formación de cinco. Teníamos a Zak en la batería y a John «Rabbit» Bundrick en los teclados. Y tocamos los grandes éxitos. Por primera vez desde 1966, abríamos con «Anyway, Anyhow, Anywhere». Hicimos «Pinball Wizard», «Baba O'Riley», «Won't Get Fooled Again», «The Kids Are Alright» y «My Generation». Estábamos un paso más cerca de donde habíamos estado varias décadas atrás.

Hacia finales de 1999, recibí una llamada de Bobby Pridden. «Cyd», me dijo (me llama así desde que, en 1969, me lo encontré con los roadies a 100 km de Newcastle, donde teníamos un bolo, con la furgo averiada, y paré una camioneta de Cyd Transport que pasaba por allí para que nos llevara el equipo el tramo que faltaba). «John tiene otra vez problemas».

En el escenario, John era el Buey, estoico e impasible. Fuera del escenario, derrochaba sin parar. Incluso un concierto de dos millones de dólares en Las Vegas no le solucionaba la vida por mucho tiempo. Vivía como Elvis, aunque nunca parecía importarle no tener sus ingresos.

Su Graceland particular era Quarwood, un edificio gótico victoriano con 17 hectáreas de terreno en el interior de Gloucestershire. Se accedía, como diría un agente inmobiliario, a través de un sendero largo y una entrada con leones de piedra sobre pedestales. Lo primero que llamaba la atención era que en la propiedad había dos chalets, un poco alejados de la casa principal, y su madre, Queenie, vivía en uno de ellos con su padrastro, Gordon, que le caía fatal a John

* Concierto benéfico anual organizado por Neil Young y destinado a recaudar fondos para el Bridge School, organización que ayuda a los niños con discapacidades físicas severas. Se celebró desde 1986 hasta 2016.

desde que el hombre se había instalado allí con su madre. En la parte exterior, pegado a la ventana trasera de la cocina, había un corral vallado. Digamos que podría parecer, con 17 hectáreas, un sitio extraño para poner los pollos.

«Los pollos al lado de la ventana de tu madre... ¿no molestan y huele mal?», le pregunté una vez que estaba en su casa. «¿Por qué no los pones en otro lado donde no hagan tanto ruido?»

«Ellos están bien ahí y a Gordon no le gustan nada los pollos», me contestó sonriendo. Como ya he dicho, tenía un punto malicioso. Le gustaba tomarse venganzas.

Lo segundo que llamaba la atención era la casa en sí. En el amplio vestíbulo, te recibía un regimiento de armaduras. En la escalera con vigas de hierro forzado, tenía un Quasimodo de tamaño real colgado de una soga. Superado el impacto de la entrada, llegabas a la inmensa cocina-comedor, que había hecho juntando cinco habitaciones. Las paredes estaban adornadas con aparadores de madera de nogal y, en cada estante y portafotos, había puesto platos cutres de ediciones limitadas que representaban escenas de la Revolución estadounidense, de novelas de Jane Austen y de la época de la reina Victoria. Tendría una colección de cinco mil platos. Cuando pasabas por ahí, te entraban ganas de tomarte una copa y, afortunadamente, contaba con una amplia zona de bar adornada con los peces espada disecados que había pescado cuando le daba por emular a Hemingway. Incluso se había molestado en poner manecillas que se movían a pilas en la boca de un tiburón. También tenía esqueletos en algunas habitaciones por si alguien se sentía muy a gusto y decidía quedarse a dormir. Era como estar en la Casa del Terror de la Hammer,* mezclada con el hall de un casino.

---

* *Hammer House of Horror* es una serie de televisión británica de 1980, creada por Hammer Films, la productora de cine famosa por sus películas de terror.

Las armaduras eran reproducciones de Harrods. Los platos eran de Harrods. De hecho, casi todo era de Harrods, un lugar en el que no he querido entrar jamás. Me gustaría que lo pusieran en mi lápida. *«Roger Deltrey, D.E.P. Murió sin poner nunca un pie en Harrods».* John era distinto. Le gustaba que la gente del pueblo viera la furgoneta de Harrods entrando en su propiedad. Aunque se quedara sin dinero, aunque sus antiguos jefes de la Agencia Tributaria le reclamaran una deuda importante, no paraba de comprar ahí. Era uno de los hábitos perniciosos que adquirió en su papel de estrella del rock desmesurada.

Era alcohólico y estaba dotado de una buena nariz para aspirar lo que hubiera sobrado de la fiesta. Y, a finales de los años noventa, todo junto le pasó factura. Así que fui a casa de Pete, en Richmond, para echarle un cable. Teníamos que volver con el grupo, pero como Dios manda.

Pete no lo veía claro. Tenía también sus adicciones y era consciente de los riesgos. Si ayudábamos a John, nos convertíamos en cómplices y quizá le vendría mejor un poco de mano dura. En este caso, no estaba en absoluto de acuerdo. John no iba a cambiar. Sin embargo, después de dos horas de conversación, Pete tampoco estaba convencido de su postura y me fui de su casa para que lo pensara.

Y lo pensó. Volvimos a hablar y me dijo que quería hacer un tour de los grandes. Treinta conciertos, cuarenta. El más grande que hubiéramos hecho en mucho tiempo. Me alegré no solo porque me vendría bien el dinero, y a John también, sino porque es mi trabajo. Lo demás que había probado, las distintas variantes de representación, no tenían ni punto de comparación con la absoluta satisfacción que suponía estar en los Who.

Dicho y hecho, entramos en un nuevo milenio con una gran gira en plan «hola, hemos vuelto». No creo que la llamáramos así, pero de eso iba. Empezamos en Tinley Park, Illinois, y cuatro meses y 37 conciertos después, acabamos en noviembre en el Albert Hall con dos actuaciones benéficas para el Teenage Cancer Trust. Se trataba de una organización con fines benéficos a la que Pete y yo habíamos apoyado desde su creación en 1990. Habíamos vuelto como siempre había pensado, incluso desde que tiré la toalla en 1983. Después de todos los experimentos, resultó que el formato original (una banda de rock tocando rock) funcionaba perfectamente. A ver quién se lo habría imaginado.

19
HERMANOS

En los días inmediatamente posteriores al derrumbe de las Torres Gemelas el 11 de septiembre de 2001, la Fundación Robin Hood nos llamó para decirnos que estaba organizando un concierto en el Madison Square Garden destinado a los servicios de emergencia y sus familias. Esta vez no hubo una larga discusión, por supuesto que iríamos. Estaba fuera de toda duda.

«Genial», dijeron. «Os pondremos un jet».

«Sacadme un vuelo en United Airlines», contesté. Que se vayan a la mierda. No iba a ceder un ápice. Iría al concierto con una compañía atacada por los terroristas.

El dilema era el repertorio porque la conmoción era el sentimiento predominante en aquel momento. No sabíamos qué temas elegir para una situación así.

Por una vez, Pete aportó una solución clara, que hiciéramos lo de siempre, tocar rock. Y tenía razón. No se podía hacer otra cosa, de modo que fuimos y tocamos «Who Are You», «Baba O'Riley», «Behind Blue Eyes» y «Won't Get Fooled Again».

Tenemos la suerte de haber tocado en muchos acontecimientos especiales, de haber encabezado todos los festivales importantes y de haber pisado los escenarios más grandes. En 2010, tocamos en el descanso de la 44.ª edición de la Super Bowl para 100 millones de telespectadores. En 2012, miles de millones nos vieron clausurar las Olimpiadas de Londres. Siempre he sostenido que hay que tomarse cada concierto, independientemente de su importancia, como uno más. Pero esa noche en el Madison Square Garden fue diferente, especial.

Tocamos ante un mar de uniformes, la mayoría del cuerpo de bomberos, aunque también había miles de policías y sanitarios. Todos allí con su entrada y, quienes no tenían entrada, el uniforme les daba acceso (y también barra libre en el bar). El sitio estaba hasta los topes, circulaba la cerveza y se respiraba una mezcla intensa de emociones donde se conjugaba un profundo duelo con la resolución de salir adelante. Era un momento duro, fue difícil no sucumbir a las emociones porque entre los bomberos situados al frente estaban también algunos hijos de quienes habían quedado atrapados en las torres. Llevaban los cascos de sus padres.

Al acabar la noche, nos animamos a montar una gira para 2002. Pensamos que le vendría bien al grupo. Dimos algunos conciertos en Inglaterra a comienzos de año y recuerdo sentirme con ganas de emprender un nuevo viaje por Estados Unidos. Nos habíamos quedado demasiados años parados, ya estaba bien. El mundo había cambiado, se había ensombrecido y le hacía falta música para recuperarse. Y a mí me hacía falta volver a la carretera.

Tras ensayar en Londres, volamos a California a finales de junio para inaugurar la gira en Las Vegas. La víspera del concierto, estaba en Los Ángeles comiendo con mis hijas en el Valle de San Fernando en un pequeño restaurante coreano. Me sentía feliz, tenía a mi familia, al grupo, pero entonces sonó el teléfono y era Pete preguntándome por dónde andaba y que si estaba sentado. Le contesté que qué pasaba y me soltó la noticia.

«John se acaba de morir».

«Oh».

John no estaba bien del corazón y en esos años había empezado a notársele. Se le veía siempre pálido, esa palidez que se te queda cuando desayunas brandy al levantarte.

Pero, pese a las señales evidentes de sus problemas de salud, no bajó el ritmo. Tenía muy claro cómo quería vivir la vida y a tomar por culo quien no lo aceptara.

Igual habría firmado la muerte que tuvo. Se había ido a la cama esa noche con una bella señorita y los polvos mágicos que tuviera a mano, y no volvió a despertarse. Murió de un ataque cardiaco en la habitación 658 del hotel y casino Hard Rock de Las Vegas. Si lo hubieran metido con la cama en una caja de cristal, seguro que le habría encantado y habría pensado que es exactamente donde merecía estar. Rock and roll.

No obstante, eligió mal momento para morir porque estábamos a un día de empezar un tour de grandes dimensiones y nos dejó bien jodidos. No había tiempo para llorar su muerte ni para pensar si podríamos haber hecho algo para salvarle. Pete y yo teníamos que actuar con inteligencia. No sabíamos lo que le había pasado, pero sí que seguramente le encontrarían drogas en el cuerpo. Y nos esperaban por delante 27 conciertos en Estados Unidos y Canadá. Evidentemente, disponíamos de un seguro, pero no nos habría cubierto en caso de cancelar la gira porque el tema de las drogas es una de las cláusulas principales de exclusión.

Pete y yo tendríamos que hablar del asunto más pronto que tarde. Habíamos superado lo de Keith y teníamos que superar esto. De nuevo no sería lo mismo, pero contábamos con un buen repertorio. Podíamos seguir juntos, los dos, únicamente había que ponerse las pilas y sacar adelante la gira. Los 27 conciertos. Era la única opción posible. Hay que comprender en qué punto se encuentra uno el día anterior al inicio de una gira. Estás en números rojos porque has pagado los ensayos, el seguro, los alquileres, el equipo técnico y te has metido en una inversión de unos pocos millones de libras. Te encuentras ante una deuda enorme que vas amortizando a lo largo de la gira. Te vas quitando un peso de encima y se va desvaneciendo la sensación asfixiante de una desgracia financiera inminente, y solo en los últimos conciertos de los 30 o 40 programados consigues salir de los números rojos. Eso con suerte. Así son los números de las giras. Todo recaía en nosotros, en los tres. Y ahora en nosotros dos, de modo que no podíamos detenernos. Aplazamos los dos conciertos iniciales al final de la gira, pero tan solo tres días después estaríamos de nuevo subidos a un escenario.

El día de la noticia de la muerte de John, fichamos a Pino Palladino. No era la misma situación que buscar un reemplazo para Keith, partíamos de peor situación. John había cambiado la forma de tocar el bajo, había impuesto su estilo neoclásico. Lo llevó al primer plano. Pino era un maestro capaz de conectar con la atmósfera de John y con la de los Who. Nos restaban tres días de ensayo y el 1 de julio de 2002 salimos al escenario del Hollywood Bowl.

Fue muy emotivo. Nos pasó factura. No resulta fácil gestionar esa sensación de la obligación de actuar, de que tienes que sacar fuerzas de flaqueza. No estábamos bien, se nos había ido John. Costaba mucho salir sin más a cantar. En cada concierto nos movíamos al borde del abismo y Pete y yo teníamos que luchar constantemente para mantenerlo todo controlado. Y, por supuesto, nos fuimos abriendo camino noche tras noche con la intensidad de un grupo que combate sus fantasmas. El público lo notó, percibió la intensidad y la rabia y la emoción y fue una buena gira, puede que incluso la mejor de nuestra carrera. Pese a todo, volvíamos a la cima, congregando cada noche a 20.000 o 30.000 personas. Cuando me centraba en eso, me sentía genial.

Y luego, sin darme cuenta, a principios de octubre, ya estaba en casa y con tiempo para respirar. Ahí es cuando me vino todo. Superada la crisis y de vuelta a Sussex, contemplando las montañas y pensando en lo que había vivido, ahí es cuando tuve que asumirlo. John se había ido como una auténtica estrella de rock. Para los demás era una historia vista desde fuera pero para mí era algo real. No había sido real en los cuatro meses anteriores pero ahora lo era. Nadie de mi entorno lo entendía porque no habían estado allí. No sabían lo que había sido. En los días más optimistas, me quedaba el consuelo de que, por lo menos, el resto de cosas iban bien. Pete, yo y la música. Suficiente. Pero entonces, una semana después, eso también se desmoronó.

El 13 de enero de 2003, al abrir el periódico me encontré con que habían detenido a Pete por acceso a pornografía infantil. Había metido la tarjeta de crédito en una página web que era, en realidad, parte de una operación encubierta del FBI.

Lo primero que hice fue llamar a sus hermanos. Como la noticia nos había impactado a Heather y a mí, llamé a Paul y a Simon, que se había convertido en una especie de hermano para mí. Les pregunté si se encontraban bien y era obvio que no. Estaban viviendo una pesadilla absoluta.

Me pasé tres días sin llamar a Pete hasta que vi una fotografía en la que lo sacaban de un coche policial. No iba con la típica manta para tapar la cabeza, no se intentaba ocultar. De hecho, miraba directamente a la cámara. Conocía esa mirada. Cuando tenía que expresar algo incómodo, bajaba la cabeza, pero allí aparecía con la cabeza bien alta. Entonces comprendí que no había hecho nada, que era inocente.

Le llamé para saber qué cojones estaba haciendo y lo puse a prueba preguntándole por qué no había dicho que le habían quitado la tarjeta. Me respondió: «No, no va por ahí. Sí que lo hice. Metí el número de la tarjeta. Quería saber adónde iba a parar el dinero».

Le dije que era tonto y arrogante, pero sabía que me decía la verdad. Llevaba años pidiéndole medidas al gobierno porque no le gustaba nada que su hijo pudiese acceder con tanta facilidad a la pornografía. Siempre obtenía la misma respuesta: poco se podía hacer en ese tema. En cuanto se cierra una web, abren otra. Entonces pensó en seguir el rastro del dinero y probar que las compañías de tarjetas de crédito aceptaban dinero de los consumidores de porno infantil. No controlo mucho de informática, no sé si era un buen plan, pero sí sé que lo pasó fatal. La prensa lo masacró, se cebó en él. No sabían nada de él, la labor que hacía en apoyo de las organizaciones de ayuda a las víctimas de abusos. No sabían que gran parte de su vida estaba condicionada por los abusos que sufrió de niño. El tema está bien claro en *Tommy*, pero todo Dios opinaba alegremente.

La investigación duró meses. Pete tenía unos 30 ordenadores y examinaron uno a uno con hasta el fondo. Aquellos meses fueron como si nos tiraran encima un camión entero de mierda para jodernos la vida, incluyendo a nuestras familias, jodernos nuestras carreras y nuestros logros.

Y en medio del follón, sale la familia de John pidiendo su parte de los beneficios de la gira. También estaba en liza la propiedad del nombre del grupo. Nos habría sido imposible seguir si teníamos que pagarles a los herederos de John el nombre «The Who», el que habíamos usado desde el principio.

Tuve que reunirme con Queenie, la madre de John, y con Christopher, el hijo que le quedaba. Quedamos en terreno neutral, en casa de mi amigo de siempre Nobby Fibra de Vidrio, en Chiswick. No resultó fácil decirles a la cara que no les íbamos a pagar nada de la gira y que ya podían dar gracias de que hubiéramos cumplido el contrato porque les podrían haber frito a demandas.

Luego hablamos de lo del nombre y les dije, con toda la tranquilidad del mundo, que si Pete y yo no nos quedábamos con la titularidad, nos veríamos obligados a bajar la persiana.

También les prometí que si nos vendían su parte por una cantidad asumible, nos pondríamos las pilas para que el grupo volviera a estar arriba, lo que supondría que las regalías de nuestro cancionero volverían a dar muchos dividendos y les garantizarían un futuro desahogado.

Por suerte entendieron su posición y que el acuerdo que les ofrecía de permitir que los Who siguiéramos adelante era el mejor posible.

Fue la peor época de la historia del grupo y lo acusé cayendo en una depresión. Cuando llegó la semana de conciertos del Teenage Cancer Trust en el Albert Hall, me hallaba sumido en una crisis nerviosa. No tenía cabeza de cartel y, a última hora, llamé a Eric Clapton.

«¿Qué quieres que haga, Roger? De acuerdo, cuenta conmigo».

«Muchas gracias, Eric. Eres un buen tío».

Cuando tienes depresión, es como si sales a la calle un día de verano con mucho sol y no encuentras el interruptor para encender la luz. Y pasas días y días y días igual. Lo peor es que cuando vas al médico, te mira y te da pastillas. Ese es el único remedio. Me las estuve tomando unos días e iba por ahí como un zombi. No servían de nada y me sentaban fatal. Las mandé a la mierda porque me quedaba como un flan.

Me metí en un montón de proyectos que jamás habría acometido, cualquier cosa que me permitiera huir del país. Filmé la serie «Extreme History» para el History Channel recorriendo los Estados Unidos. Hice *My Fair Lady* en el Hollywood Bowl con John Lightgow. Hice de estrella de rock, mezcla de David Bowie y Alice Cooper, en la «sitcom» *Pasados de vueltas* con Lynn Redgrave. Esas cosas me ayudaban a alejarme del caos en casa pero no me sacaron de la depresión, solo la aplazaron. Cada vez que regresaba, se cernía de nuevo sobre mi estado ánimo la oscuridad.

Al final le hice caso a un amigo y contacté con Paul McKenna, hipnotizador y gurú de la autoayuda. Paul ha ganado mucho dinero con sus máximas: puede conseguir que adelgaces, que dejes de fumar, que adquieras confianza en ti mismo. No las tenía todas conmigo, aunque no soy escéptico con estas cosas: he recurrido en mi vida a un montón de terapias y medicinas alternativas y pienso que el mundo occidental tiene mucho que aprender de la medicina oriental. Recetar medicamentos no aporta siempre el remedio. Así que fui a verle y le conté mi problema.

Entendió de inmediato la raíz del asunto. No habíamos hecho el duelo de la muerte de John. Habíamos seguido con aquella gira intensa y, a las pocas semanas de estar en casa y antes de procesarlo todo, es cuando se produjo la detención de Pete y nuestras vidas quedaron trastocadas. Llega un punto, cuando las crisis se alargan, en que tu cerebro se bloquea. Según Paul, se cierra en banda para proteger el corazón.

Había veces en que el cerebro me decía que no podía más. La depresión era demasiado intensa, no veía modo de salir. Me fui entristeciendo progresivamente y Paul McKenna me salvó. Lo digo sin exagerar. Me orientó para salir de aquel año horrible y todavía uso sus cintas antes de actuar. Cuando estás mal, ves quiénes son tus amigos de verdad. Paul estuvo conmigo, y Eric, Noel Gallagher, Paul Weller y Kelly Jones. Y Richard Desmond, el empresario mediático, fue fundamental para que siguiera todo igual en los temas benéficos cuando estaba yo fuera de juego.

Esto es una autobiografía, no un «reality», pero aun así quiero darle a las gracias a toda esa gente. La industria musical puede ser despiadada, te devora y te tritura sin darte cuenta, pero estos amigos me ayudaron a seguir, y ayudaron al Teenage Cancer Trust. Cada mes de marzo tengo que programar seis o siete noches seguidas en el Albert Hall. Me encargo de dar con músicos y cómicos que estén dispuestos a actuar gratis. No resulta fácil en esas circunstancias porque dependes de la voluntad de la gente y les estaré siempre agradecido por dar un paso al frente cuando más les necesitaba.

Pete tuvo que esperar mucho tiempo para salir de la oscuridad. En mayo de 2003, se desestimó el cargo de descargar fotografías de pornografía infantil. No encontraron ni una en sus ordenadores. No había entrado en la web ni había visto ninguna imagen. Estoy seguro de que si lo hubiese hecho, lo habrían condenado. Así lo contó años después a los medios: «Un forense vio que no había entrado en la web, pero para cuando presentaron los cargos, estaba agotado». Reconoció desde el principio haber introducido los datos de su tarjeta, lo que iba en contra de la ley, con lo que asumió sin quejarse esa parte de responsabilidad.

Y al final hicimos lo de siempre: volvimos a actuar. Íbamos de cabeza de cartel en el festival de la Isla de Wight en junio de 2004, y aunque yo no estaba nervioso, evidentemente se trataba de un momento importante para Pete. Estaba cambiado, se había vuelto más humilde y cercano. Pese a ser inocente, la humillación le había dejado tocado. Tenía que salir y dar la cara ante todos. Y así lo hizo.

Aquella noche, el público estuvo de maravilla. Fue fantástico salir allí y comprobar que había finalizado la pesadilla, que nuestros seguidores estaban a nuestro lado, que la música continuaría unos cuantos asaltos más. Se pierde la perspectiva con mucha facilidad cuando te ves en el ojo del huracán de la prensa amarillista. Sientes que todo el mundo va a por ti, pero para la gente es solo la noticia de un periódico que al día siguiente se usará para envolver el bocadillo. Aquella noche no hubo abucheos ni silbidos. Era nuestro primer concierto desde la detención de Pete, el primero en Gran Bretaña desde la muerte de John y el primero en la Isla de Wight desde 1970. Y salió todo perfecto.

Pete expresó su agradecimiento a través de una canción para el disco *Endless Wire*. Me pasó la maqueta de «You Stand by Me» y me dijo: «La he escrito para ti».

When I'm in trouble
You stand by me
When I see double
You stand by me
You take my side

285

Against those who lied
You take my side
Gimme back my pride.

[Cuando tengo problemas,
me apoyas siempre.
Cuando veo doble,
me apoyas siempre.
Te pones de mi parte
frente a quienes difaman.
Te pones de mi parte
y recupero el orgullo].

Para él era muy importante escribir y decir eso. Después dijo que la había escrito para Rachel, su novia de entonces y ahora esposa, faltaría más, pero tampoco pasa nada. Ella estuvo con él y lo ayudó en todo. Lo nuestro no es tan difícil de entender: los hermanos a veces riñen, se enfadan, se pelean. Habíamos tenido muchos encontronazos, pero, cuando tienes un problema de verdad, sabes que tu amigo es con quien más puedes contar. Yo siempre lo he tenido claro y creo que Pete también ha acabado por darse cuenta. Lo defenderé pase lo que pase.

Y, de hecho, tuve que defenderlo antes de lo que pensábamos. Fue en 2006 cuando estábamos a punto de lanzar nuevo disco y nueva gira. Las promociones son complicadas y es normal que, después de unos años complicados, Pete prefiriera evitar a la prensa. Aceptamos una entrevista en el programa de radio de Howard Stern porque nos prometió no sacar lo de la detención de Pete. Nos dio su palabra.

Ni que decir tiene que sí que lo sacó nada más empezar la entrevista. Pete se fue hecho una furia. Corrí tras él diciéndole: «Venga, Pete, tienes que volver para defenderte. Di que la policía sostiene que eres inocente». Pero no podía, estaba hecho polvo y descentrado. Regresé yo y le solté de todo a Howard, le metí una buena bronca. Me alegro de haberme

partido la cara por él. En 2012, Howard se disculpó pública-
mente ante Pete y ante mí de haber sido un gilipollas.

Gracias, Howard. Disculpas aceptadas. Nos puede pasar
a todos, solo que algunos son gilipollas con más frecuencia
que otros.

20
PARA MORIRSE

Abrimos la gira de *Endless Wire* en el escenario de la Refectory de Leeds en junio de 2006. La universidad había decidido poner una placa conmemorativa de nuestra actuación de 1970 de *Live at Leeds* (en la que canté demasiado alto) y Andy Kershaw, antiguo secretario de la institución, le había pedido a Bill si podríamos asistir a descubrirla. Y ya de paso, dar un concierto. Aunque lo de la placa puede dar risa (llevábamos toda la vida por allí y ahora éramos un monumento histórico), me hizo ilusión. Es bonito crear un legado y pensar que has dejado huella. Aquel concierto sonó demasiado fuerte y, dado que lo estaban filmando, con demasiada luz, pero no se puede tener todo, ¿verdad?

Nos metimos alegremente en otra gira extensa por Gran Bretaña, Irlanda, Alemania, Suiza, Mónaco, Francia, de nuevo Suiza a saber por qué, Austria, España, Canadá, 30 ciudades norteamericanas, de vuelta a Europa, vuelta otra vez por todo Estados Unidos y luego, a finales de 2007, un concierto en el Ellis Park, en Johannesburgo. Fue en total un viaje de 13 meses (con algunas semanas de descanso aquí y allá) y, dejando de lado la noche desastrosa en Tampa (Florida) que mencioné en el primer capítulo, todo salió a pedir de boca.

Visto en retrospectiva, es significativo que termináramos todos los conciertos de aquella gira con «Tea & Theatre», una cancioncita muy sencilla del disco *Endless Wire*. Creo que resumía a la perfección nuestras sensaciones, el lugar en el que nos hallábamos y el sitio en el que estábamos con nuestro público.

A thousand songs
Still smoulder now,
We play them as one,
We're older now,
All of us sad,
All of us free,
Before we walk from this stage...

[Un millar de canciones
siguen latentes,
las tocamos como si fueran una,
hemos crecido,
todos nosotros tristes,
todos nosotros libres,
antes de salir de este escenario...]

Eran las palabras justas, reflexivas, casi melancólicas. Habíamos pasado unos años traumáticos, pero nuestra música permanecía allí... latente. Emprendíamos la reconstrucción. Hoy estamos en una posición mejor. Salimos a tocar «Pinball Wizard», «See Me, Feel Me», «Baba O'Riley» y «Won't Get Fooled Again». Concluimos con una explosión. Entonces nos parecía mejor cerrar los conciertos con un toque más intimista.

Y a pesar de la escasa promoción, cubrimos gastos. Sí, fue una gira en la que no perdimos dinero. Además, fue la primera vez que emitimos los conciertos en *streaming* por internet. Mira que fuimos modernos, aunque, a toro pasado, se trata probablemente del principio del fin de una industria musical económicamente viable. Internet puede que haya dado más facilidades para hacer música, en especial música nueva, más accesible, pero también trajo consigo las páginas para compartir archivos, que constituyen los mayores ladrones de la historia. A la mayoría de los músicos lo que ha hecho internet es robarles. No me importa que se reparta mi música gratis, eso sí, mientras me paguen. Pero no se ha concebido de ese modo. Puede que en un futuro se llegue a eso, pero de momento estamos como estamos. Tal y como funciona hoy, es muy difícil comenzar una carrera en el mundo de la música. En los años sesenta pensábamos que era difícil, pero por lo menos te pagaban... en ocasiones.

Bueno, el caso es que la gira salió genial, hasta el punto de que nos metimos en otra gira norteamericana al año siguiente. Si en 2007 nos pusieron una placa en Leeds, en 2008 nos concedieron el Premio Kennedy, que se otorga por «una vida dedicada a la contribución de la cultura estadounidense a través de las artes escénicas». Éramos el primer grupo de rock en estar a la altura, y encima británicos. Pero era hasta lógico. Me parecía que cerrábamos el círculo: habíamos crecido en la austeridad de la postguerra, nos habíamos empapado de las bandas norteamericanas, del rhythm and blues, nuestra rebelión provenía de la rebelión de la Norteamérica negra, y ahora nos encontrábamos en la Casa Blanca codeándonos con la clase dirigente. Éramos personajes importantes, gente VIP. Nosotros. El reconocimiento en Estados Unidos era especial. Podríamos haber parado en este momento tan satisfechos con nosotros mismos, pero seguimos tocando.

Con frecuencia me preguntan por mis recuerdos de algún concierto en concreto. ¿Qué tal era tocar en Woodstock? ¿Y en Wembley? ¿Y en el hotel Railway en 1965? Ya he señalado que es una pregunta difícil. Para mí no cambia mucho llenar un pub o un estadio, no modifico mi forma de actuar, aunque tenga unas vistas diferentes. Pero sí podría destacar la actuación en el descanso de la Super Bowl de febrero de 2010. El escenario en mitad del campo se tiene que montar en dos minutos y luego cuentas con otros doce para darlo todo en la actuación y, finalmente, otro minuto o dos para salir cagando leches. Es una locura. En un concierto normal, los técnicos disponen de uno o dos días para el montaje, prueba de sonido y comprobar que todo está bien conectado. En la Super Bowl, si hay un cable mal puesto, te quedas vendido delante de 74.000 forofos que han ido al campo y de otros 100 millones que se han quedado en casa. (Se hace una grabación de seguridad por si acaso... la verdad es que no sé si circula la versión en directo o la grabada porque no lo he vuelto a escuchar.)

Evidentemente, ensayamos hasta la extenuación. Cuando nos invitaron, me atrajo la idea de estar en Miami en febrero. Me iría bien un poco de sol. Cómo no, tuvimos el invierno más frío de los últimos años. Nos tiramos toda la semana con lluvia y un frío de cojones. Ensayamos y ensayamos y ensayamos en un hangar enorme con un ejército de centenares de voluntarios hasta que dominaron a la perfección el montaje de aquel puzle de escenario circular.

El día empezó con el glamour de la policía escoltándonos al Sun Life Stadium. Y luego nos metieron en un camerino, que olía a los suspensorios de los New Orleans Saints, a esperar durante la primera mitad del encuentro.

Cinco minutos antes de la actuación, te quedas aguardando en el túnel de acceso. Los jugadores salen pitando, los voluntarios entran a toda pastilla y, en ese momento, intento calmarme por completo. John McVicar me dijo una vez que, antes de atracar un banco, se quedaba sentado en el coche repitiéndose, una y otra vez, calma, calma, porque corres el riesgo de perder los nervios. No iba a robar un banco, pero salir al escenario de la Super Bowl también te acelera el pulso. No estaba nervioso. Es un proceso consistente en calmarse. La gente no percibe (o eso espero) que al principio de un concierto no paras de comunicarte tanto con los músicos del grupo como con el responsable de sonido, el del *monitor in ear*,* etc. Es un momento intenso. En un concierto normal, hay 60 personas dedicadas a que el concierto llegue a buen término. Si te calmas, puedes afrontar con más serenidad y garantías los últimos ajustes.

En ningún momento me vino a la cabeza eso de «joder, que nos están viendo millones de personas». No tienes tiempo para pensar. Salimos, lo canté todo, después nos fuimos, desmontaron el escenario y los Saints ganaron el partido.

La gira de *Quadrophenia* de 2012-2013 estuvo a punto de no celebrarse, lo que habría supuesto quedarnos sin gira para conmemorar el cincuentenario del grupo, lo que a su vez habría implicado no haber podido apenas saborear el placer de tener de nuevo un grupo que iba a todo trapo. Los cinco años anteriores habían sido de un gozo inmenso. El grupo era fantástico y la vida hogareña, maravillosa. Había pasado tiempo con mis hijos, más incluso del que había compartido con mis hijas. Pero las cosas podrían haber sido distintas.

En 2011, canté *Tommy* en el Albert Hall con mi grupo. Ya he dicho arriba que anualmente organizo una semana con seis o siete actuaciones para el Teenage Cancer Trust. Cada año es una historia porque hay que pensar en quiénes están activos y de gira y si tienen un hueco en la agenda para tocar en el Albert Hall. Aquel año, tras mucho buscar, me faltaba una actuación, de manera que pensé hacerla yo mismo. Se agotaron las entradas, de verdad que fue una sorpresa. No lo digo con falsa modestia, es que no era un concierto de los Who sino mío con mi grupo, sin Pete y sin Zak. Pero acudió la gente y lo pasamos en grande.

Después me fui de gira con mi grupo y, por primera vez en mucho tiempo, todo funcionó al milímetro. La gente era

---

* Auriculares que reemplazan a los altavoces —comúnmente llamados «chivatos»— para que los músicos puedan oírse a ellos mismos y/o escuchar la mezcla con un sonido más nítido.

puntual y hacían lo que les tocaba. Una pasada. Aunque disfrutábamos otra vez de la música, la actitud de la gente complicaba las rutinas de las giras. Si uno no aparece a tiempo a la hora de salir del hotel al aeropuerto, les toca esperar a todos. Y si esto pasa constantemente a lo largo del día, te tiras todo el tiempo esperando. No es que sea un impaciente, pero no soporto los retrasos, no me gusta perder el tiempo. Si quedamos a una hora y llegas treinta minutos tarde, eso es un tiempo que no voy a recuperar. Si tienes una excusa potable (te has quedado atrapado en el ascensor, te has caído a un pozo), pues no pasa nada, pero si se debe a que no podías levantar el culo de la cama, no me da igual. Me gusta mi vida, no me queda mucha como para andar malgastándola. En las giras ya hay mucho ajetreo de ir de aquí para allá como para encima padecer el engorro de esperar en las puertas de los hoteles o en las salas de embarque porque un tío no sabe organizarse.

Por lo tanto, cuando Pete me dijo que hiciéramos una gira de *Quadrophenia* como siempre, con una banda a la que le costaba levantarse de la cama, me negué. Nos reunimos con Robert y Bill para hablarlo. Pete y yo nos cerramos en banda y se acabó el debate. Otra gira al garete porque ninguno daríamos el brazo a torcer.

Con todo, recuerdo irme de aquella reunión bastante contento. Estaba convencido de que no era como otras veces en que se había frenado un proyecto, porque ahora estaba muy metido con los míos en solitario y no tenía la necesidad de seguir con el grupo porque sí. No me apetecía pasarme meses con quebraderos de cabeza. Y ya habíamos hecho *Quadrophenia* en 1996 y no quedé muy satisfecho con el resultado. ¿Para qué repetir?

En 1972, la primera vez que Pete explicó las complejas capas de *Quadrophenia*, me quedé con una idea fundamental, la de cuatro tíos de un grupo que representaban cuatro facetas del personaje. *Quadrophenia*. Muy sencillo. Cuando un grupo está bien engrasado, esa es la sensación. Estás improvisando en un tema, pero, aunque no sabes por dónde vas a tirar, al final tiráis todos juntos, instintivamente, como una bandada de estorninos.

La versión de 1996 fue distinta, sin estorninos. Únicamente había un coche que se quedaba atascado en la primera marcha cada vez que se intentaba meter la quinta. Había muchas cosas añadidas que ocultaban el concepto que se me había quedado grabado durante todos estos años.

«Déjamelo a mí, podemos montarlo de manera diferente», le dije a Pete, pero se negó porque quería hacerlo con el mismo equipo y formato. Y se marchó.

Tres horas después, me llamó Bill con una noticia sorprendente: Pete dice que lo haremos a tu modo. Tenía manos libres. Increíble.

A lo largo de los meses siguientes, estuve trabajando con Rob Lee, un colega muy inteligente que nos hizo la página web. Había incorporado a Colin Payne para editar, junto con un grupo de estudiantes de la Universidad de Middlesex, los vídeos de *Tommy* para los conciertos. En *Quadrophenia*, les di indicaciones para que el espectáculo se basara en la idea de que apareciéramos los cuatro en los vídeos cantándonos a nosotros, más viejos, en el escenario. Colin y Rob me ayudaron a llegar a lo que siempre había sido el núcleo de la obra y acabamos montando un espectáculo moderno y vigente. Pete siempre ha tenido un don para escribir música que jamás envejece. Pero en ocasiones hay que echarle un cable para narrar la historia de forma comprensible.

Empezamos la gira en Sunrise (Miami) el 1 de noviembre de 2012 y aquel concierto fue un auténtico torbellino. Antes, en la parte instrumental, solo teníamos un vídeo de olas rompiendo contra las rocas. Ahora añadíamos filmaciones de archivo que resumían los últimos 50 años de turbulencias sociales y políticas con insertos de conciertos nuestros de distintas décadas. A mí me parecía una secuencia alucinante y al público le encantó: en ese momento todos se levantaron enloquecidos. Pero lo mejor es que Pete entendió que habíamos vuelto a la idea original. La gira duró nueve meses y congregamos a más de medio millón de personas por Estados Unidos y Europa. Mary Beard, la experta en el mundo clásico, asistió al último concierto, celebrado en julio de 2013 en Wembley, y, tras el concierto, vino a hablar conmigo sobre ese montaje. Me dijo que habíamos resumido a la perfección el siglo XX. Una académica de relevancia nos había puesto un sobresaliente. Me alegró muchísimo su comentario.

En 2015, celebré el cincuentenario de los Who contrayendo meningitis viral. Hubo que aplazar treinta fechas comprometidas en Estados Unidos de nuestra gira *The Who Hits 50!* No estaba en el escenario sino en la cama de un hospital creyendo que me iba de a morir. Llamé a mucha gente para despedirme.

Era el final y me daba pena porque, tras pelear mucho, habíamos alcanzado nuestra etapa dorada. Nos lo estábamos pasando muy bien y nos llevábamos genial.

Visto ahora, puede que llevara arrastrando aquello desde tiempo atrás. En diciembre de 2014, tenía que haber cancelado un concierto en Cardiff. Estaba muy resfriado, pero tenía al público esperando en la sala, con lo que salí y forcé mucho la voz. Hice un esfuerzo tan grande que me afectó a los nervios del cuello. Aplazamos al mes de marzo los dos siguientes conciertos en el O2 de Londres y los médicos me dijeron que estuviera dos meses sin cantar. En febrero volví a la carga, pero no llegaba más alto que Johnny Cash. Sports Phil, un hombre que daba masajes a los bueyes de Kobe, intentó recomponerme ante la inminencia de los conciertos, pero no me recuperé por completo. Phil es el masajista más fuerte del mundo, tiene puños y dedos de acero. A esta gente tengo que recurrir hoy en día para adecentar mi maltrecho cuerpo, pero incluso él no lo vio claro aquella vez.

Me recomendó que fuera a un médico de Holanda llamado Jan-Jan. De inmediato le pedí que viniera a Londres antes del primer concierto en el O2. Cuando estás mal, haces lo que sea. Jan-Jan llegó a mi camerino tres horas antes del concierto. Como casi todos los holandeses, medía más de 1,80, se le veía sano y en forma y tenía una sonrisa que inspiraba confianza. A diferencia de casi todos los holandeses, siempre viajaba con un bolso lleno de martillos y cinceles.

«¿Dónde tiene el problema?», me preguntó, y le señalé el cuello.

Me dijo que me quitara la camisa y me sentara de espaldas a él sobre la tabla portátil que llevaba. A continuación, estuvo unos minutos marcándome la espalaba con un rotulador como si fuera un ingeniero. De momento, era reconfortante.

Después me dijo: «¿Listo?» Y se puso a ello. Sonaba como un herrero que se apura para tener a tiempo sus encargos. Chin, chin, crac. Chin, chin, crac. Oía y sentía cómo se movían los huevos. No era la primera vez que me hacían un tratamiento similar y se notaba que Jan-Jan controlaba. Me arregló para esos conciertos y en verano ya empecé a cantar bien de nuevo.

El de 30 de junio de 2015, tocamos en el Zenith de París. Habíamos sido cabezas de cartel en Hyde Park y Glastonbury y, por primera vez aquel año, sentía que volvía a estar a tope. Aquella noche en París fue estupenda, pero hacía más calor que la madre que lo parió. Estaríamos a unos 40 grados en el exterior y dentro había 6.000 personas, es decir, 6.000 estufas eléctricas. El concierto fue genial, sin problemas, pero acabé hecho polvo.

Recuerdo que vino Liam Gallagher a saludarnos. Liam me cae muy bien. Es uno de los últimos bastiones del rock tradicional. Sería el último en aguantar contigo en la trinchera y además conseguiría sacarte vivo. Aquella noche de calor asfixiante, iba con la trenca puesta. Era ridículo, pero me alegré de verle.

Llegué al hotel a altas horas de la madrugada y me di un baño reparador. Dado que en la actualidad tenemos que alojarnos en hoteles pijos, los baños están hechos todos con mármol. Al salir de la bañera, el suelo estaba como una pista de hielo, me caí y me quedé inconsciente. A veces echo de menos aquellos moteles cutres del principio. El linóleo desconchado y mohoso no resulta tan lucido, pero resbala mucho menos.

Estuve unos minutos sin poder hablar y llamaron a un médico. Me dijo que no me pasaba nada, me tomé un par de aspirinas y me acosté sin darle muchas vueltas. Una pequeña conmoción nunca ha matado a nadie.

Al día siguiente, el grupo y los técnicos tomamos el tren de París a Ámsterdam. Era uno de esos trenes europeos estupendos de alta velocidad que tanta fama tienen, pero el aire acondicionado no funcionaba y estuvimos otras cuatro horas a cuarenta grados. Nos quedamos en calzoncillos, sudando hasta los huevos mientras teníamos las vistas campestres del norte de Francia.

Un concierto y dos días después estaba en casa, a punto de irme a Acton a un ensayo para un concierto que iba a dar con mi grupo en el CarFest de Chris Evans. Lo tuve que cancelar. Había pillado una especie de gripe. No sé si tendría algo que ver el golpe en la cabeza (hoy sospecho que sería el desencadenante), pero empeoró mucho durante los días siguientes. Me llevaron al hospital y me hicieron pruebas de todo. De sida, de tuberculosis, de leucemia. Me hicieron cuatro perforaciones lumbares y dos TACs cerebrales, que me dejaban sordo durante un par de días, lo que no resulta muy agradable.

Además, me estaba quedando tocado. Tenía lagunas, pérdidas de memoria, alucinaciones. Me costó comprender dónde estaba y lo que sucedía. Un día, me levanté sin más y salí del hospital para ir al dentista. Entonces me pusieron una enfermera en la puerta. Aun así, volví a escaparme. No entiendo por qué quería irme, carece de sentido alguno, pero el caso es que una mañana llegué a mi casa y me negué en redondo a volver a Londres.

Después de tres días escondido, Heather se puso firme. No mejoraba, hacía cosas sin sentido y tenía muchos dolores. Me hicieron más pruebas. Hubo un momento, antes de que dieran con el diagnóstico y el remedio, que no podía más, lloraba del dolor, era insoportable.

Pero entonces, en ese punto de sufrimiento, desapareció el dolor de manera repentina y sorprendente, como cuando sale el sol justo después de una tormenta en Nueva Orleans o en White Lake (Nueva York). Pasé a experimentar una calma y paz absolutas, como flotando en el aire, una sensación increíble, no solo por la desaparición del dolor sino también porque me sentía contento.

Curiosamente, estaba cambiado y mirando mi vida como si fuera otra persona. Primero, mi época en la Boys' Brigade. Después, el grupo de *skiffle* que me aportó consuelo a los horrores del colegio. Nuestro debut con los Detours en Shepherd's Bush. Reggie al bajo. Harry a la batería. Yo a la guitarra. Luego los Who. Pensé en Woodstock y en aquel momento en que sabía que, por fin, habíamos triunfado en Estados Unidos. La sensación del éxito ganado con esfuerzo, llegando a la concesión de la Orden del Imperio Británico en 2005. Todo lo que había supuesto eso para mí, pero no porque cambiara nada sino por ser el reconocimiento final de que se equivocaba aquel profesor que me dijo que no llegaría lejos en la vida.

Todos somos únicos y tenemos vidas diferentes, pero, al contemplar la mía, me sentía tremendamente afortunado. En mitad de esta singular experiencia extrasensorial, me dije a mí mismo: «¿Alguna vez imaginaste llegar hasta donde has llegado?» Y después solo podía pensar en mi familia. No los dejaba desprotegidos. No teníamos deudas y Heather estaría bien. Nuestros hijos estaban criados. Había cumplido. Me encontraba tumbado sintiéndome en paz. No era una experiencia religiosa, no había ninguna luz al final de un túnel, ni tampoco ninguna voz desde lo alto. Igual es que voy al infierno. Pero la sensación de calma era magnífica. Era algo espiritual. Creo que la muerte no es el final sino la transferencia de energía de tu cuerpo a otro lugar o cosa del universo. Hoy, al escribir esto, no tengo miedo a la muerte. Cuando llegue el momento, no quiero que me lo alarguen innecesariamente. Cuando llegue, ya está, no pasa nada.

A la vista está que no me tocaba irme aquel verano. Aquí sigo, tres años después, y continuamos adelante. Dimos todos lo conciertos que tuvimos que aplazar y al año siguiente actuamos más. Y más este año. Es genial. Tengo una coña que digo en las entrevistas: antes, lo emocionante de los Who era no saber si duraríamos mucho, y ahora lo emocionante es no saber si acabaremos el concierto. Es un chiste que cuento medio en serio, pero los últimos años han sido buenos. Por lo menos, así los he vivido yo. A lo mejor es porque no tengo que esforzarme tanto o porque, finalmente, empiezo a tomármelo con más calma.

Sin embargo, he de andar con cuidado. El dolor tardó mucho en desaparecer y puedo volver a tener meningitis. No he de meterme en hacer demasiadas cosas pero me encanta mi trabajo y sigo con fuerzas. Estoy en la última gira y lo único es que desconozco cuánto durará. Cuando la retomamos en 2015, dije que era el principio de una larga despedida. Creo que aún nos queda cuerda y durará todo lo que podamos. Tengo asumido que un día, quizá bastante pronto, abriré la boca y ya no tendré voz. Y ese será el día en que diré: «Lo siento, tíos, hasta aquí hemos llegado».

Lo que no me gusta nada de las giras es el movimiento. Toda la vida con aviones, trenes, coches y hoteles y te vuelves alérgico al movimiento. Ahora viajamos rodeados de lujos: hoteles pijos, jets privados, grifos de oro y mármol, el mármol de las narices. Hay un millón de kilómetros desde la manera en que lo hacíamos cuando empezamos. Entre Gordon, el liante de mi maravilloso asistente, y Rex, el implacable gestor de nuestras giras, hemos afinado los viajes para vivir los mínimos incidentes posibles. Es como un operativo militar. No hacemos el check-in en los hoteles, vamos directos a la habitación, y tampoco en los aeropuertos. Y es un espectáculo ver a la velocidad que pasamos por los controles de seguridad. Está todo organizado al detalle para no perder tiempo, máxime si lo comparamos con cinco décadas de vuelos retrasados, atascos circulatorios y hoteles con *overbooking*. Por no mencionar el montón de semanas o meses o años de reclusión en los camerinos porque el concierto no empezaba con puntualidad. Por no mencionar las dotes especiales de Keith Moon para desarmarnos los planes. Sí, he cumplido de sobra.

Lo me gusta mucho de las giras es los momentos en medio de todo el movimiento. En el escenario, interpretar la música de Pete como se tiene que interpretar. Eso es lo que hacemos ahora y por eso somos felices. El grupo se lo pasa bien y nos reímos de nosotros mismos. Todavía tenemos planes y cosas que hacer.

Uno no se retira de este negocio, es el negocio el que te retira a ti. Puedes tocar y cantar notas, pero lo que no se puede hacer es fingir la intención de la música. Atribuyo a esto que sigamos teniendo éxito. Nosotros no fingimos. La química entre Pete y yo sigue siendo especial. Nacimos así y ahora los Who somos nosotros dos. Él me dice que soy un «romántico de mierda», pero lo sé porque lo veo con mis ojos. La empatía, esa es la base. Si puedo empatizar con la posición en la que estaba al escribirla, entonces estoy en la base de la canción. Y casi todas sus canciones las escribió desde una posición de dolor, y también espiritual. Al principio, luché para encontrar ese lugar y eso ha quedado grabado. Pero después habité ese lugar. No tenía que convertirme en Pete, bastaba con hallar mi propia vulnerabilidad. Tenía que derribar mis defensas, las que había construido para seguir adelante. La suerte me sonrió, las circunstancias me fueron favorables. Los nervios a flor de piel, los vuelos, las críticas constantes, las batallas personales, la relación con Heather que ha podido con todo. Por Dios, me alegro de que se quedara conmigo, y hemos llegado a la parte añadida de nuestra relación. Hoy en día, la gente corta con mucha facilidad. Hay que trabajar la relación porque casi siempre mejora.

Esos elementos, esa combinación extraña y precisa, me convirtió en quien tenía que ser. Mi vida podría haber tomado un millón de rumbos diferentes, pero así es como me ha ido. Podría estar contando una historia completamente distinta o no contar ninguna. Cuando canto, hay un equilibrio entre vulnerabilidad y fortaleza. Cuando estoy en el escenario, se caen los muros y os canto a vosotros.

Al final, si lo pensáis, cuando ya no estemos aquí, la música perdurará. Y ojalá la gente diga de nosotros que la abrazamos hasta el final. Con eso me doy por satisfecho. He sido afortunado y he vivido una vida afortunada. Gracias os sean dadas, Sr. Kibblewhite. Y lo digo en serio.

AGRADECIMIENTOS

Mis agradecimientos van dirigidos a la gente que me ha ayudado en la redacción de este libro.

A mi mujer Heather, que ha sido mi compañera, con voz y voto. A lo largo de mi vida me ha dado consejos, ánimos y me ha aportado perspectiva.

A Bill Curbishley, Robert Rosenberg y Jools Broom, de Trinifold Management, y a Calixte Stamp y Keith Altham por su ayuda y apoyo.

A Jane Howard, Nigel Hinton, Matt Kent y Jack Lyons por revisar todos los borradores.

A Richard Evans por revisar los borradores y por su inestimable ayuda con el diseño.

A Chris Rule por el diseño fotográfico.

Y, por supuesto, un enorme agradecimiento a Matt Rudd.

A Jonny Geller de Curtis Brown y a los equipos de Blink Publishing y Henry Holt & Co.

Y, por descontado, gracias a Pete, John y Keith... sin ellos, esta historia habría sido mucho más breve.

CRÉDITOS FOTOGRÁFICOS

Todas las fotografías que aparecen en este libro pertenecen a la colección del autor con excepción de las siguientes:

My first mic swing at the Golf-Drouot Club. © HBK-Rancurel Photothèque. Fotografía de Jean-Louis Rancurel.
At the Goldhawk Social Club. © Wedgbury Archive. Fotografía de David Wedgbury.
The famous van that got stolen. © Roger Kasparian.
With former girlfriend Anna at Ivor Court. © Colin Jones/Topham/Topfoto.
With Emmaretta Marks. © Granger/REX/Shutterstock.
At the Rolling Stones Rock and Roll Circus, 1968. © Alec Byrne/Uber Archives/Eyevine.
Live in Copenhagen, 1970. Fotografía de Jan Persson/Redferns/Getty Images.
Isle of Wight, 1970 (blanco y negro). © David Goodale.
With Pete and Kit at IBC Recording Studios. © Chris Morphet/Redferns/Getty Images.
Arriving by jet in Sweden, 1966. © Motocinema, Inc.
At the «My Generation» shoot. © Wedgbury Archive. Fotografía de David Wedgbury.
Chris's Viking boat. © Calixte Stamp.
Outside the Goldhawk Club, 1977. © Robert Ellis.
With Bill Curbishley, 1975. © Terry O'Neill/Trinifold Archive.
In the chamois shirt. © Waring Abbott/Getty Images.
With Heather outside Elder Cottage, 1969. Fotografía de Barrie Wentzell.
Heather «likes me», 1989. Fotografía de Tony Monte.
Flying low while filming Tommy. © Alamy Stock Photo.
With Ken on the set of Tommy. © Mondadori Portfolio via Getty Images.

Tommy. © Rbt Stigwood Prods/Hemdale/Kobal/REX/Shutterstock.

Me playing Franz Liszt in Lisztomania. © Michel Ochs Archives/ Getty Images.

Me and Keith with Peter Sellers in the stage version of Tommy. © Michael Putland/Getty Images.

The Comedy of Errors. Fotografía de la BBC.

McVicar. © Everett Collection Inc./Alamy Stock Photo.

With Arsene Wenger. © The Arsenal Football Club plc.

With Bruce Springsteen. © Michael Putland.

Boys' night out, 1985. © Alan Davidson/REX/Shutterstock.

Quadrophenia *rehearsal.* © Ethan Russell.

With Keith Richards and Mick Jagger. © KMazur/WireImage/Getty Images.

Kennedy Center Honors. Fotografía del Gabinete del George W. Bush.

At the Royal Albert Hall for TCT, 2005. © Camera Press/Rota.

Neil Young Bridge School Benefit, 1999. © John «Nunu» Zomot.

Daltrey, Ride a Rock Horse, *and* Under a Raging Moon *album covers.* Fotografía y diseño de cubiertas de Graham Hughes.

Madison Square Garden, 1974. Waring Abbott/Getty Images.

Recording with Pete. © Colin Jones/Topfoto.

Quadrophenia *in Hyde Park.* © Stefan Rousseau/PA Archive/PA Images.

Two old geezers, 2005. Fotografía de Rob Monk.

Closing out the 2012 Olympics. © Jeff J. Mitchell/Getty Images.

«Antes de los sesenta, el tránsito de la niñez a la madurez se acometía sin solución de continuidad; sin un alto en el camino. Pasaba uno a la edad adulta sin siquiera saborear apenas la adolescencia. Iba uno al cole y, al terminar los estudios, a trabajar. Aquello cambió. Y nuestra generación fue la responsable de tamaña contribución al bienestar de la raza.»

Roger Daltrey

Libros del Kultrum le agradece el tiempo dedicado a la lectura de esta obra. Confiamos en que haya resultado de su agrado y le invitamos a que, si así ha sido, no deje de recomendarlo a otros lectores.

Puede visitarnos en www.librosdelkultrum.com, en Facebook y en Twitter donde encontrará información sobre nuestros proyectos; y desde donde le invitamos a hacernos llegar sus opiniones y recomendaciones.

W
O
M